耶穌在哈佛的26堂課

面對道德難題
如何思辨、如何選擇

哈佛大學榮譽教授
哈維・考克斯——著
Harvey Cox
林師祺——譯

WHEN JESUS CAME TO HARVARD
MAKING MORAL CHOICES TODAY

謹將此書獻給眾多學生，

他們在我四十多年教書生涯中驅策我、啟發我、支持我。

我教導他們，也從他們身上獲益良多。

他們來自安多佛紐頓神學院、密西根大學、那洛巴學院、

布蘭戴斯大學、墨西哥包蒂斯塔神學院，

尤其要感謝哈佛大學與哈佛大學神學院的學生。

目錄

CONTENT

Part 2

Part 3

其餘和他有關的故事

專文推薦

我寫不出玫瑰的味道

前玉山神學院副院長　陳南州

有些事的抉擇並不容易，再加上時間因素，使得抉擇更為困難。有些人拖延抉擇，甚至不想作抉擇，其實這也是一種抉擇，就是決定自己不作抉擇，讓事情由他人或環境決定。倫理道德抉擇就是前述不易抉擇之事項中的一項，它一直是世人生活中的一個難題，古代如此，現今也如此；西方這樣，東方也這樣。

中國古書《孟子》〈離婁篇上〉十七章有這麼一則記載：「淳于髡曰：『男女授受不親，禮與？』孟子曰：『禮也。』曰：『嫂溺，則援之以手乎？』曰：『嫂溺不援，是豺狼也。男女授受不親，禮也；嫂溺援之以手者，權也。』」根據孟子和淳于髡的對話，男女授受不親的禮文、常規，並非固定不變；在某種情境下，持守常規，反而失去常規、禮文所要呈現或維護的仁心或愛德，而淪為禽獸。

可是，甚麼情境下人們應該採取權變？哪種權宜措施才是合宜？西方倫理學家約瑟夫・弗萊徹（Joseph Fletcher）於一九六〇年代提出情境倫理學（situational ethics）引起很多的爭論，焦點之一就是規範與情境之間的緊張性和其所引發的難題。倫理道德抉擇之所以會成為人的難題，追根究柢來說，它是「我要作怎樣的人」的挑戰。

考克斯教授的《耶穌在哈佛的26堂課》這本書有一個副題：面對道德難題如何思辨、如何選擇（直譯是「在今日作倫理道德抉擇」）。很顯然，考克斯教授想把耶穌帶到哈佛大學，藉著一門課程和這本書，介紹耶穌的倫理教導，激發人們思考真實生活中的倫理道德抉擇。我們心中或許質疑，儘管耶穌可能是世人公認的偉大倫理教師，但是，一位兩千年前的倫理教師對於今日世人面對的一些倫理困境，如，因著生命科技所帶出來的生命倫理問題，或是科技工業所帶動之經濟發展帶來的生態問題，耶穌能給我們甚麼指引嗎？

考克斯教授當然也會覺察這一問題，他說：「跨過耶穌與我們之間的深淵並非毫無可能，秘訣就在於找到說故事的拉比，找到故事和我們的想像力之間的關聯。只要綜合這兩個要素，耶穌就能活在這個時代，也能喚醒現代沉睡的道德意識。」換句話說，銜接古代的耶穌和今日的我們的關鍵，在於明白耶穌是位說故事的拉比。考克斯指出，耶穌對倫理道德的教導「大半仰賴故事、範例，而非戒律、原則」。他也引用猶太哲學家伊蒂絲・衛斯高洛格的觀點指出：「儘管倫理原則與道德理論非常重要，卻都無法激勵任何人。驅使人們付諸行動的是故事、敘述文、在某些情勢下應該選邊站的陳述。……簡而言之，故事幫助我們成為自己想成為的人。」故事，特別是耶穌的故事啟發、指引我們作人，作倫理道德抉擇。

因此，就如同新約聖經的馬太、馬可、路加、約翰等福音書，作者各自從他們的角度來述說耶穌的故事，考克斯也從他的研究來述說耶穌的故事——傳聞中關於耶穌的故事、耶穌所講述的故事、其餘有關耶穌的故事。考克斯承認這本書是他自己對耶穌故事的詮釋，他明白也不會反駁其他人的看法，他只希望我們也擁有耶穌的故事。他說，答案都在故事裡。其實，考克斯不只是從他的研究來述說耶穌的故事，他的敘述包含了他的體驗。他說，「先有體驗，才有故事。後來兩者互相交纏，因此往後的世代認為兩者密不可分。故事觸發了體驗，體驗又成為故事素材。」考克斯其實也是在敘述他的生命故事，耶穌在他生命中的故事，耶穌的故事幫助他作他該作的人。

考克斯說得很是，耶穌並不屬於任何宗教或教派。耶穌的故事或耶穌所說的故事的特別之處，在於故事指向人類存在的關鍵層面，以及人生的終極層面。宗教故事的真實性不在於人物與歷史的真確，而在於它是否引導讀者了解何謂真正的人性。耶穌的故事和耶穌所說的故事對今日的我們有甚麼意義？這個問題讓我想起《誰能寫出玫瑰的味道？》[1]這本書的兩則故事：

> 門徒們正在討論老子的智慧：
> 知者不言，言者不知。
> 當大師進來，門徒們問他這話的意思。

1 *The Spirituality of Imperfection: Storytelling and the Search for Meaning* by Ernest Kurtz and Katherine Ketcham. 原書名直譯為「不完美的靈性：說故事與生命意義的追尋」，兩個故事分別出自第39、40頁與第29頁。

大師說：「有誰知道玫瑰的味道？」

每個門徒都知道。

然後大師說：「將它用文字表達出來。」

每個門徒都沈默不語。

有一次，一個門徒抱怨說：「你講故事給我們聽，但是你從來沒有把意義也告訴我們。」

大師回答：「如果有人在送你水果前先咀嚼後再送給你吃，你覺得怎樣？」

沒有人可以為你找到意義。

連大師也不能。

考克斯說，耶穌不只去過哈佛一次；我認為，耶穌也來到台灣。我喜愛耶穌的故事，也享受考克斯所說的耶穌的故事，耶穌的故事幫助我作我自己、作倫理道德抉擇。因此，我很樂意寫此推薦文，但，我寫不出玫瑰的味道，我邀請讀者一起來閱讀耶穌的故事，我們都可以、也需要在耶穌的故事中找到屬於自己存在和作人的意義。

專文推薦

深入人心的道德想像

台灣神學院教授、台大兼任教授　鄭仰恩

繼《信仰的未來》一書之後，啟示出版社又推出哈維．考克斯教授的經典作品《耶穌在哈佛的26堂課》，真是可喜可賀！我在前書的推薦文中提到：「幾年前剛從哈佛大學神學院退休的哈維．考克斯教授可說是對當代基督教的觀察、研究、論述最精確且深入的學者。從最早的《世俗之城》，到《解放神學家波夫的被壓制》、《天上之火》、《基督宗教》以及《信仰的未來》，一路走來，他忠實且細膩地描述帶有理性除魅特質的世俗化潮流、拉丁美洲的解放神學運動、席捲全球的靈恩運動，以及當代基督宗教本質的變化，真是精彩、迷人。」在這本深入人心的新書裡，考克斯將要再度激發讀者們豐富的閱讀思考和道德想像。

◆開課緣起

在本書的前言裡，考克斯自問道：為何是耶穌與哈佛？特別是在任何以「耶穌」為名的課程已經從哈佛缺席七十年之後？原來，哈佛大學部要增設有關「道德判斷」的課程，因而建議他開一門有關耶穌的課。不久他發覺，有越來越多人相信耶穌確實可以幫助他們作出道德抉擇。但要如何做呢？他發現，這絕非所謂的自問「若是耶穌會怎麼做」（WWJD）就能達成的。

因此，經過數年的開課經驗，他終於找到答案，這也成為本書的意義所在：試圖「尋找現代的耶穌」，也就是說，耶穌如何能對現代人產生意義？考克斯確信，儘管「歷史的耶穌」非常重要，但我們必須超越古人耶穌，並獲取他的現代教訓。對考克斯而言，要超越時空掌握耶穌，他的拉比教導風格就是答案，因為他「不准人們逃避自己做決定的責任，反而要人們深思，繼而培養、拓展道德見解」。此外，耶穌大半仰賴故事、範例，而非戒律、原則，這是最好的方法。

◆敘事傳統

接下來，考克斯再度自問：道德真的無法教嗎？他如此回覆：「答案都在故事裡。」訴諸猶太拉比說故事的傳統，也就是今天學界所稱的「敘事的力量」，他指出：故事能引導我們進入「他者」的世界和眼光中，創造共通的道德觀，無論這個「他者」是遭人鄙視的羅馬百夫長、貪得無饜的稅吏，或是正在鎮上井邊打水、聲名狼藉的撒馬利亞婦人。

讓我引述他自己的話：「故事能引導個人、團體銜接人生的重要變數（痛苦、死亡、命運、意義、價值），因此可以指引出最基本的走向與方位。宗教故事無法以歷史或科學研究證明孰是孰非。只要無法引導讀者認識人生的終極層面，這些故事便不再具有真實性。在堅持區分客觀與主觀、事實與價值、散文與詩作的時代，宗教故事可能就會變得難以理解，然而要了解何謂真正的人性，就不能沒有這些故事，所以我很難想像沒有宗教故事的社會。」

◆本書內容

本書的第一部分是「關於耶穌的故事」。在此，考克斯將古老的故事與現代人的處境密切連結，並嘗試賦予新意：有趣的是，不管是耶穌的族譜、母親馬利亞、兩個父親（神性與人性）、跨越族群界線的賢士、耶穌受魔鬼試探，甚至他的出場現身與政治宣告，作者都能生動有趣地帶出「嗆辣」的現代意涵。

第二部分則是進入「耶穌講述的故事」。考克斯認為，「登山寶訓」直指羅馬帝國當權者的意識形態，用今天的話來說，就是對「帝國霸權」的挑戰；「光和鹽」則是針對「基督教王國」的批判，象徵著一種不合作主義的抵抗運動。接著，他分析了耶穌所提倡的簡樸生活價值觀，他的教導方式中帶有激發人「頓悟」的禪宗風格，以及令人產生「不解」及「另類思考」的比喻，最後探討耶穌的醫治力量與末日想像，引人深思。

第三部分為「其餘和耶穌有關的故事」，其實同樣精彩。其中，「改變形象」引發宗教多元化的討論，「進入耶路撒冷」則指明耶穌以「街頭戲劇」的方式來嘲諷羅馬帝政，並嘗試點出「彌賽亞」的意涵，是一種充滿戲劇性的政治象徵手法。接下來，作者探討「耶穌受審」是否一場鬧劇？審判官彼拉多又象徵何等人物？耶穌的死和現代人的苦難有何關係？

刑求與人權的關係？情感與理智在道德抉擇中扮演的角色？而當耶穌論及周遭的人「他們所做的，他們不曉得」時，不但指明當代道德議題的複雜性，更讓人思考「非做不可」及「為所當為」之間的分野，進而指向「寬恕」的課題。考克斯更從耶穌哭喊「被上帝離棄」的意涵，切入當代殉道者潘霍華的故事，進而探討當代「神聖」與「世俗化」的議題，也就是「除魅」及「復魅」的交互關係及進展，引人入勝。

在最後兩章裡，考克斯大膽地詮釋了「復活」與「基督復臨」的故事，並帶出豐富多元的現代討論，且以但丁的詩句「如同宇宙的笑聲」作為結語。確實，看到考克斯帶著哈佛學生們激烈的討論與腦力激盪後，上帝終於可以開懷大笑！

我深信，耶穌到哈佛走上這一遭，激發了現代人的豐富想像與道德良知，當讀者們認真閱讀完本書時，想必也可滿足地開懷大笑一番！

專文推薦

耶穌就在我們身邊，與我們同在

台灣基督長老教會牧師　盧俊義

讀完這本書，讓我確實受到很大的震撼。在我的看法裡，雖然作者哈維．考克斯說這是他受聘在哈佛大學講授「耶穌和道德生活」課程時所提到的相關問題以及和學生討論的經過，其實，這本書更像是在重新詮釋新約福音書所介紹的耶穌。就像作者所提到的，從耶穌在兩千多年前出現開始，直到今天的時代，大家都在問、也想要知道：「耶穌到底是誰？」作者用三大段落、共計廿六章的篇幅來訴說有關耶穌的故事。

作者從〈馬太福音〉第一章記載有關「耶穌的家譜」開始談起，然後用不是「正統」釋義聖經經文的方式，解釋這些經文，而且他的解釋更有獨到的見解，尤其是在解釋耶穌登山寶訓的內容，確實有別於一般聖經釋譯書作者的風味。從族譜開始，講解到有關耶穌復活升天，穿插在這當中的，有特別講到耶穌在山上變了形像所帶來的意義，以及耶穌和一般民眾之間互動的關係。因此，看這本書，就有如看一本新約聖經福音書釋義的書一樣，的確很值得所有對認識耶穌有興趣的人閱讀，一定會讓讀者大開眼界且會得到一個心得：原來也可以這樣解釋聖經，進而認識耶穌，而更重要的發現是：原來耶穌一直活在我們身邊，與我們同在。即使在我們最落魄的時候，他也沒離棄我們。

一說到族譜，我的經驗就和作者在書中所提到的一樣，很多人讀聖經遇到族譜，都會覺得無聊。我就曾遇到一位教會長老跟我這樣說：「每當讀到族譜，就開始有濃濃的睡意出現。」也有信徒問說：「牧師，族譜可不可以不要讀？很無聊耶。」這樣的反應屢見不鮮。作者在這本書中這樣建議：若用吟唱詩歌的方式來讀族譜，一定會很有趣，原因是他認為祖譜「應該是古代吟遊詩人在營火旁邊彈魯特琴邊吟唱的歌謠」，而這幾乎是我們不曾聽說過的方式。這種建議和見解確實是蠻有趣的，我們不妨試著用傳統歌仔戲的調子唱唱看，一定會別有一番風味，而不會感到無聊了。

經常會遇到讀聖經的人這樣問：「真的是這樣嗎？有這麼神奇嗎？可能嗎？」作者認為，若是把聖經記載的事當作「故事」來理解，就會減少這種問題的出現，因為不論是誰，大家都喜歡看故事、聽故事，甚至年紀越長的人就越喜歡講故事，尤其是自己過去生命成長的故事，而傳記就是其中之一，好的傳記總是會引人入勝。作者就是用這種觀念帶領我們進入福音書中所介紹的耶穌。他強調耶穌是個講故事高手，在四本福音書共計八十九章的篇幅中，就記載耶穌講了六十個故事。因此，用看「故事」的心境來讀聖經會更容易進入狀況，也會更清楚知道作者的用意。

其實，聖經作者寫作的時代，並沒有想到做科學考證，當福音書作者寫耶穌行走於水面、在山上變了形像，以及所行的許多神蹟奇事等，都是在告訴我們耶穌確實和我們有不一樣的地方。這樣的讀經方式並不是在否定聖經所記載的內容，而是在告訴我們，這些事也會發生在我們生命的際遇中，因為耶穌活在我們當中，與我們一起生活，與我們一起歡笑，也和我們一樣經歷失敗和苦難。

因為耶穌復活升天的記事，使得人們從最早期的基督教會時代到現在，都在估算甚麼時候耶穌會再臨，而每當提到耶穌再臨的事，就會和末世論緊密連結在一起談論，即使到了我們今天的時代，這種論調依舊沒有停止過。然而作者提醒我們，有這種論調的佈道家或傳道者，通常都是屬於「積極的鷹派」，這種信徒和教會都會是「以巴和談的劊子手」，不但不會帶來世界和平，反而會帶來紛亂。耶穌也曾警告過他的門徒，在末世來臨時，經常會聽到所謂「基督在這裡」、「基督在那裡」的說法，耶穌說不要聽這些。因此，雖然讀這本書讓我們知道聖經可以有很多種解釋，但並非所有解釋都符合聖經的脈絡。特別要注意的是，這不表示話可以隨便講，而是必須清楚聖經每本經卷的背景而依循脈絡講解，這樣才會正確。

從作者介紹他會受邀在哈佛開這門課的原因，就可知道今天的「高等教育越來越俗世化，也越來越專業化，即使原本由教會興辦的學校也一樣，科學成為領域之冠」。他所說的，就是哈佛這所世界頂尖的學校，因為該校就是從神學院訓練神職人員開始的，如今神學院卻被該校負責人給邊緣化了，讓他感觸甚深地說：早在一九一二年「耶穌就已離開哈佛」，直到一九八二年才再次邀請神學院教授的他重新開課，講授有關耶穌的課給學生認識，耶穌才再次回到哈佛。

從作者這樣的感觸，看看今天台灣教會所辦的學校、醫院（包含天主教會），豈不讓我們也有同樣的感觸？到底教會創辦學校的目的是甚麼？或是教會醫院的存在又是為了甚麼？若是失去了原本創辦的目的，那我們又得到了甚麼？

作者也在這本書中很清楚地表示，要認識自己信仰的最好方式就是從「比較不同的宗教」著手，這樣才會發現在許多不同宗教信仰當中，有哪些特質是我們有、而別的宗教沒有的；又有哪些美好的部分是其他宗教擁有、卻是我們所欠缺的。他說每個宗教都有共同的道德規範和嚴謹的倫理準則，這點是我們應該要注意的。

這使我想起一九九六年佛教法鼓山創辦人聖嚴法師邀請我對話時，他說：「我們不要在宗教信仰的最高點對話，但我們可以在宗教的最低點共同合作。」這也是後來佛教釋昭慧法師邀請我和天主教王敬弘神父一起創辦「生命關懷協會」的一個緣由。我想起瑞士著名神學家孔漢思（Hans Küng）所說的：「沒有宗教對話，就不會有宗教自由；沒有宗教自由，世界就不會有和平。」我想這點應該是給所有宗教師最好的建言吧。

少年時所生的兒女好像勇士手中的箭……
箭袋充滿的人便為有福。

——〈詩篇〉127章4－5節

前言
尋找現代的耶穌

本書書名的兩個名詞「耶穌」與「哈佛」，放在一起似乎有點奇怪。哈佛大學創立於一六三六年，當時雖然是專門培育神職人員的學校，卻早已擺脫宗教身分，近一百年來，這所大學都是從事研究的現代學府，在世人眼中往往代表富裕，帶著一些才高氣傲，而且非常強調教育與宗教分離。然而耶穌是兩千年前的人，在多數人心目中代表的是單純、謙恭及靈性生命。他是全球最大宗教的核心人物。這個來自加利利的拿撒勒（納匝肋）[1]人，與位於麻州劍橋市的哈佛大學有何關聯？

過去幾十年的主要潮流，使得這個看來矛盾的書名似乎比較可接受了。第一種潮流是，多數人愈來愈焦慮，因為我們進入了現今這個價值觀互相衝突、世界觀逐漸崩壞的時代，而且這種道德崩裂混亂不僅影響地方社區、國家，也影響所有文化與文明。不過我有點懷疑，這種論點的基礎多半是曲解了過去的情勢，是來自思古情懷而非歷史事實。全世界（或只就美國而言）何時少過惡意的競爭？然而這種看法依然存在，而且在這類例子當中，想法比

1 本書的聖經相關名詞（如章節名、人名、地名）在全書首次出現時，皆以基督教與天主教通用譯名對照的方式呈現，以便教友閱讀。

事實真相更能左右人們的思考與舉止。

第二種潮流也純屬個人見解，亦即幾百年來持續式微的宗教，近年竟然開始活躍於世界各個角落。其實這種看法也相當模糊。確實，一個世紀前的學者就大膽預測，因為科學普及、都市化速度太快，教育普及必然導致宗教信仰在現代社會邊緣化。他們認定宗教將因此凋零，或僵化為前一代的古風遺跡；但是，如此自信滿滿的預言卻慘遭有史以來少有的大翻盤。遭人宣示已死的神祇，這會兒是否會回來報復這些烏鴉嘴呢？或是如同我所堅信的，上帝根本從未消失，只是改頭換面以因應潮流？

如今有學者認為，所謂的價值觀危機，與前述假設的宗教復興有其因果關係。這種分析有兩種版本。有些觀察者宣稱，因為引人爭議的全新道德挑戰——從複製人、器官買賣、大規模飢荒到恐怖主義等各式各樣的問題——使人們感到困惑不安，加上大眾愈來愈不相信政治與企業領袖，也難怪這些現代社會的茫然受害者要訴諸宗教信仰，畢竟千百年來的靈修傳統都為人類提供了生存的意義與方向。

其他分析者則有截然不同的意見。他們堅稱，這種所謂的宗教復興其實就是醞釀紛爭的始作俑者。有些人甚至宣稱，人類正走向猶太／基督宗教對抗伊斯蘭教文明的延長戰，主要導因就是雙方的核心價值有所勃谿。這派人認為，宗教（至少別人的宗教）不是良藥，而是劇毒病原體。

然而，在以上兩種說法當中，宗教（無論是好撒馬利亞人或是鬼王別西卜）與道德危機（無論真正存在或只是妄想）都再度成為大眾焦點。不管是平靜的哈佛校園或是世界其他角落，這點都是不爭的事實。

在課堂上教道德觀？

在一九八〇年代初期，我發現自己陷入這些混亂潮流之中。當時哈佛大學剛在大學必修學分中增設道德判斷課程，同事請我開一門關於耶穌的課。學校當局之所以有此決定，原因是教職員認為哈佛不能再忽視這股日益嚴重的窘境：我們為何愈來愈常聽到內線交易、司法黑幕、醫生注重利潤甚於病患、科學家捏造資料的事情？更糟的是，為何某些元兇還是哈佛校友？為何這麼多受過良好教育的人做出壞事？我們灌輸給學生的教育是否少了什麼？

我們明白，哈佛已訓練他們可以精確運用人文與科學素養。他們知道美國內戰的肇因，也能寫出流暢的化學實驗摘要；但是我們發現，哈佛根本沒教導他們如何以負責的道德態度運用專業學養。他們漸漸成為專業人才，但在價值觀方面卻是新手。因此校方決定，此後每個學生畢業前，都得修過至少一堂的道德判斷課程。這只是一小步，我們試圖治療的病症不只危害學生，還影響整個社會。當時教職員委員會便請我增設一堂課，教學內容就以道德典範與基督的教義為主。

我卻沒他們那麼有信心。我不確定道德觀可以在課堂上教授，而且我懷疑這應該由宗教機構或家長教導兒童，而非由老師教導青少年。此外我還有其他疑慮：道德判斷、道德信念與道德勇氣之間有何關係？例如理論上而言，學生會不會一邊培養出超高的道德判斷技巧，一邊照樣考試作弊？我們培養出的新一批校友，會不會只是表面上口若懸河地討論道德議題，心裡卻不甚相信呢？這種所謂的詭辯法，不就是雅典青年教育中最令蘇格拉底惱火的一點嗎？道德勇氣又要怎麼教呢？課堂上要如何培養這種膽量？

我的顧慮還有這點：為了提供廣泛選擇給學生，道德判斷的課程還有好幾門。在設計似乎毫無共通點的各種選修課時，校方會不會一時疏忽而重複他們極力想避免的自助餐式道德觀呢？「我想想，我到底比較喜歡康德強調義務的課，還是彌爾[2]的實用主義？選亞里斯多德，還是阿奎那[3]？」這種多樣性的選擇，提供了模稜兩可的道德相對主義，難道這不就是校方想挑戰的問題嗎？

我在咖啡廳向同事提出這些看法，他們都已經開了道德判斷的相關課程，也努力安撫我。他們說，我們只能希望教導學生清楚思考道德問題。同事認為，只要我們透過選擇幫助他們開口討論，闡述道德立據，學生就能在這方面有所精進，如同他們在實驗室磨練觀察本領、在樂團或合唱團培養音樂素養、在體育場鍛鍊運動技巧……但是這不足以說服我。我認為如果沒有一些共同基礎，道德論根本無法發揮作用，學生可能會發現，自己在道德模糊的環境中更無所適從。

我還預見另一個問題。我們的學生可能信仰各種宗教，也可能沒有信仰，對許多道德問題都有完全不同的看法。校方建議我介紹耶穌的道德看法，對象不只是接受基督宗教教義（例如道成肉身、死而復生）的學生，還包括不是基督徒的同學。我說我的確可以試試看，但是這個問題的爭論已經行之有年。許多人認為，除非相信耶穌的教義，否則耶穌的道德訓誨便毫無意義，而這些人的確不是無的放矢。耶穌的確將佈道內容個人化，甚至以自己當作所要傳達之啟示的主角。

另一派人馬的看法則是，有千百萬人不相信基督宗教教義，卻同樣從耶穌的道德典範或佈道得到啟發；最有名的例子就是甘地。我認為自己可以在課堂上介紹上述兩種意見，卻還無法確定是否要開課。不過，我想得愈多，就愈認為希望濃厚，最後儘管態度仍有保留，我還是同意了校方的請求。

當耶穌重回哈佛

我很慶幸自己答應了。打從一開課就知道，這不是普通課程。第一學期便有許多學生選修，幾年後，竟然每年都有七、八百名學生。沒多久之後，連來訪學者、後博士班的科學研究人員、在職外交官、都市計畫人員、記者……也紛紛加入。無論哈佛內外，只要是認定本校講究教育與宗教分家的人，都很意外這堂課的人數竟然急速增加。課程名字有「耶穌」又

2 John Stuart Mill（一八〇六～七三），英國思想家、經濟學者。

3 Thomas Aquinas（一二二五?～七四），義大利哲學家，亦為中世紀末最偉大的神學家，他的著作《神學大全》被奉為經院哲學的百科全書。

有「道德」，怎麼會有這麼多學生選修呢？吃驚的人顯然錯估這一代學生的意願，也誤判時代趨勢。

開課三年之後，校長約我到學校附近的法國餐廳午餐，向我請教原因。我說，這是許多因素綜合的結果。畢竟每個學生都得修道德判斷的課程才能畢業，而且有個化學系學生告訴我，他為什麼選修我的課而放棄其他課程：「我可沒聽過『笛卡兒』（其實他唸成笛斯卡提茲），至於耶穌呢……至少我**聽過**。」況且，當時哈佛大學部沒有任何一門關於耶穌的課程（現在有了）。我查詢以前的選課表才發現，上次有「耶穌」字眼的課程是由過世的喬治．桑塔耶納[4]教授開設的，他早在一九一二年就已離開哈佛。結果陰錯陽差地，耶穌的課程竟然成了新玩意。

耶穌在哈佛大學部缺席了七十年，象徵了美國大學在那段年代的作風。高等教育愈來愈俗世化，也愈來愈專業化，即便原本由教會興辦的學校也一樣。科學成為學問領域之冠，而非神學。宗教應該只出現在教會學校或神學院。哈佛雖然由虔誠的新教徒所創立，卻早就拋棄原本的宗教目的。神學院被發落到偏遠地帶，而且已故的柯南特（James B. Conant）校長甚至認真考慮廢除神學院。當時的人們認為，「客觀」才是授業的正當方法，然而宗教卻不能以客觀態度教授。我相信在那段時間，古代史、藝術史、美術史一定常提到耶穌的名字，卻沒有任何課程專門討論他，直到一九八二年才改觀。學生反應如此熱烈，恐怕要歸功於七十年來累積的濃厚興趣。

因為太多學生選修，教務處不得不將上課地點改到紅磚大樓紀念廳的桑德斯劇院（Sanders Theatre），亦即民眾聆聽波士頓交響樂團或搖滾樂團之處。因為學生人數眾多，我必須想盡辦法找地方舉行每組十五人的學組聚會，部分聚會由我本人主導或參加，才能明白學生的想法。所以有些討論會最後只好約在校內惡名昭彰的醜陋建築內，亦即難看的儲備軍官訓練團大樓（ROTC）。場地的氣氛非常糟糕，大樓設計毫無特色，一邊是動物學系，另一邊是廢棄的核子加速實驗室，還有個校內最偏遠的停車場。本來這棟大樓聲稱是臨時性建築，校方打從我學生時代就揚言要拆毀，但是至今尚未動手。然而我教書生涯最值得紀念的某些時刻，就是發生在這裡。

善意的相對主義者

我在大學部開的第一堂課是「耶穌與道德生活」，學生多半介於十七歲至二十二歲。以前我的學生多半是研究生，因此起初我相當憂心。我希望上課題材與他們的生活有關聯，但是節奏迅速的青少年文化對我而言既陌生又可怕。我聽過的歌不是他們喜愛的音樂，而是學生的父母輩在聽的。他們看的電影正是我敬謝不敏的作品，我最喜歡的近代樂團是披頭四。我不確定自己談論耶穌的方法，他們的世界究竟能不能理解。

4 George Santayana（一八六三～一九五二），著名的哲學家與小說家。生於西班牙，在美國長大、求學，曾在哈佛、牛津任教。著有《英倫獨語》、《懷疑主義和動物信仰》與自傳《人與地》等書。

然而課程一開始，我就拋開疑慮，期待上課，尤其是討論會，我的學生都非常喜愛。校方的確要求他們選修道德判斷的課程，但是他們根本稱不上行為不端。他們很聰明、健談、努力，而且非常執意要做「正確的事情」。他們身上沒有常見的道德危機特徵，然而我看得出他們相當困惑。

人類文化學、哲學、心理學、歷史與社會學的課，讓許多人以為道德觀「沒有必然性」，會因時代、社會、個人而有所不同。我們有何資格質疑南海島民不拘形式的性愛風俗？或是批評奈斯基里克的愛斯基摩人鼓勵長者漫步到雪地上等死的風俗？我們怎能評斷羅馬百夫長摧毀耶路撒冷，或是十六世紀的西班牙征服者燒毀特諾克蒂特蘭[5]？我們怎能挑剔同學的「私生活」，如果他們並未打擾到我們，或是導致我們違背良心，就算嗑藥或性生活放蕩又如何？上科學課程時，老師都鼓勵學生專心觀察，不要質疑實驗數據。然而他們在實驗室也會很快察覺某些學者的觀念——亦即從事研究的人無須擔心手邊實驗在未來的用途是否有害——而這種想法雖然普遍，有時卻只能心照不宣。簡而言之，他們接受的教育雖然傑出，卻與道德完全無關。

總之，學生本身對此有強烈的缺憾感。「我**知道**不該去勢，但是我無法說出個所以然。」某個典型的大四學生到荒涼的訓練團大樓參加討論時，便有此感想。這些學生跟愈來愈多的現代人一樣，發現——無論感覺有多微弱——道德相對主義在基本意義上有些不妥。他們厭惡某些科技對大自然的破壞，看膩政客的虛假與媒體的謊言。他們明白，廣告不過是精心計算過的手段。然而在和別人開口討論真正的道德抉擇時，他們卻尷尬詞窮。只不過想找個道德詞彙表達意見，就讓他們口吃又不安，最後往往放棄，有時只能搖頭說：「一切都得看你從**哪個**角度出發。」但是他們知道某些事情「絕對不應該」——例如虐待兒童，無論你從**哪個**角度來看都一樣。他們痛恨別人拿自己的道德標準硬套在他們身上，多數人也不願意強迫別人遵從自己的守則。「給自己與他人生存空間」是他們的金科玉律。簡而言之，他們就是我所謂的「善意卻又不安」的相對主義者。

然而，這種善意相對主義的走向也讓學生侷促不安。去勢還是簡單的話題，班上當然沒有一個人贊成。如果是更貼近我們自身的問題呢？許多人崇拜比爾・蓋茲，但是根據報導，他個人的財產（當時是四百六十億美元）多過美國收入金字塔底端百分之四十家庭的總和；有些人認為不對勁，其他人則不覺得有什麼不可以：難道這不是他自己努力賺來的嗎？他們爭論了一會便放棄。他們不但無法取得共識，就連討論這種問題也讓他們為難，難道說一句「我就是覺得不對」就可以了嗎？他們應該勸朋友墮胎（或是別墮胎）嗎？我們哪有資格數說巴西人能不能摧毀自己的雨林、巴基斯坦人該不該測試核子武器？恐怖主義與刑求是絕對不行，還是在某些時刻可以通融呢？更重要的是，如果「一切都得看你從哪個角度出發」，我們又該如何做出一國的決策？

5 Tenochtitlan，阿茲特克帝國的首都，後來遭西班牙遠征軍摧毀，亦即當今的墨西哥城。

即便如此，學生還是有討人喜歡、天真純潔之處。就算他們是困惑的相對主義者，肯定也是非常和善的一群。他們喜歡取笑電視廣告的誇張訴求，但是最討厭別人認為他們「主觀批評」或是「假正經」。他們最推崇的美德就是包容。他們就是美國原住民諺語的活生生榜樣：「除非充分了解，否則別隨便批評。」（字面原意則是：除非你穿他的鹿皮鞋走過一哩路，否則別開口評斷）這句話的意思當然是，走過一哩路之後，你根本不會再有批評此人的念頭。

現代的道德抉擇

我們很幸運，美國社會廣泛接受包容心的美德，至少表面上如此；世界上有許多國家可不然。在美國如此多元文化的社會裡，如果少了包容心，我們可能會隨時彼此看不順眼，所以這是必要條件。然而道德生活要更審慎、更成熟，可不只需要包容心，還必須從只是堅持「決定的權利」，轉而考慮決定對的事。學生只能努力克服這個難以掌握的變化。就跟我認識的許多成人一樣，他們可以就許多話題侃侃而談，但是試圖與不同宗教或生活背景的人討論道德抉擇——無論是複製人、死刑、世界飢荒或是安樂死——就語無倫次了。我很開心他們想「為所當為」，但是我也很高興他們漸漸發現，居民多達兩億五千萬的國家不能沒有統一的道德守則，人數多達六十億的地球也不能讓大家各行其道，否則根本無法居住。

信仰虔誠的學生並不比其他人更好過，他們似乎更清楚哪些事情是自己該做或不該做，多數時候也認為自己的價值觀適用於所有人。即便如此，他們也不願意強迫他人，尤其不願意藉由立法限制大眾。他們也難以解釋，別人如果不相信他們的宗教，又如何叫這些人自動遵守該教的道德規範。提到如何在宗教、道德觀多元化的世界執行自己宗教的道德標準，他們也一樣困惑不解。到頭來，即便信仰最堅貞的學生也只能將就於互相容忍、無傷為重的立場，然而他們漸漸發現這種態度雖然重要，卻不完備。

我一開始教授這堂課，便發現了我早該明瞭的問題：學生跟我們其他人沒什麼兩樣。我們現在需要做的抉擇是先人從不需要面對的問題，在這樣的大環境之下，眾人往往難以找到道德方向。我們的祖先當然也有道德抉擇，然而當時可沒有基因工程、核子武器、器官移植、網際網路或是避孕藥。我在課堂上也發現校方的猜測的確沒錯：許多人相信（他們並非全都有宗教信仰），拿撒勒人耶穌應該可以幫助我們做出正確的道德抉擇，但是他們不知道怎麼找出關聯性。

這堂課沒有代溝。我們都得清楚思考現代的道德環境已經改變，繼而重新檢視宗教與新局勢是否有互動，又該如何互動。先人生活的社會同質性極高，傳統就是道德指標。但是現代所有人——無論十七歲或七十歲——所居住的世界卻充滿相持不下、互為矛盾的行為準則。傳統道德標竿不再清晰，唯有多了解耶穌或許有助信念的堅持，何況我們可以跳脫綁手綁腳的神學框架來了解他。問題是該怎麼做。

無論是否有宗教信仰、年齡老或少，一旦碰到這個問題都沒有太大差別，我們都在同一條船上。我們需要以更新鮮、更廣泛的角度討論宗教與道德抉擇，以及兩者如何互動。

我決心讓學生有機會相互討論真實生活的道德抉擇，因此除了聽我講課之外，他們必須參加每週的討論會。這些討論會的氣氛有時相當熱烈，學生也因此有機會探索「為所當為」對自己的生活有何影響。平時辯才無礙的學生，也有機會試著找尋適當的字眼來表達自己對道德問題的不同看法。儘管他們厭惡「無所不知」的道德絕對論，但俯拾皆是、沒個準則的道德相對論也令他們沮喪。上述兩者都非他們所願，他們預期或至少希望，在公開、毫無禁忌地探索耶穌的生平與教義之後，能有助於自己做出正確抉擇，又能避免僵化制式或是毫無標準。

班上同學就是世界的縮影。男女人數通常一樣多，有些來自富裕家庭，但是多數——多虧校方慷慨的獎學金計畫——來自中產階級。有些人的父母是虔誠信徒，但是更多人的家長則不然。班上除了有基督徒，還有印度教徒、猶太教徒、穆斯林、佛教徒，以及不可知論者（而且至少有一人宣稱，他建構自己的宗教）。學生從聖塔巴巴拉、班哥，從聖彼得堡、西雅圖來，也可能來自巴西、奈及利亞、中華人民共和國。他們代表各種宗教、種族。有些人在上課前就對耶穌有一定程度的了解，有些人則是壓根沒讀過《聖經》。班上同學形形色色，但是個個都渴望擺脫大環境的混亂道德觀，而且都選修「耶穌與道德生活」。因此我們至少有兩個共通點。

耶穌會怎麼做？

有些學生聽過，只要自問「耶穌會怎麼做？」就能解決所有道德難題。多數人則發現，這個方法並非次次有效，因為耶穌是二十個世紀以前的人，而且當時的生活環境相當不同，耶穌可不必面對學生得處理的惱人問題。他們明白，分隔耶穌與我們之間的歲月就是一大障礙。然而他們在課堂上學到，耶穌是拉比[6]，他並非只是提出答案。相反地，他示範如何做出道德抉擇，學生自己也可以採用。耶穌以神祕的說法與尖銳的比喻要求人們運用想像力，他們發現只要照辦，耶穌所要傳達的啟示的確對我們有所助益。關鍵只在於，我們如何將他的方法與思想翻譯成現代語彙。

近年有大量文獻論述「尋找歷史上的耶穌」，但是這可不是本書的目的，甚至可以說正好相反：這本書的意義是「尋找現代耶穌」，目的就是向二十一世紀介紹一名兩千年前的男子對我們的道德意義。這本書的宗旨，就是這麼直截了當。以下的章節就介紹四部福音書如何記載耶穌的生平，從耶誕故事到復活節記載都兼而有之。本書的焦點在於耶穌本人說過的故事，以及關於他生平的故事。本書會提到學生如何根據這些故事，仔細思考他們所必須面對的道德抉擇，然而他們就跟多數人一樣，有時也會困惑、懷疑、害怕，但是永遠都保持著濃厚的好奇心。書中描述學生各有不同而且往往令人意外的反應，如何促使我自己想得更寬

---

6 Rabbi，猶太人的精神導師，人稱夫子、先生或老師。

廣、更深刻。此外，本書也記載我們如何按照這些久遠的故事，處理各種現代才有的抉擇。這些決定都是學生已經碰到，或是知道自己即將面對的問題——隨著人生進入各種階段，我們都會碰上這些問題。

我希望本書可以跨出哈佛校園，激發更多人共同探索；因此各年齡層、各宗教或無宗教背景的讀者都能從這本書走出去，一起加入這趟迫切的探尋之旅。讀者並不需要比我的學生更了解宗教或《聖經》，然而只要是不滿道德基要主義或各行其道的相對論的讀者，本書都歡迎大家一起用嶄新角度觀察第一世紀的拉比，他來自羅馬帝國的偏遠轄區加利利。有人形容他的生平在歷史上最有道德影響力，然而這股影響力的實際功能往往很難判斷。儘管眾人都真正了解所有宗教經文、字句虔誠的保險桿貼紙、耶穌的教義與信條，但本書更大的前提是，這位加利利人對我們的時代仍舊有強而有力、甚至是不容分說的道德意義。

第1章

那時的他，現在的我們

拿撒勒的耶穌生於二十個世紀、六十個世代以前。見過或聽過他的人只有幾百個，頂多也只有幾千個。羅馬人不認為他是重要人物，因此編年史也沒記錄他遭處決的日期。耶穌沒有任何著作，死後也沒有任何紀念碑。然而，現代卻有難以估計的人相信，耶穌有重要的道德意義，不只在他生存的年代是如此，在我們這個時代也一樣。至於他究竟有何重要意義，各式各樣的答案不但讓人感到疑惑，甚至沮喪。從電視佈道家到大學研究人員，許多人自信滿滿地自詡為耶穌專家，然而他們對他的解釋互有出入，不可能每個人都說得對。

為了試圖拉近耶穌當時與現代之間的鴻溝，我的做法之一就是向學生介紹近代幾個效法耶穌的人物。我們讀到甘地，他雖然至死都不是基督徒，卻奉「登山寶訓」為人生圭臬。我們讀到馬丁・路德・金恩，他以耶穌為模範，提倡各族和平共處的社會模式。我們讀到桃樂絲・黛，她創建「天主教工人運動組織」[1]，致力學習耶穌清貧、純樸的生活方式。我向學生介紹迪特利希・潘霍華[2]，這位生活在納粹德國的牧師一心追隨耶穌，因而參加暗殺希特

1 Catholic Worker Movement，創立於一九三三年，旨在團結勞工、倡導正義和平。

2 Dietrich Bonhoeffer（一九〇六～四五），德國新教神學家，著有《追隨基督》、《團契生活》等。

勒的密謀，最後在美軍抵達福洛森堡集中營前幾小時，慘遭蓋世太保處以絞刑。許多學生的報告，也選擇以這些跟隨耶穌的二十世紀人物為主題。在這個充斥名流的世界，他們似乎願意向值得尊敬的道德崇高英雄看齊。耶穌顯然是非常有力的典範，他扶持弱者，不畏強權也要說出真相，願意為自己的信念付出代價。

可是，好像還是有一點缺憾。即便最富哲思的學生，都很難從耶穌的一生或教誨中找到具體建言，幫助自己面對日常生活的抉擇。某天有個活躍於地方路德教會的坦率大三學生丟出一個簡單問題，他問我：「為什麼這堂課念到的每個人幾乎不是被釘死在十字架上、槍殺，就是遭絞死？」他說的是耶穌、甘地、金恩及潘霍華，而且他這句話可不是為了製造笑果。他告訴我，他沒有雄心壯志要發財或成為名人，耶穌關心當時無家可歸者的行為也讓他由衷感動，但是他說，他也希望將來找到一份好工作、結婚生子、成為好國民、為人類奉獻己力。他當然也想為所當為，卻不想偉大到槓上羅馬軍團。

有時最虔誠的學生告訴我，他們祈求耶穌引領他們的決定，我也相信他們出自真心。但是當他們將耶穌當成活生生的模範，希望效法他的精神做出道德決定時，往往感到困惑不已。登山寶訓似乎很有說服力，我相信有許多人至少想過「連左臉也轉過來由人打」，甚至愛他們的敵人。但是他們應該逐字仿傚耶穌的告誡，賣掉所有身外物，捐給哈佛廣場的流浪漢嗎？我要學生交報告或是準備期末考時，難道我真的希望他們遵循耶穌的教誨，「不要為明天憂慮」嗎？簡而言之，學生認為耶穌非常有魅力，卻很難以他為準而做出道德抉擇。

探尋「歷史上的耶穌」

並非只有基督徒認為耶穌有吸引力卻又令人困惑。熟知猶太教的學生認為耶穌是奉行先知傳統的猶太同胞，就如同以賽亞（依撒意亞）或耶利米（耶肋米亞）。佛教徒認為他是菩薩，放棄進入極樂世界，就為了幫助一切眾生獲得解脫。穆斯林認為他是先知之一，他們也經常提醒我，《可蘭經》記載他接受了重責大任。穆斯林都認為他象徵無可比擬的勇氣與自我犧牲的典範，然而在釐清現代問題方面，耶穌似乎心有餘而力不足。

有個中年的印度客座經濟學者旁聽我的課，他告訴我，他發現耶穌非常值得崇拜，也明白甘地為何學習他。他說他的房間牆上除了聖雄甘地的圖片，還有耶穌的畫像，但是他補上一句：耶穌在三十三歲就結束了一生，從未進入印度所謂的「在家」期、「隱士」期及老年之後的「出家」期[3]。那麼，我們該如何跟隨耶穌腳步，進入五十、六十，甚至更年邁的階段呢？

因為我本人已進入最後一個階段，當下就了解他的意思。然而我不覺得有必要告訴他，德國哲學家尼采也曾深思過同樣的問題，他指出倘若耶穌沒有英年早逝，最後可能擺脫年輕時代的血氣方剛，情緒變得較為平穩，也會成為截然不同的另外一個人。誰曉得呢？總之，我們還是很難想像耶穌去領社會安全卡，或在佛州羅德岱堡海灘玩衝浪板。

3 根據印度傳統思想，人生分為四階段，分別為「梵志」期（即學生期）及文中所述的三期。

我教授這堂課以來，就有許多人希望眾所皆知的「耶穌研討會」[4]以及探尋「歷史上的耶穌」，可以幫助他們解決耶穌究竟是何方神聖的謎題。他們以為，現在終於可以認識真正的耶穌，他不再是混沌不明的神話或以傳說拼湊起來的人物。然而這些人很快就失望，因為起初似乎大有可為的研究，卻令人愈來愈摸不著頭緒。因此，研討會的興起和式微的原因都不難理解。

「耶穌研討會」一開始就丟出令人疑惑的問題：如果我們只就目前可接受的歷史研究方式討論，我們會如何描述耶穌？揭開千百年來鑲嵌在他身上的許多加工品，我們又會看到什麼樣的實相？如果將《新約福音書》當成其他古文獻，如《死海古卷》、《多馬福音》呢？要是我們轉而求助於古代巴勒斯坦考古學，又將有何新發現？人類學可以教授哪些關於耶穌當時的拓墾農業社會結構呢？這些別出心裁的研究，或許可以勾勒出一個在道德上相應的耶穌，至少可以讓想要效法他的學生有所憑藉。幾年以來，尋找歷史文獻中的耶穌的課程，吸引了許多學生與大眾的注意。

耶穌到底是誰？

新聞週刊、電視節目拚命報導耶穌的相關話題，更是提高這堂課的知名度。媒體先前就察覺到，只要主題和耶穌有關，就一定有廣大讀者、觀眾群；他們是對的。即便在兩千年後的今天，拿撒勒人耶穌仍舊是魅力非凡的人物，也依然是世界多數地方人類集體意識不可或缺的一部分。無論你是否為基督徒，甚至是否有一般的宗教信仰，這個道理都說得過去。無神論者與不可知論者，都有讚賞耶穌的著作。幾乎所有人都相信，耶穌**應該**有其道德重要性，至於是什麼樣的重要性則仍存在許多混淆和衝突，在各種狀況之下如何「跟隨耶穌」，更是眾說紛紜、莫衷一是。

多數不同的聲音，來自多年來世人對耶穌截然不同的描述：他是溫和的木匠、熱情的先知、聖靈的追求者、神奇的治療者、朦朧的神祕人物。近年來，耶穌在「萬世巨星」一片中是搖滾歌手，在「福音搖滾」舞台劇中是馬戲團小丑，在《達文西密碼》書裡是抹大拉（瑪達肋納）的丈夫，在電影「受難記：最後的激情」裡又是遭人打得狼狽不堪的無助受害者。但是許多人還是疑惑，耶穌究竟是誰？在「耶穌研討會」的歷史學家以科學方法積極驗證下，如今或許可以找出答案。難怪大眾興趣盎然。

此外，我們這個年代也充滿媒體社論、封面故事、博士論述，以及「終於揭露真相」的報導。由於人們通常不相信任何事情的官方說法，懷疑自己遭到欺騙或唬弄，因此一般人從書報攤而非教堂的講壇發現，《聖經》中福音書寫成的年代晚於實際事件多年，是從較早的消息來源拼湊而成，而且還為了迎合特定讀者而編撰過，他們便想找出「內幕真相」。尋找歷史上的耶穌究竟是何方神聖的「耶穌研討會」，在一九九〇年代初期的影響力最大，也提

4 Jesus Seminar，由歷史批評法的自由派學者於一九八五年組成，原先有三百位會員，到了一九九七年只剩下七十五人。

出過具體答案。該研討會向大眾保證，多虧碳定年法、電腦資料庫，以及嚴謹的科學研究方法，他們終於知道「真正的耶穌」到底是誰，這自然勾起了大眾的好奇心。當時歷史修正論者推翻先前各種事物的不可侵犯說法，從傑西．詹姆斯[5]的傳說到越戰都網羅其中，因此不難了解眾人為何著迷於探尋「歷史上的耶穌」。此外，許多雜誌都因為這個題材狂賣。既然如此，為何大眾的期望又迅速落空呢？

顯然，有心探尋耶穌真面目的歷史學家，不久就因為發現耶穌身分有各種互相牴觸的結論而困惑。有些人說他是四處流浪的聖賢，有些人說他是具備領袖魅力的傳道者，還有人說他是受到宗教啟發的社會改革人士。有人原本相信這段研究過程恪守科學方法，在宗教界又是相當於研究遺傳基因的大工程，最後當然應該得到清楚的最後定論；但這批學者卻因為無法得到統一結論而困惑、惱火。事實證明，「這個耶穌到底是誰？」的問題，千百年來都同樣難解。為何學者煞費苦心，卻只得到如此微不足道的結果呢？

確實的歷史人物

一竿子打翻「追尋歷史上的耶穌」的研究，其實有失公允。儘管專家眾說紛紜，有些事實卻也不用爭論。他們都同意的確有耶穌這個人，他生於第一世紀，是居住於巴勒斯坦的猶太人，當時該地區由羅馬人佔領，而且如同史上所有遭外人佔領之地，居民因此分裂，征攘不休、戰亂不斷。

學者也同意，耶穌是拉比（老師），他教導大眾神的國度就要來到，在加利利以其授業、醫治能力廣受門徒推崇，尤其最受無產階級與絕望民眾崇拜。然而他激怒了統治階層、緊張的宗教團體、羅馬當權者。他與門徒到耶路撒冷過逾越節時，因為在聖殿山引起騷動，遭到逮捕、審問、釘十字架處決，羅馬人專用這種刑罰對付企圖顛覆政權的嫌犯。然而耶穌死後，門徒堅稱看到耶穌活生生地出現在他們面前，儘管他們可能遭到酷刑處決，卻繼續傳播他的訊息。

除了這一小撮原始的耶穌歷史資料之外，未通過學者科學驗證的相關題材不勝枚舉，多半來自《聖經》本身。然而早期基督徒不選入《新約》的所謂「偽經福音書」中，也有耶穌的教義、話語。此外還有眾多的傳說——舉例來說，傳說在他十二歲生日到他英年早逝的三年前的「無聲歲月」，耶穌曾旅行到印度或西藏或日本，這段期間在福音書中卻完全略而不提，而且也沒有任何歷史證據證明，耶穌曾經踏上這些有趣的旅程。重點在於，我們雖然知道「歷史上的耶穌」的某些資料，亦即當代歷史研究所能發掘的科學事實，但是目前看來，這種研究方法的成效卻不大，恐怕以後也不會有太大發現。然而，即便碳定年法與考古學都有其限制，「尋找歷史上的耶穌」的研究並不算失敗，其實當初設定的問題也解決得差不多了，只是不及原先預告的成效，也無法滿足群眾誇張的預期心態。

5 Jesse James（一八四七～八二），美國歹徒，殺人搶劫無所不為，卻被傳誦為綠林好漢。

這份研究會讓這麼多人沮喪的主要原因，其實並不在此。令人失望的不是成果太少，而是結論似乎無關緊要。研究結果不只發現耶穌是歷史上的人物，而且還認定他就是那個古人；自相矛盾的是，這個結論推翻了這些學者原本的信念——歷史上的耶穌所要傳達的訊息。他們都同意，耶穌堅持要信眾相信上帝就在「此時此地」，但是歷史重建工作充其量只能將耶穌留在「當時彼處」。他還是主日學書本與耶穌電影中那個身穿長袍、蓄著鬍子的模樣——浪漫、悲壯、勇敢——卻不比蘇格拉底或凱撒大帝更接近我們。他有極大的吸引力卻無法接近，生活在與我們大不相同的奇特世界，面臨的問題也與現代人南轅北轍。

深淵對岸的模糊身影

儘管探尋「歷史上的耶穌」的研究無法滿足當初人們點燃的不實際期望，有些人仍舊不死心，希望歷史研究（例如再從其他山洞挖出另一捲殘破的古卷）還是能夠澄清耶穌究竟是誰；其他人則照樣相信，只要問「耶穌在這種狀況下會怎麼做」便能解決任何難題。

前者的希望有其困難，因為除了最起碼的基本資料之外，歷史學家對耶穌的研究永遠無法達成定論，而且就算找到塞滿古卷的山洞，我們也不見得就能因此明白他「究竟是誰」。所以當我們讀到各家對耶穌生平的不同描述，抑或看到相關的電影、電視節目時，往往自覺只是驚鴻一瞥，瞄到寬廣深淵對岸那個模糊又遙遠的身影。

至於自問換作耶穌又會怎麼做，事實卻是我們現在面對的選擇根本不是當年耶穌必須解決的問題，因此試圖揣測他會怎麼解決當今爭議性的棘手問題，無異只是亂槍打鳥。選修這門課的學生都知道這是怎麼回事，也知道耶穌不必忍受一連串磨人的工作面試、意外懷孕，或是（至少就我們所知無此必要）衡量與女友分手的後果。

放眼將來的人生，他們知道耶穌不必擔心十五歲的兒子是否嗑藥，或是決心告訴父母自己交了一個他們絕對不會接受的女友，或是忍痛將衰弱的母親馬利亞（瑪利亞）送到老人之家，抑或知道父親約瑟（若瑟）的癌症已經蔓延到全身、所以同意拔掉維生系統……。不管是發自人道精神的軍事干預，或者是基因複製、醫生協助的自殺行為等問題，學生都知道無法從耶穌的生平或教義中得到清楚答案——要不然就是只能找到許多自相矛盾的解答。無論學生多努力，他們還是認為耶穌只站在深淵之外的遙遠彼岸。他還是在當時彼處，他們卻顯然在此時此地。

並非只有這些學生有此想法，任何人只要身處缺少道德模範的社會，都會有類似的疑問。如今許多深思熟慮的人堅持，我們應該「在教育體系中灌輸價值觀」。或許他們說得對，但是我們該傳授誰的價值觀呢？又該教導**哪一種**道德觀：美國人權自由聯盟？還是基督徒聯盟？對正統派猶太專科學校、福音派基督徒大學，或信奉《可蘭經》的伊斯蘭教學校而言，這些問題都不證自明。即便如此，有這些宗教法典為基礎背景的學生或成人，要如何看待雙方因為不同的宗教與價值體系造成彼此不睦，進而形成緊張對峙的局面？又要如何面對更廣闊、更多元化的世界？

找到說故事的拉比

學生可沒有生活在另一個星球上，他們在課堂上積極討論的道德抉擇，我在餐廳、家族聚會、電視節目、披薩店、學校附近的小酒吧裡，都聽過帶著類似善意與困惑的對話。無論是青少年或成年人，每個人都會碰到同樣的窘境。我們盡量「為所當為」，然而這個年代已經無法用舊地圖取信於所有人，有時甚至連我們自己都不相信。到底什麼是「當為」之事？耶穌可以幫助我們明辨是非嗎？

儘管我們與耶穌之間橫著一條歷史鴻溝，但還是有人相信，二十一世紀的耶穌仍有其重要的道德適用性，我認為他們說得對。然而我也認為，我們應該是找錯方向了。我愈來愈相信，有兩個密切相關的要素可以在這道鴻溝上搭起橋梁：

第一，遠在基督徒歷史給他冠上各式各樣名號——主、耶穌基督、救世主、上帝的羔羊等——之前，耶穌就是拉比。他教導、恪守摩西五經（梅瑟五書，亦即猶太教律法）儘管當時他的所作所為史無前例，而且還相當有原創性。他從未以簡單答案敷衍困難的問題，卻以經得起時間考驗的拉比風格，提出另一個問題，或是敘述他令人難以忘懷的故事。他不准人們逃避自己做決定的責任，反而要人們深思，繼而培養、拓展道德見解。這向來就是最優秀的拉比的做法，直到現在還是沒變。

第二個銜接彼岸耶穌與我們的關鍵，就是耶穌在對應各種新的需求、傳遞族人的道德傳統時，他仰賴的大多是故事、範例，而非戒律、原則。他明白，幾乎所有道德省思都缺乏想像力。當然，我們需要理性，生活才能符合道德規範，但是我們更需要直覺能力，來判斷事情重要與否、想像其他可能性、看穿眼前似乎是絕境的局面。我們不只必須欣賞人們對事情的看法，還要尊重別人的感受；要達到這個境界，最有效的對策依然是精彩故事所能喚醒的想像力。

跨過耶穌與我們之間的深淵並非毫無可能，祕訣就在於找到說故事的拉比，找到故事和我們的想像力之間的關聯。只要綜合這兩個要素，耶穌就能活在這個時代，也能喚醒現代沉睡的道德意識。

第2章

當年那位耶穌拉比

有一個法利賽人，名叫尼哥德慕，是猶太人的官。這人夜裡來見耶穌，說：「拉比，我們知道你是由神那裡來做師傅的；因為你行的神蹟，若沒有神同在，無人能行。」

——〈約翰福音〉（若望福音）3章1節

探尋歷史驗證的耶穌之研究成果，仍舊使我們只能在鴻溝這岸探頭觀望。這個拿撒勒人還是第一世紀的男子，我們依然不知道怎麼讓他現代化，而他的教義與範例（也就是他的道德智慧）又怎麼對二十一世紀的我們發揮作用。我們實在不該期盼，探尋歷史上的耶穌會有答案。但是這項研究工作所描述的精髓——亦即耶穌是拉比——的確有助於我們踏出下一步。

太少人注意到耶穌是拉比，他死後沒幾年，人們便忘記這個重要事實；當時有許多非猶太人教徒加入他所發起的運動，而且人數迅速超過最早的猶太門徒。這個運動從巴勒斯坦擴張到地中海的希臘羅馬盆地，當地人更不認識也更不關心拉比。他們以自己的文化習俗了解耶穌，留下許多意象豐富的說法。

我們沒理由捨棄這些古早的稱呼，例如「四字聖名」或「與天父一體」。這些名號代表其他年代的人如何理解他、回應他，例如近代非洲、亞洲基督徒對耶穌的歸類也有同樣意義——當地人稱他是「開天始祖」，或是等同「道」的另一種說法。我們因而更能了解耶穌在此時此刻的重大意義，然而這也不表示，我們就該尋找最卑微的共同道德標準。

多年來與各種背景的學生討論耶穌及其道德生活，我學到我們不需要對耶穌的教義意見一致，也可以證實他的確有其道德正確性。但是我也學到，完全拋棄這些教義與意象也很不對，畢竟這些教義背後都有來由。然而，我們現在必須再次承認，早在豐富的宗教闡述興起前，耶穌就是拉比。他在人間的歲月都用來闡述、遵守猶太律法的摩西五經，主要的傳道方法就是說故事，並且以身作則，徹底實踐他所學的教義。

以說故事來傳道

耶穌不是第一個，也不是最後一個拉比。我們要了解他，不只得看穿猶太律法與當時宗教工作的背景，因為研究「歷史上的耶穌」的學者已經鑽研得非常透徹；我們還得透過兩千年前流傳至今的猶太教教義與說故事傳統的**前景**。為了熟悉這項可敬的猶太傳統，我們必須提醒自己拉比的道德推論還是未完成的艱鉅大業。猶太教法典《塔木德》（*Talmud*）由經文、注釋、訓詁所構成，直到今天，目標都是在幫助人們根據奉行至今的道德傳統作抉擇。如果我們想探尋有重要道德意義的耶穌，便非得從這裡開始，而且這只是第一步。

拉比說故事，故事就是敘述文，敘事體又很能喚醒想像力。儘管想像力是道德生活不可或缺的要素，多數倫理學的著述或講道的教義卻完全略而不提。他們寧可將重點放在何謂美德，或是只注重原則與價值（當然這三者也自有其重要性）。最常遭到忽略的就是最基本的問題：「我要當什麼樣的人？」要回答這個問題，就必須將自己放在從未體驗過的局面中，從不同階級、種族、性別、年齡，甚至從不同歷史時代的觀點來看待，尤其是感受某個道德問題。

面對任何道德難題，我們總會嘗試三個步驟。第一步最重要：必須認清這是道德問題，不是投資決定、病歷或是政治選擇。第二步則是找出問題的答案：我該怎麼做？再來才是第三步，肯定也是最艱難的一步：鼓起勇氣去做。經過充分栽培的想像力，便能徹底滲透這三個步驟，有助我們認出包裹在各種選擇之下的道德問題，幫助我們看清楚該怎麼正確選擇，也激發我們起而行。然而我們該如何得到、培養這種想像力呢？

此時，我們就需要誘發想像力的故事了。猶太哲學家伊蒂絲．衛斯高洛格（Edith Wyschogrod）發現，儘管倫理原則與道德理論非常重要，卻都**無法激勵**任何人。驅使人們付諸行動的是故事、敘述文、在某些情勢下應該選邊站的陳述。在深刻論述文學對倫理的重要性時，哲學家瑪莎．努思鮑姆[1]認為，故事告訴我們「注意這個而不是那個，在這些方面而非那些方面要積極活躍」，可以引領我們進入「某些特定的心態」、向內心的靈魂喊話、幫助腦海中的道德思考，銜接上非得從內心才能湧現的勇氣與同理心。簡而言之，故事幫助我們成為自己想成為的人。

1 Martha Nussbaum，美國哲學家，自稱蘇格拉底的信徒，著作極多。

這種論點正好闡明耶穌拉比以及道德想像力之間的關聯。他利用自己短暫的一生說故事、演出故事，就連他進入耶路撒冷引發的激進場面、遭折磨致死都成為他生平故事的情節。人們見到他之後，似乎總能抖擻精神，因為他總是激勵眾人不要只顧眼前的好處，還要想像自己身處的局面再有所抉擇、行動——其實就是運用想像力。你看到路邊躺著一個淌血的陌生人會怎麼做？請客卻沒人來呢？

你以為再也不會見到的莽撞叛逆兒子卻忽然站在門口，而且還坦承破產呢？耶穌讓眾人一同面對他那稱不上舒適的生活：他打破當時社會與宗教的禁忌，與受人敬重的拉比絕對不屑為伍的人同桌進食，圍繞在他身邊的人，更不乏受到眾人排擠、不見容於社會的邊緣人。他的生活態度，促使每個認識他的人都不得不反省生命的意義，從全新的角度看待這個世界。他言行合一，心口相應。

但是這還只是剛開始。要了解耶穌在**我們這個時代**的重要意義，還是得先了解他如何解決**當年**的問題。追尋歷史耶穌的研究者的貢獻就在於此，因為我們也必須明白（套用學生最愛用的句子）：「他究竟打哪來？」耶穌的確是生於第一世紀，羅馬人統治下的巴勒斯坦猶太人，身為拉比，他必須應付羅馬暴君，以及族人的嚴重分歧。道德觀混亂、政治仇恨、宗教衝突之於他都不陌生。這**就是**耶穌，也是他當年所處之境。但是，耶穌又有什麼樣的「背景」呢？

答案都在故事裡

耶穌繼承族人的古老宗教習俗，每年逾越節他一定以筵席（seder dinner）慶祝當年祖先出埃及。福音書指出，耶穌在安息日「習慣」上猶太教教會，而且不只是去祈禱，也去教導會眾。他非常熟悉先知耶利米、阿摩司（亞毛斯）、以賽亞，並自認和他們一樣受神感召。如同我們當中的許多人，耶穌在孩提時代可能也得背誦十誡，亦即聖經學者心中猶太教道德與宗教的傳統精髓。他教誨信徒的主禱文（天主經），其實只是普遍的猶太教禱文。我們要了解耶穌，不只得讀福音書，還必須明白一世紀的猶太生活，以及如今基督徒口中的《舊約》，因為這是耶穌當年唯一知道的「聖經」。

熟讀耶穌的「聖經」，就了解福音書裡為何沒有我們希望看到的具體倫理方針——因為耶穌與多數聽眾都已經知道這些準則。既然身為拉比，耶穌自然不想引進新的律法。事實上，他堅持舊律法「一點一劃」[2]都不能廢棄。但是身為拉比，耶穌也跨出下一步，以寓言、故事證明猶太人宗教精髓的「上帝的國度」**已經到來**；當時多數猶太人相信，救世主彌賽亞（默西亞）出現之後才會揭開這個時代。「上帝的國度」是耶穌一生及其講道的中心思想，但是這個想法並非由他所創。他顯然認定，多數聽眾早就知道他說的是哪件事，耶穌只是補充一件事：人們翹首盼望、希望日常生活無所不在的上帝國度時代已經來臨，不必一延再延。就是此刻，

2 〈馬太福音〉（瑪竇福音）5章18節。

就在此處，就在「你們中間」，儘管只有一部分人知曉，眾人還是應該立即有所回應。「上帝的國度」不再是眾人只能等候、祈求的虛幻未來，環顧四周就能看見，就算在最不可能之處也找得到。

耶穌的確提供道德判斷的絕佳範例，卻不是以多數人期待的方式呈現。他迫使人們用故事及現在所謂的「個案研究」，自己思索答案。他跟往後幾十世代的拉比一樣，並不提供人人隨時都能適用的答案；耶穌也對通用的道德理論興趣缺缺。他分別處理每個個案，在這方面很像編撰猶太教法典的教士——他們也對理論性的問題不感興趣，爭論結果往往不是得到單一結論，而是兩個甚至更多拉比式的意見。

只要有人向耶穌提出假設性問題，他通常都會用典型的拉比風格回答，例如說個祕聞軼事，或是同樣不脫拉比做法地丟出另一個問題。他說故事讓人理解道德問題，而不是一味唱高調；他希望信眾從道德傳統，以及為何下此決定的人生軌道兩方面來思考。耶穌與拉比都認為，經過這個過程的洗禮，任何人都能學到寶貴經驗，往後更能做出有見地的決定。此外，因為沒有任何人的狀況完全相同，自然不會有隨時適用的答案。下次或許會碰到類似狀況，卻總會大同小異，不能以一概全。各種道德難題的答案都很重要，但是學習解答的方法卻更珍貴，因為明天可能又有另一個兩難的道德窘境，後天又再來一個。

想像力的重要性重新得到重視，就能以全新角度看待最簡單的解決方法：「耶穌會怎麼做？」如果答案只是機械化地模仿耶穌的行為（他這麼做，所以我也照做），顯然無法當作道德方針，因為有太多決定根本不在這種方法之列。然而如果結合拉比「每個案例都獨特」的看法，再運用道德想像力，那麼自問「耶穌會怎麼做？」便有意義。如同信眾受耶穌所促，我們也不得不將自己放在陌生甚至危險的狀況之下。我們不但必須再三檢視耶穌本人做過哪些事，也必須思索他的一生與傳達的訊息，多年來又激發人們做了哪些事。

審視耶穌的一生更能明白，他就是用故事來喚醒道德抉擇。我認為「說故事」的方法今天同樣有效。但是還有一個擾人的問題：如果耶穌真是拉比，又深受猶太傳統洗禮，為何如此受人愛戴卻又引人爭議？

耶穌之所以具有如此截然不同的特質，原因至少有兩個。第一，如同甘地所言，他不只施教於人，而且言行合一。他堅稱上帝——不是凱撒，不是希律王（黑落德王），不是祭司權貴——才是唯一的道德權威，而且奉行這個信念的方法太過煽動人心，讓統治階層不得不決定徹底除掉他。此外，耶穌明白指出，即便是不遵行猶太傳統的人，也都在人類的道德大業中扮演平等角色。這種信念激怒了某些猶太族人，儘管比例可能相當小，最終還是造成我們現在所謂（當時可沒有這種稱呼）「基督宗教」與「猶太教」的一種分歧——追隨耶穌的猶太人與非猶太人（後來才稱為基督徒），以及不信耶穌的猶太人。

耶穌的門徒保羅（保祿）[3]是基督宗教早期最重要的人物之一，也是教導猶太律法、受

3 St. Paul，西元一世紀的猶太人，原是基督教會死敵，後來成為主要使徒，也可能是教會最偉大的神學家，足跡遍及世界各地。

人敬重的導師。他回應耶穌的強調歡迎外邦人，只是用略為不同的文字來表示贊同。保羅在寫給羅馬人的書信中提到，儘管猶太人的確有自己的「律法」，外邦人也會「順著本性」行律法上的事。他說，律法是「刻在他們心裡」。保羅當然不認識佛教徒或印度教徒，根本不可能知道，不只是上帝將律法刻在遙遠民族的心中，這些民族還將律法刻在等同摩西五經的聖書、法典中。對耶穌或保羅而言，他們自己的猶太教傳統中有個燦爛的核心，光亮遠超過傳統自身。

創造共通道德觀的最佳途徑

耶穌相信凡是人都有所謂的道德能力，而這點往往遭到誤解。他教導的不是放之四海而皆準的抽象道德規則，也不是說所有人都能歸化為猶太人。他向猶太族人講道時，經常以外邦人為道德生活的榜樣，這點也引起某些聽眾的憤怒，儘管猶太聖賢也教導過同樣的道理。舉例而言，耶穌曾說到某位羅馬百夫長，他說：「這麼大的信心，就是在以色列中，我也沒有遇見過。」[4] 耶穌著名的好撒馬利亞人（撒瑪黎雅人）的故事，便以可能不信上帝的人當道德模範。他似乎相信，風俗民情各異的種族彼此交流，不見得就只能以道德混亂收場，反而應該多多益善，因為這類互動本身就能刺激信仰與道德觀。

在這個道德觀、宗教觀各行其是的年代，這種看法對我們而言益發重要。接受不同精神傳統薰陶的人碰在一起時，交流的結果往往令人深感挫折。這類的會面，不是各自劍拔弩張地捍衛自己的信念，就是雙方都優柔寡斷地退避到不必非有定論的相對主義中。前者僵化成道德基要主義，後者則化為無神論者。兩種應對方法的共同結果，就是彼此都相信「無論如何討論都沒有意義」，所以何必多此一舉？

然而耶穌證明，並非一定得用上述兩種方法應對。他的例子如果有任何意義，那就是不同文化的交流不該被視為問題，反而是寶貴的機會。耶穌親身示範的方法，首先就是融入他認識的人的真實世界，無論對方是遭人鄙視的羅馬百夫長、貪得無饜的稅吏，或是正在鎮上井邊打水、聲名狼藉的撒馬利亞婦人。他不和這些人激辯（儘管有些人正希望跟他唇槍舌戰一番），而是與對方聊天，自然也不忘說故事給對方聽。他並不想強求對方改變行為，也不會調整自己來順應對方捍衛的傳統，而是追求全新的結果──一個可以容納彼此立足的更大道德世界。現代社會的道德觀百家爭鳴，而耶穌之所以還是現代的重要典範，就是因為他克服多種語言文化的活潑訣竅。

一旦從耶穌的拉比身分開始了解他，注意到想像力在他的人生佔有重要地位，我們進行分組討論的空蕩蕩儲備軍官訓練團大樓，氣氛便再也不會死氣沉沉。參加討論的人各有南轅北轍的道德、宗教背景，卻能平心靜氣聽完彼此的意見，依照各人不同的生活經驗回應耶穌的故事。我認為那位拿撒勒人拉比一定樂見其成，畢竟他證實自己傳統的正當性，也肯定所

4 〈馬太福音〉8章10節。

有人類天生都有道德認知能力。耶穌相信，與各式各樣的人進行熱烈討論不但不是壞事，還可以促進彼此的道德看法。他也認為，用故事點燃人類的想像力就是創造共通道德觀的最佳途徑。接下來，我們就邁入這些故事的奧妙世界吧！

第3章

充滿故事的世界

為這些事作見證，並且記載這些事的就是這門徒；我們也知道他的見證是真的。耶穌所行的事還有許多，若是一一地都寫出來，我想，所寫的書就是世界也容不下了。

——〈約翰福音〉(若望福音) 21章24節

睿智的瑞布．席布倫（Reb Zebulun）拉比曾說：「我們今天的生活，到了明天就成為一則軼事；整個世界、所有人類的生活，就是一個長篇故事。」他說得對。我們活在寫滿故事的世界，有些人可以名留青史，成為偉大的說書人，其他人就是別人故事中的主人翁；只有某些人兼有兩種身分，耶穌拉比便是其一。耶穌所說的故事，以及他本人的傳說多半寫入的四部福音書（福音書就像以故事為線所穿起的成串珍珠），其中有一半的內容是耶穌的話語，另外一半則是他人對耶穌的描述。然而千百年以來，人們對於福音書應該歸類為何種文體卻一直爭論不休。

我在賓州小鎮長大。我的父母自己雖然不上教堂，卻把哥哥、姊姊與我送去上隔壁的浸信會主日學校。虔誠的主日學老師教導我們，福音書是歷史文獻，好比學校的歷史教科書，只是作者完全受神感召，而且內容更是百分之百準確。後來在大學與神學院，我卻聽到以歷史方法批判《聖經》的學者說，福音書多半都是神話與傳說；這個說法比較困擾拘泥於字面解釋的人，而我則不在此列。我仍舊喜歡這些聖經故事，況且當時我還在讀索福克勒斯[1]、莎士比亞、密爾頓（John Milton）、梅爾維爾（Herman Melville），這些人也寫故事。有許多作品——如福音書——的靈感也來自歷史人物，如理查三世、伊底帕斯王等。我認為故事不需要字字屬實，仍可以發人省思，繼而影響讀者的人生觀。儘管許多故事都以歷史為基礎，我們也不該因為《聖經》在某種程度上只是故事集錦，就懷疑其精神的真實性。其實就許多方面看來，《聖經》的故事性更加強了這部作品的正當性。

這就是我在課堂上對福音書的態度。我認為這是探索耶穌道德意義的最佳途徑，也是我不滿許多優秀學者非得找出「歷史上的耶穌」不可的原因之一。同樣訓練有素的專家卻得到分歧的結論，並不是唯一的問題；而是他們遵守歷史研究的標準死忠做法，往往遮蔽了福音書的故事特質。他們的研究工作，也可說是現代人凡事都要透過科學方法檢驗的症狀之一，只會導致人們更不懂其他理解真相的微妙方法。

我站在整班現代學生面前，很快就發現自己必須克服這種現代缺點。「什麼？」聽到《聖經》中的故事時，有些人會如此驚叫。「原來只是**故事**？」舉例而言，有一次我提到考古學家認為，耶利哥（耶里哥）古城根本沒有城牆。我說，這就表示〈約書亞記〉（若厄蘇書）——在歌曲故事中都多所頌揚——提到的「城牆塌陷」誇張場面，只能當作以色列歷史的引人虛構情節，何況那段文字畢竟寫於真實事件發生的八世紀之後。我又補充說，我對《聖經》的信心絲毫不因此略有減損，甚至更堅定。全面仔細閱讀〈約書亞記〉，可以了解猶太人在關鍵歷史時刻——並非書中所描述的年代，而是寫作那段文字的時代——的內心掙扎。這個道理就如同閱讀托爾斯泰的《戰爭與和平》，書中文字透露出托爾斯泰寫作當時的俄羅斯背景，更勝於半個世紀前的拿破崙入侵事件。這本大作並未自稱是精準的戰爭紀實，而是小說；因此字裡行間所描述的狀況以及俄羅斯精神，尤其是後者，都與史實有出入，卻同樣很重要。

就算耶穌只是某個故事的主角……

然而，有位學生下課後告訴我，他有不同看法。他說，倘若《聖經》不是有憑有據的史實，書中所寫的宗教精神、道德寓意又怎能取信於人？他認為，這三者密不可分。我很慶幸他提出這個問題，也知道其他學生一定也有同樣疑問，卻只有他有勇氣說出來，因此我請他在下一堂課公開發問。不出我所料，許多學生都有同感，因此我們討論在《聖經》中發現的多種文體，也討論現代「對歷史編撰的見解」與「其他傳播真理的方法」兩者之間的關係。感謝上帝讓學生有膽量提出不同見解，而非只是在課堂上胡亂抄筆記，等考試再原封不動搬上考卷。

然而，課堂上的這番討論也逼得我不得不問一個更基本的問題：為何人們常說「只不過

1 Sophocles（西元前四九六？～四〇六），古希臘劇三大悲劇作家之一，著名作品包括《安蒂崗妮》、《伊狄帕斯王》等。

是個故事罷了」？為何會有許多學生（都是成人）感到困惑、沮喪，就只因為聽到以往的歷史著作是在後世才寫成，或是耳聞多數滋養靈魂的經典巨著——包括《聖經》——內容不只包括史實，還有詩文、傳說、神話、長篇冒險故事。難道是因為，我們太常遭到被渲染或掩飾、做假的新聞所矇騙，因此開始提防編造新聞來源的記者、誇大不實的廣告、選舉傳單，好確定自己不會再遭欺瞞？就是因為如此，我們非得確認《聖經》的故事不只是虛構。這些故事不是公關部門或行銷小組的花招，而是代表好幾世代的人有選擇性、有想像力的借古說今，而這些先人與我們一樣，只是試圖了解當下、做好迎接未來的準備。

當然，也有哲人崇尚、甚至更偏愛在經驗性歷史（empirical history）中毫無根據的故事。舉例而言，義大利小說家兼評論家安柏托．艾可[2]就曾寫過，倘若他是來自其他星球的訪客，發現竟然有一個種族可以編造出耶穌的故事——「他博愛天下，胸襟寬闊可以原諒敵人，願意犧牲自己以拯救他人」——肯定讚嘆不已。他繼續寫道，即便耶穌只是某個精彩故事的主角：

> 人類——唯一知道的事情就是自己什麼也不明白——竟然能想像出這個故事，這件事情本身就已經非常神奇（而且不可思議地令人費解），不可思議的程度不下於上帝出於凡人之軀的故事。

艾可說，聽到這種故事，「甚至連不信上帝的人都會因而動容、心靈變得高尚」。

就算《聖經》只是虛構小說……

法裔加拿大小說家楊·馬泰爾[3]也發表過相同的論調。他創造的人物無法適應強調理性的現代西方社會，因為這種環境「扼殺神祕感」，導致靈魂飢渴。這些人物尋找上帝，幾乎任何神祇都來者不拒。馬泰爾在小說《自己》當中寫道：

> 有時我光憑直覺就相信，如果上帝只是虛構，人生進行曲一定更壯麗。因為有無上帝已經毫不相關，就算《聖經》只是精心打造的虛構小說，何不乾脆相信呢？只能讓人感到空虛的真相，又有什麼好處呢？

馬泰爾在後來的《少年Pi的奇幻漂流》中，巧妙地扭轉西方青年到東方尋找靈性智慧的枯燥情節，轉而以踏上一連串旅程的南印度少年為主角。然而這個男主角也有類似的懷疑，

2 Umberto Eco，一九三二年生於義大利，發表過十餘本重要的學術著作，其中最著名的是《讀者的角色——記號語言學的探討》一書，《玫瑰的名字》是他的第一本小說。本文引自他的*Five Moral Pieces*。

3 Yann Martel，在《少年Pi的奇幻漂流》之前一直沒沒無聞，該書出版後卻一舉成名天下知，而且榮獲英國布克獎。

他認為「不可知論者缺乏想像力，所以沒看到更精彩的故事」。

我明白艾可與馬泰爾的想法，卻不同意他們的論調。他們說人類可以捏造出這些故事，或是這些文字可以讓我們信心大增，這種說法不能說服我，我在這方面還沒有如此灑脫。我必須知道自己生存的同一段人類歷史中，的確發生過某件事情，而且我現在正在讀的故事，作者就是一群試圖摸索那段歷史的人。宗教就是在人生叢林中找到意義，《聖經》不見得非要是事實，卻非得真實。所謂的「真實」故事，不同於新聞或實驗報告的「真相」。在最深層、最複雜的層面上，真實故事必須忠於人生。

當然，故事有好有壞。精彩的故事可以激發讀者的同情、希望、慷慨，糟糕的故事卻使人變得卑下、醜惡，又或者聲稱可以提供最終答案，而非保留問題的開放性；再不然就是阻止後人潤飾、補充說明或修飾精煉。口若懸河地主張正視神話與故事的學者，有時應該更明察秋毫。二十世紀宗教史學家默西亞．埃里亞德[4]提倡「回歸神話」，理由頭頭是道，卻不肯在神話中套用道德標準，以致當時肆虐於他的祖國羅馬尼亞的極端民族主義、反猶太人神話，早期的他都欣然接受。

指向人類存在的關鍵層面

與所有故事一樣，宗教故事不是有害身心就是有正面意義。在故事文體中，宗教故事佔有特別的一席之地。宗教故事有時也以歷史事件為基礎，而這些史實往往以傳說、歌謠、冒險故事的形式留下模糊輪廓，例如《希伯來聖經》中的長老、國王的故事。然而有時也只是徹頭徹尾的虛構情節，例如約拿（約納）或以斯帖（艾斯德爾）的故事；抑或純粹只是幻想，例如先知以西結（厄則克耳）的車輪或戰車、〈啟示錄〉（默示錄）作者聖約翰（若望）的蠍子與龍。

宗教故事的特別之處，在於故事指向人類存在的關鍵層面，不會簡化成經驗式的證據或反證。宗教故事往往交織於習俗當中，不只要求讀者用心看，還要求我們的身體、感官都要全面投入。這些故事引導個人、團體銜接人生的重要變數——痛苦、死亡、命運、意義、價值，因此可以指引出最基本的走向與方位。宗教故事無法以歷史或科學研究證明孰是孰非。只要無法引導讀者認識人生的終極層面，這些故事便不再具有真實性。在堅持區分客觀與主觀、事實與價值、散文與詩作的時代，宗教故事可能就會變得難以理解，然而要了解何謂真正的人性，就不能沒有這些故事，所以我很難想像沒有宗教故事的社會。

總之，我發現學生對宗教故事感到不自在，而且哈佛又以「真理」為校訓，因此我必須再度思索，在我們這個年代為何有「事實等同真理」的難題。難道是「位元」與「資訊」已經擠掉故事，成為大家偏好的溝通方式嗎？倘若真有此事，就是天大的壞消息，因為這種現象最後一定會導致嚴重的心靈貧乏。光就免於欺騙這件事，我們的確需要事實，然而我們

4 Mircea Eliade（一九〇七～八六），羅馬尼亞宗教史家。

也需要故事之助，才能理解事實。

傑洛米・布魯納是二十世紀的偉大學者，致力研究人類如何學習。他在多年鑽研之後得到一個結論：故事與科學、邏輯一樣，對於我們組織自己的經驗絕對有其必要性。少了故事，我們便無法應付充斥周遭的零星資訊。故事提供結構框架，使我們進而了解世界。缺乏故事這條線，世界這匹布只不過是殘碎的破布。或許說「這只是一件事實」而非「這只是一個故事」也同樣說得過去，甚至還更有道理呢。

達成共識的四個層面

當故事中的劣幣驅逐良幣，故事本身就會開始腐敗；然而沒有故事，也不可能有道德思考。為了明白自己想成為什麼樣的人，或是如同我的學生一樣，要了解在某些狀況該有何反應，你就得知道「自己的根」。哲學家艾拉斯戴爾・麥金泰說，唯一可以解答「我該怎麼辦」的方法，便是自問「我的處境跟哪個故事或哪些故事一樣」。我們對於事實的執迷，也許已經顯示更深層的謬誤。現代生活愈來愈快的步調，不分晝夜從四面八方湧來的各種暴漲資訊，都可能削弱我們處理生活重要事情的組織能力；難怪有如此多的人轉而求助於冥想，或是到禪修中心放慢步調，好讓想法與經驗節奏一致。即便是電腦，接收我們輸入的資訊位元時也會發出聲響，表示正在花時間處理、整合或只是復原。

現代社會不只資訊氾濫，往往還相互矛盾，而且我從學生身上發現，人們時常察覺不到，塑造生命的各種不同故事如何影響他們對道德問題的看法。就我們課堂上的討論看來，這就是挫折感的來源之一。學生離開儲備軍官訓練團大樓之後，常會感到談論道德問題實在毫無意義。這就是我**最不想看到**的結果，因此我循序漸進，又小心謹慎地想辦法幫助他們發現失望之情的隱因。

我發現學生經常不自覺地爭論問題的不同層面，因此他們的論點似乎各自埋頭往前衝，沒有交集之時。難怪他們有時覺得心力交瘁，不認為道德討論有何可行性。如此一來，只會導致相對主義[5]及憤世嫉俗的看法，這正是核心課程[6]的道德判斷課應該避免的結果。

最後我終於找到了有助解決任何相持不下辯論的方法，就是大家各退一步，至少先弄清楚究竟在哪一點上無法達到共識。方法就是整理各種不同意見，分成四個層面來看。

第一個層面就是事實。到底何謂「懷孕後期墮胎」？究竟是誰砍掉亞馬遜河流域的樹木？技術上是否有可能監督核子武器的製造？幸好在這樣一所注重研究的大學裡，事實不難找到。然而，同意這些事實只是討論過程的起點。

第二個層面則得運用多數課堂教導道德思考的方法。你舉出的例子是否前後一致、條理分明？是否合邏輯？反方意見為何？你又如何回應？我漸漸發現，這是非常重要、卻也完全不足的方法，因為若只有這個層面的討論，這往往就是意見分歧的真正來源。

5 elativism，這一派主張正確與錯誤、好與壞並非絕對，而是常變的和相對的，依人、事或社會情況而定。
6 Core curriculum，哈佛大學精心設計的通識課，大牌教授莫不以能參予為榮。

第三個層面則超越多數道德判斷的傳統課程所涵蓋的範圍：專心討論最擁護的事物。我要他們思索，自認為最基本的終生志業是什麼，是家庭、國家、宗教、民族還是性別？儘管人人的忠誠度都不同，這些情感又如何影響你對道德問題的看法？這並不是說，只要有了忠貞之情就足以做出合乎道德的選擇（忠心耿耿的納粹就犯下恐怖行為），也不是暗示學生應該放棄自己看重的事物，才能免於各自為政的利己主義。我提出這個問題，是為了讓道德爭論的隱因浮上檯面，讓爭論雙方更容易看清彼此的分歧點。

最後不但還有第四個層面，而且多半也是最重要的一個層面。這個層面就是所謂的「宏大的故事」，也是某些人口中的「世界觀」——它影響人們最大，通常從孩提時代便開始往下扎根。然而這個層面並不是由哲學概念、而是由故事所構成。英國神學家唐．庫比特[7]寫道：「故事是說明事情的資源，我們透過這些人物與情節了解自己遭遇過哪些事情，又該如何因應。不同於哲學的形式與概念，故事可以延伸到後代……故事塑造出人生的過程。我們的社會自我，也就是真正的自我，便是透過故事所產生的。」我要補充說明，這些塑造人格的故事深埋我們內心，而且往往是斷簡殘篇，因此我們才忽略了這些古早故事的無聲暗示。

說書藝術即將式微？

學生發現，這種分為四個層面的方法非常有用。他們首先找出彼此的歧見是屬於哪一個層次，有時便能退讓一步，降低音量。他們不再像牧草地上互相用大角猛撞的雄鹿，討論聲調也不再那麼激動。即便無法取得共識，知道對方為何與自己意見相左也能感到欣慰。印度小說家阿蘭達・蒂洛伊在《微物之神》前頭的警句中，引用約翰・伯格所言：「再也沒有人在說故事時，可以說該故事有所謂的『唯一版本』。」學生則自己發現這種精神。他們發現自己一生都必須體認，這個世界充滿各不相同、有時更是互相矛盾的故事。

學生還發現另一個重要心得。他們察覺，儘管稍微用心就能分辨分歧點的不同層面，然而在道德意見相左的所有問題上，這些層面一定相互交錯，彼此影響。世界觀或對不同事物的忠誠度，影響何謂「事實」的認定。然而鐵錚錚又無法簡化的事實，有時也會讓人修改多年的擁護之事，甚至是世界觀和表達世界觀的故事。比較各自的故事，有時甚至可以得到嶄新的綜合版本；這就是宗教故事長久以來的演變途徑。《聖經》本身就是故事的大雜燴，有時人們卻以為這些故事互不相容。幸好這四個層次在課堂上都一一出現，也談到許多不同的大敘述（master narrative）。當印度教信徒、無神論者、穆斯林與基督徒討論耶穌的故事時，多數人原本對故事的理解多少都會改變。

雖然這種方法得靠人們說出自己的故事，聆聽他人的故事卻是我們都得學習的技巧。充斥當代的各種互相牴觸的故事，是否導致我們更難擁有這樣的能力？德國作家兼評論家華特・班雅明[8]便有此一說。他在《說書人》裡說：「說書藝術即將式微。」他悲嘆，可以

7 Don Cupitt（一九三四～），英國激進派神學家、宗教反實在論者，引文出自他的*What Is a Story*。
8 Walter Benjamin（一八九二～一九四〇）德國哲學家、文化評論家、折衷主義思想家。

好好說上一個故事的人愈來愈少，「彷彿我們被剝奪了身上最不可分割、最萬無一失的一部分——交換經驗的能力。」班雅明認為，說故事能力的喪失，代表人類開始對自身經驗喪失自信。

這種看法，其實也就是二十世紀的哲學與文學的主題。喪失說故事能力的原因不難理解，在二十世紀初期的二十年，上千萬年輕人被迫走上戰場，而前線軍備——機關槍、大砲、毒氣瓦斯——規模之大、之駭人，以及死傷之慘重，都是前所未見，以致多數人根本無法理解究竟發生了什麼事情，日後也無法描述。然後全球通貨膨脹又震驚世人，大家發現手上緊握的滿手馬克、法郎竟然買不起一條土司。接下來又是另一次世界大戰，幾千架飛機的空襲與原子彈的轟炸，讓先前的戰爭相形見絀。後來電視問世，減低文明社會的人類互動頻率，因為螢幕上的節目內容絕對比隔壁鄰居的動靜來得精彩。

說給別人聽，也說給自己聽

班雅明恐怕言過其實。或許我們並未偏離正道如此之遠，至少現在還沒有。人們仍舊喜歡生動的故事，最少我的學生都可以輕而易舉就說出來，只要故事內容不會太深奧、太難敘述。然而，在讓人分享自己最重要的經驗時，他們卻往往陷入惱人的沉默——或許這才是班雅明的言下之意，果真如此可就太危險。我們得說出自己的故事，才能讓經驗化成事實，而且不只是說給別人聽，也是說給自己聽。倘若我們難以傳達自己的經驗，以此解決急迫的人類需求——亦即認定自己的人生、交換生活意見——經驗本身就會失去價值。

這種惡性循環，嚴重威脅道德想像力和道德判斷。為了成為自己想當的人，為了做出健全的道德抉擇，我們便得進入更深奧的交談層次，碰到道德困境時也得有辨識的能耐。我們必須有辦法告訴自己再轉告別人，自己碰上什麼窘境，以及為什麼會讓自己騎虎難下；敘述之時還要有條有理。我們也得有能耐傾聽別人敘述類似的事情，並且回應立場相仿的故事，好讓故事往後延伸。不但擴大涵蓋範圍，對象也包含敘述者及傾聽者。我的故事加上你的故事，成為我們大家的故事。

故事情節發展的結合，是人類互動的重要特徵。老練的說書人，往往一開始便會交代他們在哪裡、何時聽到那個故事。好比二十世紀的偉大說故事好手以撒・辛格[9]，幾乎所有作品的開場白都先描述自己，或說明自己在何種情境下聽到那個故事。有時是在波蘭某個拉比密不通風的書房，有時是曼哈頓營業到深夜的咖啡館。無論地點在哪裡，都能吸引敘述者與讀者進入更浩瀚、更古老的對話當中。《聖經》或各種宗教傳統珍藏的故事也是如此，通常設定在某個特定時空之下，整體看來卻包含許多問題與答案，涵蓋無數的道德難題。

倘若我們失去說、聽故事的能耐，便無法吸收這種智慧。人類會直立，大猩猩也可以。人類知道自己壽命有限，大象也明白。人類以語言溝通，海豚的喀嗒聲與嗯哼聲也有類似作

9 Isaac Bashevis Singer（一九〇四～九一），一九七八年的猶太裔諾貝爾文學獎得主。作品有長篇小說如《盧布林的魔術師》、《奴隸》、《蕭莎》，短篇故事如《傻子金寶》，童書以及回憶錄等。

用。但是還有其他動物會說故事嗎？我可不認為。

威脅故事的三個危機

或許華特．班雅明太早悲誦輓歌，哀悼講故事的沒落，然而他的判斷仍舊精闢獨到。如今故事遭到三個相關危機所包圍：第一是說故事的重要性遭到莫名忽視，儘管沒有故事的存在可能導致人性泯滅，故事卻處處受到攻擊。某些「後現代」哲學家認為，人類必須學著在沒有故事的社會中過生活。作家或導演多年來不斷實驗沒有情節的作品，文化之士也莫不試圖培養了解這些沒頭沒尾作品的素養。練就這項絕技的人甚至自覺優越，瞧不起固執追問「到底在講些什麼？」的其他人。

然而我認為，這些毫無故事的創作也有其深奧意義。或許沒有情節令人沮喪，卻間接地讚頌情節之重要。因為如此，我們才開始想念故事。華特．班雅明說，唯有故事日漸式微，人類才懂得珍惜。如今我們知道故事有多重要，而前人之所以根本沒多留心，則是因為他們視為理所當然。

第二個威脅說來似是而非，就是現今的故事數量太多。有人說如今不是沒有故事，而是故事氾濫成災。現在有寫實戲劇、紀錄片、「類紀錄片」，歷史小說、小說化歷史，新聞稿、封面故事，使用減肥藥的前後見證、建立自信的書籍、健身機器，以及上帝這樣或那樣。故事瀰漫在我們周遭，有些閃著真相的光環，有些只是憑空捏造，有些巧妙地照亮更深層的人性，有些只是讓我們變得麻木不仁、呆頭呆腦，有些則是看過即可拋諸腦後。然而所有故事都有佔據人類意識的機會，任何資訊都能自動出現在我們心靈意識的螢幕上，以致我們往往不知道該如何辨別孰輕孰重，何者是牛肉，哪些只是殘渣。如果無法看清自己正在演出的故事，也不知道自己的人生包含在哪個大故事之中，很容易就會在主張、抗辯左衝右突的漩渦裡溺斃。

因此第三個危機立刻出現。我們該如何破浪前進，在茫茫故事大海中塑造自己的故事？保羅・艾利[10]曾寫道：「無論願意與否，我們都是在眾多他人的故事中呱呱墜地。」我們自己本身的故事與族人、祖先輩的故事有精巧的聯繫，只是這個連結卻愈來愈模糊。以前有同鄉團體、宗教傳統、家庭、鄰居，幫助我們了解自己所扮演的角色。如今分崩離析的認知、全球市場發展所帶來的無情齊頭式平等，暗中破壞上述團體傳遞意義的力量已經造成傷害。個人必須自立自強，認清自己在大環境中的位置，前人的遺緒則可借助於不斷反覆的習俗與再三陳述的故事。

這種改變不只是損失。艾利還說：「一如往常，宗教信仰的主張介於神示與預測、神聖與人性弱點之間；但是長久以來，信仰的重擔都由社會所承擔，沒錯，就是信仰的重擔，如今卻又回到信教者的身上，也是最該歸屬之處。」

10 Paul Elie（一九六五～），美國作家，編輯出身，首部作品即引起眾人注目。

宗教傳統不再為我們釐清意義，人類不再認為宗教是絕無謬誤的權威，無法斬釘截鐵地告訴我們自己是誰，只是我們選擇求助的資源之一，有助我們成為自己期望的人物。此事或許是可喜的收穫，卻也是艱鉅的任務，而且還是從未有人達到的目標。況且，塑造及改造自傳的工作根本無法獨自完成。以往的古典故事有吟唱、演出、詮釋的宗教儀式背景，如今我們也需要相仿的環境。然而現代文化背景已經改變，現在的環境也必須有某種程度的釐清，以及從前少見的選擇性，並鼓勵人們根據「宏大的故事」來分享彼此的經驗。

真有任何地方實踐這種理想嗎？有，而且還是在完全不同的環境之下。首先浮現在我腦海的，就是戒癮十二步驟計畫，或某些宗教、政治集會彼此交換故事的慣例。許多逾越節筵席——人們猶豫不知道該不該準備甜酒、未發酵的麵包——都不確定是否還要忠實遵照〈出埃及記〉（出谷紀）中的古禮。我也一廂情願地認為，每週課堂上的討論也提供了類似機會。

保留故事，並恢復其重要性的戰爭尚未敗陣。然而唯一可以打敗班哲明預見的情況，就是反擊前述的三種威脅。首先，我們不能再貶低故事的角色，還要扶正其應有的地位，承認故事是人類不可或缺的要件。誠如法國哲學家保羅．呂格爾[11]所言，所有生命都有故事的輪廓，我們身為人類的使命，就是活出值得傳誦的一生。

其二，我們必須明白，說故事在現代所面臨的遭遇並非瀕死的喉聲[12]，而是說得過多、語無倫次。即便我們看不清真相，其實我們還是遨遊在故事之海中。儘管面對各種令人眼花撩亂的偽事實、假真相，以及各行其是、排山倒海而來的零碎資訊，故事依然不死，頑強程度超過班雅明所能理解。然而故事有好有壞，我們的任務就是明辨良莠。

其三，要辨識故事好壞，我們就需要磨練能耐的場合與機會，才能將同胞世界觀中仍舊值得保存的看法，納入自己的生活。具備這些基礎典範之後，我們便能分辨哪些看法經得起時間考驗，哪些稍縱即逝；哪些是真相，哪些只是宣傳伎倆；哪些有團結之效，哪些只會分裂人心。

即便說故事的失傳不如班雅明所預言的嚴重，仍有瀕臨絕種的危機。我們必須釐清、對抗真正的威脅，而我認為，最好的方法就是讓自己成為絕佳說書人。真正做起來並不困難，故事也會自然源源而出，因為這本來就是大腦運作的方式之一。

耶穌拉比是史上最偉大的說書人，同樣地，當時的世界也有各種相互較量、牴觸的故事。他所說的故事，以及後人所敘述關於耶穌的故事流傳至今，其他故事卻已消失殆盡。現在有誰歌誦凱撒的光榮與強權？如今有誰吟唱埃及諸神之后伊西絲與波斯太陽神的傳說？這位巴勒斯坦的拉比的故事卻流傳了兩千多年之久，敘述與聆聽的人多不勝數。在進入耶穌的故事世界之前，首先我們必須了解，如今他與我們的靈魂、道德有何相關。

11 Paul Ricoeur（一九一三～二〇〇五），詮釋學大師，著有《詮釋的衝突》、《惡的象徵》等。

12 Death rattle，將死之人因為身體功能衰退而不能清除口咽及氣管分泌物所致。

PART 1

傳聞中關於他的故事

第4章

家譜的歌謠

亞伯拉罕的後裔，大衛的子孫，耶穌基督的家譜：亞巴拉罕生以撒；以撒生雅各；雅各生猶大和他的弟兄；猶大從她瑪氏生法勒斯和謝拉……撒門從喇合氏生波阿斯；波阿斯從路得氏生俄備得，俄備得生耶西；耶西生大衛王。大衛從烏利亞的妻子生所羅門……雅各生約瑟，就是馬利亞的丈夫。那稱為基督的耶穌是從馬利亞生的。

——〈馬太福音〉1章1、2、3、5、16節

多數學生喜歡搶得先機，儘管他們在學期當中可能會放慢腳步，但一開始都充滿幹勁。我的學生也不例外，許多人在學期開課前，就開始讀《聖經》中對耶穌的描述。

這種方法肯定不對。《新約》一開始的〈馬太福音〉，首先就以冗長、幾乎無法理解的族譜當開場白。沒有耐心的學生立刻就感到氣餒，而且並非只有他們碰上這種窘境，連甘地都說，他第一次讀《聖經》時，看到一連串的「家譜」就頭昏腦脹，怪不得我的學生也會面臨同樣的問題。

〈馬太福音〉以十六節交代耶穌的祖宗，〈路加福音〉亦撥出十六節的篇幅（我在本章開頭只引用一部分），有些人物更是連熟讀《聖經》的人都不太了解。我該如何拯救學生免於陷入甘地的泥沼，希望他們讀到這些無止境的族譜時，眼神不會變得痴呆呢？

首先，我告訴他們不要唸，要唱出來。當年作者記錄的多數古代族譜，包括《聖經》這幾份，原意都不是充當歷史文獻，因為這並非重點所在（〈馬太福音〉與〈路加福音〉的族譜內容甚至不盡相同），目的只是在世代相傳的故事中創造特殊的氣氛，引出一長串名字最末端的人物，讓人覺得他格外重要。在這個案例中，引出的人就是「那稱為基督的耶穌」。福音書中交代祖宗八代的資料，應該是古代吟遊詩人在營火旁邊彈魯特琴邊吟唱的歌謠。我建議學生哼唱（在自己房間低聲唱）就能沉浸到故事情境中。

有了這點體認，〈馬太福音〉與〈路加福音〉中的家譜就是珍貴寶藏；這些文字所言超乎表面所見，甚至透露某些辛辣的次要情節。我告訴學生之後，他們一回家後就開始查證文中提及的某些人物。

尋根的渴望

現代人有時會恥笑這些家譜，其實此舉表示他們甚至不了解二十一世紀的當代人。人類向來渴望尋根，也希冀家譜可能帶來的榮耀。光是以一年為單位，就有多少人購買商家大肆宣傳的盾徽，釘在壁爐上方，證明先人是蘇格蘭地主或法國南方貴族？交叉的刀劍、紋章上面以後腳站立的獅子、鳶尾花在在引人矚目，儘管展示者的祖先可能只是為男爵的洋蔥田施肥的農奴，而非與其共餐的仕紳。人人都想尋根，有所不知便盡力查詢，找不到時有人還會憑空捏造。

新世紀有另一種追溯祖源的方法，其實也由來已久。人們想知道自己的前世，這種心態暗示其相信輪迴一說，猶太教與基督宗教則斥為無稽之談，至少官方說法都是嚴正駁斥；說穿了，這只不過是更個人化的盾徽。儘管如此，我們必須正視一點：人們歷經各種方式探尋前世，召喚而來的祖宗不是埃及豔后宮中的交際花，就是官拜拿破崙軍團的上尉。幾乎沒有人發現自己上輩子是洗碗女傭，或者只是個養豬工人。

只要記住這點，我們看到猶太故事如何安排歷代以來最重要的拉比出場，就能莞爾一笑或心領神會。例如十八世紀偉大的「布拉茲拉夫的納曼」[1]，這位出生於一七七二年的拉比學者之所以受後人緬懷，不只因為他對猶太教神秘哲學的貢獻，還因為他是「善名先生托夫」[2]的外曾孫，戈隆丹的卡納曼[3]之孫子。後來還有一位亞伯拉罕．約書亞．黑雪爾[4]，

1 Nahman of Bratslav（一七七二～一八一〇），自認是救世主降世，與其他哈西德教派的信徒觀念相悖，然而他的信眾在他死後並未另尋新領袖，直至今日仍尊其為師。

2 Baal Shem Tov（一七〇〇～六〇），原名「依禮讚的兒子以色列」（Israel Ben Eliezer），波蘭哈西德主義的創始人，曾任職於猶太教的會堂和授業座，退隱後從事神秘主義探索，獲得「善名先生」之名。他不主張老一輩拉比所奉行的苦行主義，而是專注於與上帝交流，以日常工作為上帝效勞，從一切所見的事物中找到歡樂和聖潔，並體悟到上帝。哈西德主義在猶太教中引起社會和宗教的激變，建立了以全新儀式和宗教超脫為特色的崇拜模式。

3 Nahmen of Horodenka，善名先生托夫的兩大弟子之一。

4 Abraham Joshua Heschel（一九〇七～七二），出生於波蘭華蕭，後來移居美國，也是美國民權領袖，著有《神尋找人》等。

這位生於一九〇七年的猶太神學家，祖父與外祖父分別是米茲列奇的多夫別爾[5]、別爾季切夫的里維艾薩克[6]，而且後者的子孫沿襲治學傳統，只是留傳方式可能會驚動以前的拉比。艾薩克的女兒蘇珊娜是達特茅斯大學的猶太教教授，有這種血統的人，怎麼可能不成為優秀的學者？

充滿比喻的族譜

〈馬太福音〉與〈路加福音〉為拿撒勒人耶穌所做的家譜，不同於多數拉比的族譜。這兩份資料用同樣形式製造不太一樣的印象，尤其令人覺得有意思。父親、預言家、國王、無名小卒等都寫在一起，而且男男女女的名字起初看來毫無意義。這兩份頗富創意的家譜，究竟打算怎麼塑造這位來自加利利的拉比？

這兩份家譜，似乎傳達出兩種互相矛盾的概念。耶穌的祖先不僅有族長，還有國王。從家譜看得出他是亞伯拉罕（亞巴郎）、以撒（依撒格）、雅各（雅各伯）的子孫，但是他的先人中也有耶西（葉瑟）和大衛王（達味王）。〈馬太福音〉的版本還寫到一連串的貴族，例如亞哈斯（阿哈次）、瑪拿西（默納協）與約西亞（約史雅）。三個階段各有十四代，或許就是為了代表「大衛」在希伯來文中的所代表的字母數字總合[7]。

然而族譜學家馬太（瑪竇）寫到約瑟時，顯然還有第二種用意，也因此碰上問題。他理所當然地從父系方面追溯高貴血緣，但是他也要指出，無論耶穌的血統有多尊貴，他的重要性卻不是來自此處，而是因為他是上帝的兒子。然而我們讀到這段的第十三代時，作者卻含蓄地描述，排在第十四個的約瑟（他也是王公後代）是「馬利亞的丈夫」，而非耶穌的父親。高貴血統的基因上哪去了？

只看表面文字的人一定會發現這個矛盾。然而馬太撰寫這份家譜時，原本就無意製作給圖書館保存的精準族譜索引，也不是為了提報法律文件好上法庭爭奪家產。馬太只是譜寫音樂劇序曲，強調耶穌的重要性，以及預告稍後即將聽到的主題。他技巧地為拿撒勒木匠建構的家譜是「比喻」（parable），為每頁都充滿比喻的後文打頭陣。

在這段家譜兼比喻中，還有更古怪、嗆辣的一點，一定讓第一世紀當時的讀者非常震驚——這份家譜是依循父系血統寫成的，卻莫名其妙地提到四位女性。前兩位的她瑪（塔瑪爾）、喇合（辣哈布）都是非猶太裔的迦南（客納罕）人。第三個路得（盧德）是摩押（摩阿布）人，第四個的名字則略而不提，然而大家都知道她是誰：拔示巴（巴特舍巴），也就是那個在陽台沐浴時，被大衛王瞥見驚人美色的希提人。大衛先勾引她，再讓她的希提裔丈夫烏利亞（烏黎雅）戰死沙場，好順理成章地橫刀奪愛。這四名女子有個引人側目的共通點：她們都是外邦人，而且每個人的故事都多少與性有關，還帶著一點顛覆、詭計、甚至欺

5 Dov Baer of Mezhirich（一七一〇～七二），善名先生托夫的繼任者。
6 Levi Isaac of Berdichev（一七四〇？～一八〇九），別爾季切夫的拉比，當時曾勇敢反對上帝的不公平主張。
7 David在希伯來文中有三個子音，分別是D、V、D，這三個字母在希伯來文中的數字就是四、六、四。

騙的氣息，使得故事情節更為複雜。

不輸羅曼史的精采情節

她瑪的故事出現在〈創世紀〉第三十八章，文中說到族長雅各的兒子猶大為長子珥（厄爾）娶了一房媳婦，名喚她瑪。然而她瑪始終沒能懷孕，珥因此做了某件「耶和華眼中看為惡」的事情（《聖經》中始終沒交代是何事），他因而死亡。猶大要另一個兒子俄南（敖難）與嫂子她瑪同床共枕，以此克盡手足本分，為哥哥生子立後。然而俄南心有疑竇，因為哥哥屍骨未寒，父親就要自己立刻遞補，就算大嫂生了孩子也不歸自己，因此俄南「同房的時候便遺在地」（也因此才有Onanism「交媾中斷」一字），結果俄南也死了。如今她瑪二度成了寡婦，仍舊無後。此時猶大告訴媳婦，請她等么子示拉（舍拉）長大，與其圓房生子；在此之前猶大要她瑪回娘家等待，她瑪也照辦。

後來的情節更曲折。猶大的妻子過世了，示拉也長大成人，父親卻無意讓兒子與她瑪成親。時值剪羊毛的季節，猶大前往放牧羊隻的地方；她瑪已經等得不耐煩，聽聞猶大已經上路，便匆匆脫掉喪服，偽裝成妓女般坐在路邊。猶大看見她卻沒認出媳婦，要她與自己上床。她瑪問猶大願意付多少價碼，猶大答應送她羊群中的一隻羔羊。然而她瑪堅持在收到羔羊之前要先收抵押品，希望猶大先給她脖子上掛的印章、手裡拿的木杖。猶大同意了，兩人同床共枕，之後猶大便回家，她瑪也穿回喪服。

沒多久之後，猶大請朋友送羔羊給那位「妓女」，贖回他的印章與手杖。結果友人找不到對方，只好回來告訴猶大，當地沒有人知道有這號娼妓。三個月後，猶大聽說還在服喪的兒媳她瑪竟然懷孕了。憤怒的猶大要人將她瑪帶來，活活燒死。她瑪遭人拉出來的時候，拿出猶大的印章與手杖，告訴猶大的傭人，她肚裡的胎兒正是他們主子的種。壞了自己英名的猶大承認自己的確犯錯，也取消處決。後來她瑪生了一對雙胞胎，法勒斯（培勒茲，亦即耶穌的祖宗之一）和弟弟謝拉（則辣黑）。既然《聖經》都有這種令人臉紅羞恥的情節，何必浪費錢買羅曼史小說呢？

喇合與路得的故事一定也很合大學生的胃口，更可以讓他們認清《聖經》也有情慾、大膽的情節。喇合與她瑪不同，是貨真價實的娼妓，而非經過偽裝的良家婦女，而賣淫的房間就選在耶利哥交通便利的城牆邊。猶太軍官約書亞（若厄蘇）派間諜潛入耶利哥，喇合（因為聽過「他們的神的偉大」）藏匿間諜，甚至在耶利歌王的手下追來時，還將探子藏在麻秸中；然後給調查員錯誤情報，用繩子將約書亞的間諜垂下城門。猶太間諜滿心感激，答應喇合，以色列大軍攻城時一定會放過她的家人。在猶太教傳說中，喇合是世上四大美女之一，子孫包括耶利米及其他七位先知。

路得的故事沒有喇合的緊張，卻也有獨特魅力。而且不只一位《聖經》學者說過，這個故事單純、直接、美好，後人有任何詮釋或評論都是不公之舉。儘管如此，一位摩押婦女出現在耶穌族譜上，還是難免引人好奇。

事情經過如下：加利利發生飢荒時，有一家以色列人（父母帶著兩個兒子）從伯利恆（白冷）搬到摩押。這家人遷居之後，兩個兒子就娶了當地的外邦女子。後來家中三名男子都過世，婆婆拿俄米（納敖米）決定搬回故鄉。其中一位兒媳想要留下來，但是路得因為很喜歡婆婆，決定跟在她身邊，陪她返回自己從未見過的地方，也因此才有這句著名對白：「你往哪裡去，我也往哪裡去。你的國就是我的國，你的神就是我的神。」[8]

這對婆媳回到伯利恆之後過得很艱苦，只能撿拾收割的農人為窮人棄留在田邊的成捆大麥。睿智又機伶的拿俄米不滿於自己的悲慘命運，要路得去尋求遠房親戚波阿斯（波哈次）的庇護。後來波阿斯不但同意，甚至迎娶路得。經文中說路得半夜鑽進臥室，「掀開他腳上的被」，這種委婉說法其實已經非常明顯。這段文字背後的意義就是，窮困又美麗的遠親女子展現自身魅力，成功吸引了富裕的地主。根據《聖經》中的傳說，他們的兒子就是大衛王的祖先。

一首預告耶穌人生的序曲

這些社會邊緣女性的故事都以快樂結局收場，女主角也都是著名的《聖經》美女，而且都利用女性魅力為所應為。然而《聖經》中最著名的女性還是以斯帖王后，她並未出現在耶穌的家譜上，然而每年猶太人的普珥節都會傳誦她的故事。以斯帖與猶太族人都是俘虜，卻因為出眾美貌在外邦國王舉行的選美大賽中脫穎而出，獲選進入後宮，後來更利用小道消息拯救族人免遭邪惡的哈曼誅殺。倘若以斯帖只在家裡擦燭臺、烘烤未發酵的麵包，絕對不可能有此偉業；此外，她的成功也要歸功於她沒有過瘦或太胖。

坐滿教室的年輕人聽到乏味族譜後面還有這些嗆辣的故事，不難想像他們激烈討論的情況，因為性與美貌在他們眼中還是相當有趣的題材。課堂討論的重點是，即使為了做某件好事，又非得靠外表或性魅力，到底該做到什麼程度。眾人承認，古往今來都有這類事情，就算有限制，尺度究竟到哪裡？這類深思鮮少得到明確的結論，恐怕今後也無法有定論，但是我很慶幸這堂課可以提供機會，讓人公開討論道德生活中的重要議題。

馬太如果聽到他寫的家譜故事在學生當中激起漣漪，一定很意外。他的耶穌家譜是第一章第一節，而他的〈馬太福音〉更成為後代《新約聖經》的第一部。當年沒有所謂的《新約》，只有口語相傳的傳統以及各種關於耶穌的文獻，但是多半也都早已失傳。學者認為這部福音書的年代應該是西元七十年，亦即耶穌死後四十年；當時已經有愈來愈多人，包括外邦人都回應他所傳的道；然而彼時多數〈馬太福音〉的讀者可能從未見過耶穌本人。馬太有兩個目的：第一，他希望這位加利利的拉比可以上承猶太人的歷史，然而又要指出耶穌還代表另一層新意義，亦即猶太人與外邦人已經組成一個新社會；第二，馬太也希望這份家譜就像一首序曲，可以預告耶穌的人生，事先提醒讀者稍後的內容。

8〈路得記〉（盧德傳）1章16節。

這是有關耶穌的第一個故事。馬太為這位不尋常的拉比蒐集了成堆資料，寫成一部壯麗歌謠。他告訴我們，耶穌的猶太血統的正統性確實是至高無上，然而耶穌並不是因為血統尊貴才重要。馬太透露，這位拉比的教誨引來許多一般猶太老師所忽略或不齒的族群：例如惡名昭彰的女性、社會邊緣人，以及外邦人。我們將在福音書中的耶穌故事裡，反覆看到這類人物。

第5章

被選上的少女

到了第六個月，天使加百列奉神的差遣往加利利的一座城去（這城名叫拿撒勒），到一個童女那裡，是已經許配大衛家的一個人，名叫約瑟。童女的名字叫馬利亞；天使進去，對她說：「蒙大恩的女子，我問你安，主和你同在了！」馬利亞因這話就很驚慌，又反覆思想這樣問安是什麼意思。

天使對她說：「馬利亞，不要怕！你在神面前已經蒙恩了。你要懷孕生子，可以給他起名叫耶穌。他要為大，稱為至高者的兒子；主神要把他祖大衛的位給他。他要做以色列的王，直到永遠；他的國也沒有窮盡。」

——〈路加福音〉1章26至33節

她點頭致意
溫柔婉約
低垂的眼神
卻問天使，
「我何德何能
承此大任？」

——美國詩人山謬．蒙納許，〈天使報喜〉

《朱紅報》是哈佛大學部的學生日報，我經常瀏覽，卻鮮少注意尋人啟事或分類廣告。直到後來有個學生要我注意這則廣告：

徵求聰明、健康、美麗女性，年紀在十九至三十歲之間，操英國腔。身高必須介於五呎四吋至五呎七吋之間，身材清瘦，眼球是棕色或藍色。

她說這篇廣告徵求女性卵子做人工授精，還說《朱紅報》常有這類啟事，而且一個卵子的價錢從五千美元到五萬美元不等。況且如今許多學生都背負龐大的就學貸款，對女學生而言，自然非常有吸引力。她想知道是否可以就這門日益壯大的行業，寫一篇道德議題的報告。我問她想到福音書哪個故事，她立刻不假思索地回答「天使報喜」，亦即神選定馬利亞懷孕生子。她伶俐地指出，畢竟上帝尋找的對象一定非常特別，況且馬利亞未曾經過性交就懷孕，如同哈佛學生提供卵子一般。

這個想法實在讓我太驚訝，以致她期待我搭腔時，竟然有幾秒啞口無言。後來我終於答應，但是我提醒她，無論聖母馬利亞有哪些美德，她畢竟不是菁英學校的學生，而且即便天使報喜的圖畫總將她描繪成手拿祈禱書跪地祈禱的女子，馬利亞恐怕根本不識字。我又補上一句，她肯定不是這些廣告要找的人種，大概也不到十八、九歲，而且還訂婚了。然而這不是我收過最詭異的研究報告題材，因此我問她打算如何著手。她說她希望跟幾個女同學討論，這些人都看過這則廣告，大部分人也都考慮過，卻只有少數幾個實際去應徵。她想探索同學對這則廣告的意見，詢問對方是否有任何道德考量，後來為何決定去與不去，又會如何勸告自己的朋友。此外，她面帶微笑地補充說明，她自己的名字也是瑪莉。這就夠了，我要她儘管放手寫作業，對她的報告我一定會很感興趣。

穿越兩千年時空的故事

我當然知道，天使報喜的故事非關人工授精。的確，多年來神學家都認為，大天使加百列（加俾額爾）當年一定得先獲得馬利亞**首肯**。她跟希臘神話中的莉達不同，後者是由宙斯化身的天鵝所強暴，生下卡斯特與克莉汀妮斯黛拉，馬利亞卻是**自願**為未婚夫約瑟以外的男人懷胎生子。然而神為何選上這位猶太少女當耶穌的母親，也是發人深省的問題。綜觀所有層面之後，這個古老故事在兩千年後激發了一位現代年輕女性探索重要的道德議題，這個事實再次證明，故事的力量可以刺激道德想像力。故事就是這麼神奇，驅使思考能力與記憶翻騰急奔，點燃聯想力；聽故事的人，會憶起類似故事的生活經驗。

兩千年前的《聖經》故事竟然可以超越時空，成為學生研究報告的靈感，更證實故事經過複述後，便完全脫離說故事者的掌控，開始自由飛行。故事轉變成新版本，累積新意義，儘管故事本身還是同一個故事。故事天生具有迴盪功能，鮮少人類傳達方式有此作用。

我不曉得穿牛仔褲、揹帆布書包的大二學生瑪莉，將從這個悠久故事上得到何種啟示，因此我後來偶爾會問她報告進展如何。瑪莉說她寫得很順利，讓我愈來愈好奇她會得到什麼結論，因此學期末收到所有報告之後，我就先挑她的來看——看得我目瞪口呆。瑪莉的焦點放在科學史上，也修了物理學與化學的課，因此我還得邊看邊查字典。她顯然徹底研究過，訪問中捐獻（其實應該說「販售」）卵子的女性，幾乎都是因為看上優渥報酬。有些人在一天內賺得的酬勞，等於清潔教室的女工或煎蛋餅的廚娘一年薪水。至於對購買卵子啟事視而不見的學生而言，多數並非因為道德考量才卻步，而是因為知道必須歷經往往頗為痛苦的侵入性手術，況且事後可能有併發症的副作用。

我很了解她們的猶豫心情。「捐贈者」起初得先吃藥避免排卵，等卵母細胞成熟。她們必須進行荷爾蒙濃度檢測，一旦卵子成熟，又得吃另一種藥準備排卵。約莫三十六小時之後，再進行卵子抽吸術（egg aspiration），從子宮吸出卵子。然後「捐贈者」便能領支票回家，接下來的過程不需要她在場。卵子在實驗室授精，然後植入另一名女性的子宮，由她懷胎九月。

卵子市場是否貶低人類價值？

瑪莉採訪的女性（包括並未出售卵子的人），多半不認為這種過程有何不妥。健康的女性一生可以排出四至五百個卵子，卻只懷其中極少的比例，因此不會損及她生育自己子女的能力。此外，許多購買這些卵子的人都膝下無子，因而絕望沮喪。他們極度渴望孩子，而且很多人希望孩子至少要有他們自己的基因；這種手續採用丈夫的精液授精，所以在這方面不成問題。重要的是，夫婦希望自己生下寶寶。如今科學可以為他們實現這個目標，怎麼可能有人拒絕呢？

然而我的學生要問，為何專挑「美麗」的常春藤學生購買卵子？這種做法不會太菁英取向，而且有點可議嗎？有些女子會反問：「怎麼會呢？我們不也選擇要上哪間大學、跟誰約會、嫁給誰嗎？不只父母會在報上的類似啟事中為子女尋找可能伴侶，我們自己也會啊！」但是大家都認為，找對象（繼而決定後代的品質）時無關緊要的種族標準，實在沒必要在卵子市場上突然成為重要指標。

「這種買賣的現金交易特色又怎麼說呢？」瑪莉問受訪者。我在研討會上也曾提出同樣疑問：「人類卵母細胞成為商品，難道不會使生命失去固有價值嗎？」我們的祖先後來終於無法忍受人口買賣行為，也就是所謂的奴隸制度。難道卵子市場不也同樣貶低人類價值嗎？如果某對夫妻想要子嗣，某人恰巧又有很多卵了，那她何不成為**真正的**「捐獻者」，免費貢獻呢？

「高薪的人當然說得容易，」有些學生反擊，「他們可沒有一上班就得背負五萬美元的求學貸款。」有位學生表示，她從人類學課聽說在某些文化中，優渥的金錢支援、嫁妝等都是雙方婚前談判的內容。也有些人指出，世人認同也接受販賣血液的市場已有幾十年，如今還有尚未廣被接受的腎臟或其他器官的販賣市場——人類只有兩個腎臟，有些人願意賣掉一個。部分醫療專業人員公開建議，應該有付錢買器官的行業，至少全世界有一個國家已經頒布法令通過，就是以色列。四百個卵子賣掉一兩個有什麼關係？無論你贊成與否，現今的世界就是市場社會，凡事都有價碼可談。或許我們應該改善體制，然而在此之前，這就是遊戲規則，也是許多女性遵守的邏輯。

為何選上馬利亞？

我的學生瑪莉採訪的對象中，只有幾位反對販賣卵子，認為此舉違反上帝（或大自然）創造寶寶的法則。其中有些人認為卵子商品化的行為，不但歧視急需用錢的女學生，瞧不起「外邦」種族血統，也蔑視手頭不闊綽的無後夫妻。有一兩人甚至表示，與其向手拿厚厚鈔票的人低頭，她們寧可忍受痛苦，義務幫忙窮困夫婦。

這位學生收尾的方式，我已經見怪不怪。她非常清楚自己對這類廣告有何反應，卻堅稱信念來自各種可能源頭，總之與內心情感無關。她說她「強烈」認為，自己不會經歷這種過程，儘管她也非常需要錢。然而她也承認，她不太確定自己**為何**堅決否定。某種「發自內心」的感受使她確定，自己絕對不是卵子捐贈者（或賣家）那塊料。

我原本希望這名學生的結論可以更有道理，然而我還是給了高分。儘管不太可能，然而她的確受到聖經故事的啟發，因而徹底想過某個複雜的道德困境。我相信，無論受訪者最後的決定為何，她肯定喚醒她們察覺販售卵子有其道德層面。此外她將來肯定會碰上其他道德難題，這次磨利工具，以後剛好派上用場。簡而言之，這次的報告剛好讓她得到重要經驗，我認為耶穌拉比一定希望她有此體驗。她已經準備得更充分，可以面對往後的人生中無可避免的困境。

然而在看完她的報告之後，我自己也開始好奇上帝為何在以色列眾少女中選上馬利亞。《聖經》本身並未提到這一點，只暗示選中她就證明上帝可以隨心所欲地選擇。但是《聖經》的沉默，當然引發後人對上帝抉擇的無盡揣測。

電影大師高達執導的「向馬利亞致敬」片中，二十世紀的馬利亞在加油站工作。四世紀的神學家亞大納西[1]指出，馬利亞不只是純潔無瑕的處女，而且「性情柔順」，「不願意讓男人見到」。她足不出戶，努力工作，關照窮人，向上帝祈禱「別讓壞念頭在她心中生根」。就算這名女子不算十全十美，也是亞大納西心中的好女人，他將這個形象投射在拿撒勒少女身上，其他還有無數人也是如此。

柔順外的另一種形象

如同耶穌本人，馬利亞已經成為「羅夏克墨跡」[2]，無數人在這張圖中看到自己的母

1 Athanasius（約二九六～一三七三，又譯阿塔那修），埃及亞歷山大城主教。以維護聖子與聖父同性、同體的教義，反對阿里烏派著稱。主要著作有《駁異端》、《論道成肉身》、《反駁阿里烏派》等。

2 Rorschach ink，瑞士精神病理學家羅夏克（Hermann Rorscharch）於一九二一年所創，是人格測驗的投射技術之一。他選定十張墨跡圖作為刺激材料，測驗時，讓被試者對它們逐一進行自由聯想，請他們回答在圖上看到了什麼，再進一步詢問被試者某些問題，以了解圖中的哪些內容引起被試者的反應。

親、妻子、情人或其他心上人。我曾聽過拉丁美洲有位激進神父在聖母升天節時告訴信眾，他對聖母未經過死亡便被簇迎升天的教義有何看法。他說，此事的意義就是，既然馬利亞已經「與神同在」，而神又與反對迫害的貧民同在，因此馬利亞也在困苦之人的身邊。

照他所說，馬利亞還帶著點革命意味？福音書作者對馬利亞是什麼樣的人只有少許描述，而這些文字使得那位神父所言比亞大納西說的更有說服力。天使報喜之後，馬利亞去看親戚以利沙伯（依撒伯爾），後者腹中已經懷了施洗者約翰（洗者若望）。以下這首歌是馬利亞本人吟唱，亦即我們所知的「尊主頌」（謝主曲，Magnificat）。

馬利亞說：

我心尊主為大；
我靈以神我的救主為樂；
因為他顧念他使女的卑微；
從今以後，萬代要稱我有福。
那有全能的，為我成就了大事；
他的名為聖。
他憐憫敬畏他的人，直到世世代代。
他用膀臂施展大能；

那狂傲的人正心裡妄想就被他趕散了。
他叫有權柄的失位，
叫卑賤的升高；
叫飢餓的得飽美食，
叫富足的空手回去。
他扶助了他的僕人以色列，
為要紀念亞伯拉罕和他的後裔，
施憐憫直到永遠，
正如從前對我們列祖所說的話。

——〈路加福音〉1章46－55節

無論如何，這段文字所描述的女子絕對不會是個內向、沒見過世面的母親。她歡唱驕傲的人遭到驅逐，有權柄的人遭到罷黜，賤民地位的提高。如同其子在八福山所為，馬利亞不只祝福窮人，保證飢餓的人有食物吃，還預言富足的人即將遭逢厄運，將「空手回去」。費歐倫莎教授是我的同事，教授《新約》及早期基督教歷史，她對發表這段神采飛揚文字的馬利亞，寫過以下的意見：「這位立於基督宗教故事中心的人，並非只是藝術家或大眾想像的美麗『白皙女子』，只會跪在兒子面前崇敬他。此女應該是個年輕的孕婦，住在人口眾多的環境，努力掙扎過生活，希望自己不會遭到殺害，可以生存下去。」大體而言，這段文字較貼近那位激進神父，而非亞大納西的描述。

因為我家是新教徒，因此長輩從小沒教我要尊敬聖母馬利亞。我們教會當然也不會污衊她，卻懷疑純潔受胎說及聖母升天說。

我們從未在她的雕像上戴上皇冠，也沒舉辦過聖母顯靈節祝禱遊行，或是覆誦「萬福馬利亞」的祈禱文。我們的脖子上，也不會有聖母圖樣的項鍊。然而自古至今，崇敬馬利亞的行為卻讓我感到欽佩，而且相信的人不只是天主教信徒。世上幾乎每年都有聖母顯靈的新聞，較次要的顯靈事蹟頻率更高。馬利亞可能會出現在雲端、樹葉、玉米餅上，最近還出現在佛州坦帕的銀行窗戶上。有時她盡責地證實天主教正統信仰，有時又批評教廷高層人員不夠重視傳統祈禱（如唸〈玫瑰經〉）。到目前為止，馬利亞似乎都很有自己的主張，也是遭到虐待、邊緣化的人士求助的對象。

我很懷疑當年就算有販售卵子的技術，巴勒斯坦的權貴家庭是否願意向馬利亞購買。她並非他們看中的對象，卻顯然是上帝要尋找的人。

第6章 自伊甸園流亡

神曾說，「你們不可吃，也不可摸園中那棵樹上的果子，免得你們死。」蛇對女人說，「你們不一定死；因為神知道，你們吃的日子眼睛就明亮了，你們便如神能知道善惡。」

——〈創世紀〉3章3－5節

馬利亞對天使說：「我沒有出嫁，怎麼有這種事呢？」天使回答說：「聖靈要降到你身上，至高者的能力要庇蔭你，因此所要生的聖者並稱為神的兒子。」

——〈路加福音〉1章34－35節

「她真的是處女嗎？」學生每年都會問，「她又為何非得是處女不可？」這兩個問題問得很好。後世所謂的「處女懷胎」的故事，在基督宗教的歷史上絕對有其重要地位。最早的教條就納入「藉童女馬利亞出生」這一項，也因為景仰「聖母」，因而啟發了許多中古世紀事物的靈感，從詩文、畫作到大教堂建築兼而有之。美國歷史學家亨利．亞當斯曾寫過，「建造沙特爾大教堂」[1]的人就是聖母馬利亞。美國最富盛名的天主教大學聖母大學便以她為

1 Chartres Cathedral，在西元一一四五年開始建造時屬於早期哥德式。西元一一九四年被大火燒毀，但是屬於聖母馬利亞的聖衣卻安然無恙，因此感動當地居民，花了二十六年重建教堂，成為盛期哥德式建築的另一典範。

名。羅馬天主教教會在十九、二十世紀加入兩條教義：聖母始胎無原罪與聖母升天。前者宣告馬利亞的父母在懷她的時候，就受到保護、遠離罪惡，因此她便不會將原罪的毒種遺傳給兒子；後者則表示，馬利亞並未通過死亡之門，就被接引到天國。

尊崇、甚至景仰耶穌的母親，並不等同接受處女生子的生物事實。非得逐字逐句相信教義時，這個問題就會成為現代許多學生與成人的一大障礙，而且在我看來也毫無必要。因此，仔細閱讀《聖經》故事才更顯重要。《聖經》上寫道，馬利亞與約瑟訂婚而尚未成婚前聽到天使的信息，立刻問道：「我沒有丈夫怎麼可能生小孩？」她聽到的答案，便是聖靈（聖神）即是父親。然而基督宗教傳統並未著墨於父親的神性，反而強調母親的處女懷胎。如今對許多人而言，著重這點似乎反對性行為，也反對人性。人們有這些懷疑都可以理解，因此在討論到這段之時，我的責任就是引導學生的注意力回到這個故事在我心目中的原旨，亦即傳達兩個觀念：

第一，耶穌親身參與人類生活的自然延續。他從微小胚胎開始發育，也經由年輕女子痛苦地從子宮生出來。他跟維納斯不同，並非發育成熟地從宙斯的額頭冒出來[2]。

第二，在基督徒的理解範圍內，上帝渴望分享人類特有的痛苦、歡喜、失望，以及必死的命運。

如同耶穌的家譜，這個「擁有神性父親」的故事（我寧可如此稱呼，也不喜歡稱其為「處女生子」）指出，早期基督徒費力地構思耶穌與人類一樣，卻也與我們不同；然而其他宗教傳統也有類似故事，由於耶穌是拉比，因此猶太故事與此最有關聯。例如哈西德教派的學說便指出，亞當站在伊甸園的智慧樹之下，所有古往今來的魂魄都聚集到他身上。就在他站在樹下之時，有個靈魂脫竅往上飛，那就是「依禮讚的兒子以色列」的靈魂，亦即創立哈西德主義的「善名先生托夫」。因此當亞當品嚐禁果時，善名先生的靈魂並未跟著咬一口。

真正偉大的拉比離開人世時，受其感動的人往往相信，當年他出生的狀況一定與眾不同。儘管他也是人類一員，信眾卻認為，凡人出生便有的致命缺陷，拉比一定多少躲過某些原罪。對許多猶太人或基督徒而言，亞當與夏娃（厄娃）的故事最能象徵那些缺陷的重擔。

亞當與夏娃到底犯了什麼錯？

關於這對人類老祖宗的故事，後人有許多分歧的意見。至今還有哪對男女比他們衍生更多解釋與反解釋（counterinterpretation）？即便凱撒與埃及豔后，抑或羅密歐與茱麗葉，都不比這對赤身裸體的男女更常成為漫畫主題；他們通常以枝葉遮蔽重要部分，惡毒的蛇則盤繞在最近的樹旁。他們吃禁果，是代表人類榮敗歷史的開端？或是真如詩人彌爾頓在《失樂園》第七卷所言，是個「幸運的墮落」，因為良善——包括為世人贖罪——於焉展開？或者，難道這是個警世故事，如同男性評注者千百年來所指，這就是女性不可信任的確鑿證

2 這裡應該是作者筆誤，從宙斯額頭出生的是雅典娜，維納斯則是從浪花泡沫中誕生。

據？假設偷吃禁果真是淪落，亞當與夏娃到底犯了什麼錯？耽溺肉慾？抗命？懶散？貪食？無論這個故事當初如何敘述，我們似乎就是無法漠視這兩個角色——或者應該說這三個，如果把蛇也算進去的話。

我跟別人一樣，對伊甸園的故事也有自己最喜歡的說法。我知道世上還有許多不同看法，卻認為到頭來就以我這個最有道理。仔細閱讀這個故事就會發現，亞當與夏娃的致命過錯，就是**不滿足於只當人類**，也不願意終究得面臨死亡。充滿新鮮空氣、成熟果實、甚至擁有彼此當愛人的純粹天堂，對他們而言還不夠。他們希望永遠青春不老、長壽不死、擺脫所有不便的凡人限制。亞當與夏娃渴望得到毫無限制的各種可能，他們希望「如同神一樣」，猶如蛇簡潔的耳語。

無論他們究竟犯下哪種致命過錯，多數人都同意這種失誤的陰影至今仍影響我們的理智力與道德性。換句話說，亞當與夏娃並非史前老祖宗，我們都見過他們，他們就是我們，他們的故事就是我們的故事，只是以古老神話作為背景。我們不滿足於凡人的命運，希望更有能耐、更有主宰力，結果卻搞砸所有事情。疾病令人沮喪的原因不只因為痛苦不適，還會破壞生活秩序，落得只能聽命於他人。我們試圖控制（有時運用迂迴手法）親近的人——職場或家中——以期事情順己意進行。我們要自己的隊伍、自己的部落、自己的國家奪魁得冠。我們甚至夢想壽命可以超越《聖經》上所說的七十歲[3]，甚至永遠長生不老。

人類到頭來必定明白，自己不可能控制所有事情。即便我們努力改善自己的言行，成功做到某些小仁小善，我們仍舊得忍受上一代因為貪婪而汙染湖泊、砍伐森林所留下的遺毒，也得忍受前人戰爭所造成的宿仇。祖先或我們自己為了滿足控制慾所引發的混亂紛爭，我們依然得默默承受。

第二個亞當

神又為何差遣卓越的使者到人世，提醒人類，祂創造我們並非為了看我們胡鬧？這些先知與聖人的作用何在？他們一方面跟我們一樣，都得忍受生命中令人挫折的限制，還得收拾前人偷拐搶騙的殘局。他們與我們一樣，也會疲倦、飢餓、憤怒、受到誘惑。如同所有人一樣，他們也難逃一死，然而他們似乎沒有任何困惑，也不會留給後人任何罪惡。這些人的存在，似乎暗指人類還有另一種可能；難道他們沒有亞當與夏娃所象徵的原罪，就算不是毫無瑕疵也是瑕不掩瑜？他們代表人生另一種可能？雖然是凡人之軀，他們卻並未注定打造殘酷與悲痛鐵鍊上的另一環。

基督徒說耶穌有神性父親，猶太故事說善名先生神奇逃過亞當原罪，兩者都有類似的作用。兩個故事都試圖說明，導致人類陷入罪惡泥沼的因果循環並非無法打破。**亞當代表人**，**夏娃代表生命**，然而亞當與夏娃都不自滿於身為人類，或是有生命。知曉善名先生的人認

3 Three score years and ten，〈詩篇〉（聖詠）90章10節指出「我們一生的年日是七十歲」。

為，亞當想要超越人類限制的徒勞掙扎，並未污染善名先生的靈魂。被猶太學者親暱稱呼為「柏示德」[4]的善名先生滿足於他**在世**的生活，而且認為在石子、小草上都能看見神。同樣地，拿撒勒那位拉比的靈魂，也是由神的聖靈放在馬利亞子宮內。依照聖奧古斯汀[5]含蓄的說法，前述兩者都是出生於「尿道與排便之間的位置」，早期也都受盡折磨：善名先生托夫的父親在他年幼時便過世，而耶穌就如同現在千百萬兒童一樣，因為驚惶的家人意圖逃離暴政，襁褓時期便過著難民般的生活。兩人都經歷許多磨難，卻也都具有某種特質令人聯想到先前快樂奔放的亞當，而非後來環顧四周，認定上帝所創造的生活不夠好的亞當。

兩個宗教傳說各以不同方法反映亞當的故事。舉例而言，有則軼事就是關於貝爾茲的夏倫[6]。據說某天有個朋友帶年幼的兒子去拜訪這位知名拉比與其妻，父子在只有木板桌子的儉樸房間中受到熱情款待。回程途中，此人問兒子，「你對這位神聖的拉比與他的妻子有何印象？」

「他們就像尚未犯罪前的亞當與夏娃。」少年回答。

「那個房間呢？」父親又問。

「就像天堂。」兒子說。

「很好，」父親說，「我也有同感。」

拿撒勒的拉比只有一次提到亞當與夏娃，也就是如今婚禮上常聽到的句子：「神配合的，人不可分開。」（馬太福音19章6節）然而信徒就是忍不住要繼續認真研究比較。但我們應該注意，幾乎所有比較都是對比。耶穌與聖母馬利亞，成為亞當與夏娃的對比或正面對照。例如門徒保羅對「純真」的亞當就興趣缺缺，保羅說他是象徵或開啟人類苦難的負面人物，世上有了死亡與腐敗都要歸咎於他。

耶穌是「第二個亞當」，神透過他再給人類一次嶄新機會。中古時代的基督宗教畫作中，許多耶穌受難像裡十字架下的頭顱就是亞當。可以說，我們走上歧路的地方，正是我們可以改頭換面之處。這句話當然不能照字面解釋。神性父親的概念指出，神起初憑空創造人類，如今決定在人類加諸於彼此的傷害之內展開漫長的療癒過程。以亞當、夏娃分別與耶穌、馬利亞作對照，暗示這對人類老祖宗雖然代表我們生活的狀況，卻不能決定我們的命運。象徵性的並列對照，表示我們每個人體內不只有個亞當，也有一個基督；並非只會為自己招來挫折、絕望，也有能力過著神所期盼的充實生活。「在亞當裡眾人都死了，在基督裡眾人也都要復活。」（哥林多／格林多前書15章22節）

亞當與夏娃的故事，如今在各國都有多種說法。猶太教與基督宗教的不同看法，便能讓人清楚看出，表面雷同的故事有時隱藏著重大的差異。猶太教的說法之所以深得我心，是因為歷久不衰的微妙浪漫情懷、願意直視生命、絕不放棄希望的精神。從另一方面來看，基

4 Bisht，善名先生托夫名字的縮頭語。
5 St. Augustine（三五四～四三〇），早期基督宗教思想的重要奠基者，著有《上帝之城》、《懺悔錄》等書。
6 G Salom of Belz（一七七九～一八五五），創建貝爾茲的哈西德教派，信徒有數萬人，身後並未留下著作。

督宗教雖然承認人類有其世俗天性，卻也常展現出探索極限的渴望，希望從天花板的裂縫看見另一絲曙光。因為信徒人數比猶太教稍多，奇蹟、超自然異象與神祕鬼魅之多都可能動搖基督宗教。這種說法當然只是概括論之，畢竟兩種宗教並不相同。基督宗教強調，罪孽與自欺行為是扭曲人類最高期許的毀滅力；而千百年來，猶太教都流傳奇蹟與創造奇蹟之人的故事。兩者重點雖有出入，卻也有許多相同之處。

肉體之軀有何意義

綜觀而言，亞當夏娃的故事及馬利亞與耶穌有神性父親的故事，都代表人類有史以來在侷限與宏願之間的無窮掙扎。這兩個故事的主旨不是講述人類的起源或另類生育方式。學生不見得了解這一點，所以偶爾總會有人問我，可否以基因結合或基因工程的新實驗作為報告主題，以驗證處女生子在科學上是否真的行得通。但是不同於販售人類卵子的題材，我通常會勸這些學生打消念頭，因為他們只看到馬利亞與天使故事的文字表象。試圖以新科技打破大自然限制的人，有些想法似乎是與處女生子／神性父親的概念剛好背道而馳。他們顯然要男男女女擺脫大自然的程序，翱翔到另一個境界，擺脫自然束縛、壽命有限的不便牽制。其實神性父親的故事是相反的驚人宣示，神選擇了與人類南轅北轍的道路，拋棄毫無限制的身分，以受精卵從頭來過。他因此必須先漂浮在羊水中，從狹隘的產道被推擠到人世，張眼看到可怕的新世界，成長，受難，死亡。

這個故事說的，是人類的肉體之軀有何意義。有時我們都了解，也知道某些最私密、痛苦的道德抉擇都以自己的身體為焦點。我該攝取、避免什麼東西進入體內？我應該把自己的身軀交付給誰、不該交付給誰？我該如何照顧身體？身體開始退化、衰老之時，我該怎麼做？對於自己的肉體一定會消失於人世的事實，我又該作何感想？

我以前以為年輕人鮮少想到這些問題，更不會深思退化衰弱、生病死亡。結果我錯了，他們常想到；有些學生甚至說，他們幾乎每天都會想到這些問題。然而他們在大學課堂沒有多少機會提出這些想法，或是聽聽同學的意見。有個女生，曾經在課堂上問其他學生是否記得下述這首民謠：

當靈車開過時，你有沒有想過自己總有一天也會不在人世？
蟲子爬進去，蟲子爬出來，蟲子啊在你的鼻子打起牌來。

很多人都記得。她說幼年唱著玩的時候，從來沒想過她有一天也會死。死亡似乎遙遙無期，只有老人才會過世。然而她說如今一聽到類似約翰・鄧恩[7]的詩句「別問喪鐘為誰敲／鐘聲為汝敲」，她就知道喪鐘總有一天也會為自己響起。後來她又補上一句：「到時我甚至

7 H John Donne（一五七二～一六三一），英國著名神學家兼詩人。

聽不到了。」

處女生子的意義

處女生子／神性父親的故事說的是「道成肉身」。我在課堂上不常提到這個辭，意思就是上帝「成為肉身」，亦即上帝了解人類意念具體化的模稜兩可，因為祂在過去或現在都分享這種具體形象。沒有人比始終謳歌俗世生活的勞倫斯更能捕捉「道成肉身」的精神，這位詩人素來是大學生的最愛，他在〈造物主〉一詩中說：

人們說真相只在靈魂中，
肉體是某種形式的死亡，
純粹的本質根本沒有形體，
又說概念居於實質軀殼之上。
這簡直是荒謬至極！
彷彿有誰可以想像龍蝦在深海中打盹，
然後伸出野蠻的鐵鉗！
即便是上帝的心思，
也只能想像出後來各自發展天性的形體：軀殼與存在，

此處與此刻，
立足於宇宙的萬物——即便是躡手躡腳的龍蝦——
宗教比哲學更清楚。
宗教明白耶穌不會成為耶穌，
若非他由子宮孕育、喝了湯吃了麵包長大成人，
日後在奇妙宇宙中成為耶穌，
還有軀殼，有需求，有個高尚的靈魂。

處女生下耶穌的故事往往遭人嚴重誤解。因為過於強調馬利亞的貞潔之身，才遮蔽這個故事的真正意義，亦即神聖的決心。某些天主教教義表示，馬利亞後來終生保持「永遠的處子之身」，更是狡猾虛偽，因為這就表示反對婚姻中的親密關係。耶穌畢竟還有個弟弟，在耶路撒冷主持第一次基督徒集會的雅各。馬利亞產下耶穌的故事，主要不是為了強調處女生子。勞倫斯的觀念才對，這個故事的重點在於上帝成為凡人。主旨非常簡單：上帝需要，也想要一個身體。儘管亞當與夏娃不滿意只能身為人類（也就是說必須有軀殼），上帝卻以完全相反的做法指出——或許也為了滿足自己——身為有所限制的凡人，其實也沒有那麼糟糕。

第7章

精神導師與邊緣人

當希律王的時候，耶穌生在猶太的伯利恆。有幾個博士從東方來到耶路撒冷，說：「那生下來做猶太人之王的在哪裡？我們在東方看見他的星，特來拜他。」希律王聽見了，就心裡不安；耶路撒冷合城的人都不安。他就召齊了祭司長和民間的文士，問他們說：「基督當生在何處？」他們回答說：「在猶太的伯利恆。因為有先知記著，說：『猶大地的伯利恆啊，你在猶大諸城中並不是最小的；因為將來有一位君王要從你那裡出來，牧養我以色列民。』」

當下，希律暗暗地召了博士來，細問那星是什麼時候出現的，就差他們往伯利恆去，說：「你們去仔細尋訪那小孩子，尋到了就來報信，我也好去拜他。」

他們聽見王的話就去了。在東方所看見的那星忽然在他們前頭行，直行到小孩子的地方，就在上頭停住了。他們看見那星，就大大地歡喜；進了屋子看見小孩子和他母親馬利亞，就俯伏拜那小孩子，揭開寶盒，拿黃金、乳香、沒藥為禮物獻給他。博士因為在夢中被主指示不要回去見希律，就從別的路回本地去了。

——〈馬太福音〉2章1－12節

講述耶穌出生後故事的人是馬太而非路加，這些故事也預告這位拿撒勒拉比的命運。這些希臘文中稱為「賢士」（magoi）的訪客，帶著禮物來到馬廄門口。許多學生都還記得，自己小時候也曾戴著紙王冠、拿著裹著銀色包裝紙的厚紙板權杖，演出過這齣耶誕話劇。儘管有許多耶誕歌曲敘述「三王來朝」，還有錫箔紙皇冠道具、千萬幅相關畫作——其中有些還生動得令人嘆為觀止——其實《聖經》並未明指來自東方的訪客是國王，沒說人數是三人，也沒說是否全是男性，抑或其中一人是黑人（或是其他兩人是白人）。

有些聖經版本稱這些訪客是「智者」，有些則說是「星相學家」。總而言之，馬太一定是希望我們認為這些人信奉猶太教以外的宗教，或許是來自波斯。就目前的用字遣詞而言，magoi翻譯成「精神導師」最貼切，亦即「來自東方的哲人」。倘若要更符合當今時代潮流，這張宗教集錦拼圖可能囊括伊斯蘭教苦行僧、佛教喇嘛、印度教出家人、儒家賢哲，或許還得算上督伊德教[1]的祭司。馬太的重點，在於這些人是其他宗教傳統的導師。

基督宗教成為羅馬帝國國教，以及歐洲稱霸世界的君主意識，都是多年之後的事情[2]；聖賢哲人後來才被賦予權杖、王冠，重新塑造成王公貴人。〈馬太福音〉這個故事的重點，便是探望耶穌的人絕對不是以色列人，只是察覺希伯來人似乎即將發生重大事件，而且可能還會影響自己的民族，因此便前來探訪。他們帶來禮物——根據故事所言是黃金、乳香、沒藥——然後便打道回府。他們**並未留下來**，也沒有成為這個孩子的門徒，更沒有任何隱喻暗示他們有此必要。

賓拉登與東方賢哲共度耶誕？

智者的故事還有另一層意義，而且饒富政治、甚至顛覆的意味。這些博士發現有新星升起，認為這是吉兆，然而他們剛從東方趕來之時，並不知道該上哪找，因此在耶路撒冷打聽哪個孩子將成為猶太人之王。當時在位的希律王是由羅馬帝國元老院指派，向來對自己的權勢沒有安全感，自然心慌意亂。他試圖從博士身上打聽基督下落，便撒謊說自己也打算去拜那嬰孩。然而這些賢哲看穿他的藉口，從其他路線回家以避開希律王。

這個耶穌基督出生的故事就如同他的族譜，充滿陰謀、矛盾、詭計。如同懸疑片中的不祥配樂，再度提醒我們山雨欲來。這位拉比不但關照族人當中的窮人、眾人眼中的精神不潔者，甚至將愛心擴及社會邊緣人和外邦人；他日後將成為羅馬高層及其政權代理人的眼中釘，最後遭致處決，理由就是煽動民心。這些賢哲尋找嬰兒耶穌時所脫口而出的字眼（「猶太人之王」），就是日後羅馬帝國總督彼拉多在釘死耶穌的十字架上所刻的字。

我們才剛在課堂上討論完這段，便有個學生給我一張來自他家鄉的剪報。新聞指出，義大利塔斯卡尼的聖心教堂有位吉安卡羅·席維耶利神父，他在二〇〇一年耶誕夜前，將奧薩瑪·賓拉登的圖像放在教堂外裝飾的耶穌降生馬槽邊，而且堅稱此舉完全出自一片善意。神父從報上剪下賓拉登的照片，貼在紙板上，隨後放置在拜會的東方賢哲身邊，旁邊還有動物、牧人、馬利亞、約瑟與聖嬰。

---

1 信仰核心是珍愛和尊敬大自然，相信輪迴，沒有原罪和懲罰的觀念，塞爾特的信仰現在尤其受到新異教徒（Neopagan）的採用，在十八、十九世紀復興。有人認為，英國南方的巨石陣就是督伊德教的祭祀遺跡。

2 西元三二三年，君士坦丁大帝登位，後來信奉基督教，在他帶領下，羅馬帝國的大部分百姓也皈依基督教，不久後，基督教便漸漸成為羅馬帝國的國教。

席維耶利神父對這個家喻戶曉故事的即興創作，卻引起極大反彈。根據義大利通訊社ANSA報導，抨擊神父的反對聲浪不只來自當地教區，還包括格羅塞托居民、轄區主教吉亞寇摩．巴賓尼，以及市長亞歷山卓．安提奇。神父表示自己很傷心，因為這些人不了解他要傳達的宗教理念，亦即「基督降世是為了救贖所有罪人，不分男女，賓拉登也是其中一人」。他也說，「嬰兒耶穌誕生不是為了製造耶誕佳節的浪漫情懷，而是背負全世界的罪孽。」該篇報導並未指出這個不尋常的耶誕故事如何收場。我猜測神父可能只得拿掉千夫所指的圖像，這件事實在可惜，因為他的看法非常有意思。此外，他以怪異又引人側目的方式呈現大家再熟悉不過的故事，我也覺得難能可貴。

打破藩籬

在馬太的故事中，希律王顯然同時象徵羅馬帝國以及勾結外侮的猶太賣國賊，所以博士與希律王的互動才更顯重要。我們稍後也會發現，這段故事預告耶穌拉比將會碰上羅馬帝國的百夫長，但是那個故事卻有意外轉折。這段經歷就發生在登山寶訓之後，耶穌在山頂講述教律，下山後隨即遇上痲瘋病患。痲瘋病人的字義就是「宗教上不潔淨」的人，因此接觸到這些患者也會染上同樣的不潔，然而耶穌卻毫不猶豫地伸手摸他，治癒他的疾病，要求他到聖殿「獻上摩西所吩咐的禮物」[3]。

觸摸痲瘋病患似乎還不夠，同一天內還有一個眾人厭惡的羅馬帝國走狗，亦即百夫長，也前來求見。然而這個象徵羅馬強權的官吏無意殺害耶穌，只是希望耶穌醫療他的僕人，因為這名僕役「害癱瘓病，躺在家裡，甚是疼苦」。耶穌願意隨他回家，百夫長卻說他相信拉比只要「說一句話」就能醫治病人。耶穌說：「這麼大的信心，就是在以色列中，我也沒有遇見過……從東從西，將有許多人來，在天國裡與亞伯拉罕、以撒、雅各一同坐席。」（馬太福音8章5～10節）

博士來自東方，羅馬人來自西方，長大痲瘋的患者來自宗教潔淨的社會之外。耶穌出生時在場的象徵性人物，此刻又再度出場，但是耶穌這次要他們與他族譜中的長老同坐一桌。猶太歷史與非猶太人的傳說中，有許多故事講述非猶太人求助於希伯來賢哲或馬吉德[4]。只是在這個故事中，外邦人所找的恰巧是耶穌拉比罷了。

耶穌拉比打破藩籬的行為，就以這個故事最生動：大痲瘋病人、羅馬軍官；接下來，又會有哪些人物呢？近年有聖經學者質疑，「歷史上貨真價實」的耶穌是否真的關心過非猶太人。他們認為這類的話語一定是後人加入，原因是耶穌早期的佈道、對律法的解釋都無法博得多數猶太人的認同，才另尋非猶太人的支持。當然，我們永遠也無法知道確切答案。然而

3 〈馬太福音〉8章4節。

4 maggid，拉比以往甚少講道，在東歐並在其他地區，傳統上是馬吉德負責講道。按《密西拿》的記載，馬吉德是「傳遞神信息的人」。在中世紀後期，馬吉德常成為巡迴宣講猶太教教義的傳道者，當時的拉比只在逾越節贖罪日前的安息日講道。

我本人並不相信這些說法，部分的原因是因為猶太教堅強、自由的特性並非耶穌本人所創，先知早在耶穌出生前就有此教誨。以賽亞寫道：

我還要使你做外邦人的光，叫你施行我的救恩，直到地極。

——〈以賽亞書〉9章6節

耶穌逝世後的兩千年來，猶太教持續在普遍性與特殊性之間擺盪不定。近年有學說指出，基督出生後的前三個世紀，猶太教其實比世人所知的更強調「所有人終將得救」的論點。基督徒後來變得自負、霸道，君士坦丁大帝皈依之後尤其如此，猶太人自然強調自己的獨特性。然而猶太教的普救論從未銷聲匿跡，據說庫茲尼茲著名的拉比曾經祈禱：「主啊，我祈求你解救以色列。倘若你不願意，就赦免非猶太教徒吧。」耶穌傳教的確特別重視這種拯救普世眾人的觀念，然而他對百夫長所言也毫無反對猶太人的意味，正符合馬太在博士朝拜故事的預測。

難民的世紀

如今的猶太教，在許多基督徒眼中仍舊封閉、排外地滑稽可笑，某些猶太人也認為耶穌拉比不遵守傳統的分際與藩籬；我們應該提醒自己，猶太教歷史古早以前就熱切盼望上帝立約的對象也包括非猶太人，而且這種觀念流傳千百年，只是每個時期的重視程度有差異。其實有許多猶太教導師都認為，耶穌依照直覺行事，正是他佈道的特徵。舉例而言，一九〇一年，有個當時名不見經傳的德國學者兼拉比里歐・貝克[5]為文指出，一千九百年前曾經有成熟的時機，將出現一個「天賜的大人物」，讓異教徒終於可以學習、吸收以色列的價值觀。貝克相信，猶太人對這一刻的確有所回應，具體而言就是拿撒勒的耶穌。可惜基督徒卻荼毒自己與猶太人的關係，違背貝克的理想。

一九六六年，美國猶太學者威爾・赫爾貝格[6]也在文章中以不同說法表達相同觀點。他指出，唯有成為上帝的聖民，而非獨立個體，人在上帝面前才有地位，接著又說：「很難不相信在上帝的救贖計畫當中，基督宗教的出現就是為了開放上帝與以色列人的聖約，普及『地上的萬民』。」我們也不能忘記，博士抵達馬廄時世上還沒有基督宗教。然而發生在鴿子窩椽梁之下的故事，便象徵上帝與子民間的聖約進入另一個新階段，而他們也將融入更宏大的遠景中。但是，耶穌降生的故事出現可怕的殘暴轉折：

希律見自己被博士愚弄，就大大發怒，差人將伯利恆城裡並四境所有的男孩，照著他向博士仔細查問的時候，凡兩歲以內的，都殺盡了。這就應了先知耶利米的話，說：「在拉瑪

5 Leo Baeck（一八七三～一九六六），二十世紀的德國偉大思想家，也是德國猶太人的精神領袖。

6 Will Herberg（一九〇一～一九七七），美國哲學家、神學家。著有《美國的宗教》等書。

聽見嚎啕大哭的聲音，是拉結哭她兒女，不肯受安慰，因為他們都不在了。」

——〈馬太福音〉2章16–18節

在耶穌拉比出生的故事當中，主日學的基督誕生話劇從未描述過這一段。這也難怪，這個故事血腥又可怕，卻在往後猶太人或其他民族的歷史中屢見不鮮，即便今日也很常見。這段情節講述希律王屠殺無辜孩童，耶穌一家逃亡到埃及。故事指出，希律王懷疑耶穌可能會威脅他岌岌可危的王座，他誘騙博士透露嬰孩下落卻沒成功，便做出現代社會都不陌生的決定。因為寧可錯殺不可錯放，希律王下令屠殺當地所有男嬰。老勃魯蓋爾[7]栩栩如生的「屠殺無辜孩童」一畫，冷血、逼真地描繪了這個故事。戴著鋼盔、手持尖矛的士兵，在剛下雪之後騎馬直驅村莊。儘管歇斯底里的母親們緊緊抱著孩子，男童還是遭到刺殺。四濺的鮮血染紅雪白大地。

希律王的謀殺計畫並未得逞，至少嬰兒耶穌逃過一劫。因為約瑟與馬利亞事先就得到警告，因此在大軍抵達之前就帶著嬰兒逃走；然而這也不能算是圓滿結局。有個學生曾問我，耶穌長大之後是否知道，因為希律王要他的命而導致許多孩子慘死？他若知情又作何感想？

我們都知道，兒童如果認為自己害死別人，都會承受莫大的痛苦。在這個故事中，耶穌的確導致伯利恆的男童喪命，至少也是間接原因。諷刺的是，基督徒常說耶穌「為我們而死」，伯利恆的孩子卻因他而亡。另外一位學生問，我是否認為耶穌會有所謂的「倖存者的內疚感」。我當然無法提出令人滿意的解答，但是我說耶穌或許知情，也因此才更能同情別人的苦難。無論他知情與否，學生提出的問題都再次證明，精彩的故事的確可以激發道德反省。

希律王因為恐懼與殘暴所下的毒手，耶穌一家人雖然倖免於難，成功逃走，但是在他們之前或之後，都不乏躲避暴政而匆忙遠走他鄉的家庭。猶太人千百年來都背負著流亡的命運，然而至今還有幾千萬人同樣有家歸不得。亡國後散居各地已經不是新鮮事，猶太人的歷史也在盧安達、西藏、薩爾瓦多等地方上演。二十世紀的別名就是「難民的世紀」，如今被迫離開家鄉流浪的人數，可能多過以前任何一個時代。

某天我在課堂上提到這點，有些學生（多數是亞洲、非洲、拉丁美洲人）表示，耶穌與猶太人的故事就是因此才讓他們產生共鳴。他們本人或長輩之所以能逃過希律王般的霸權，唯一的原因就是收拾細軟丟下家園，而且還要動作夠迅速才能成功脫逃。他們從自身經驗了解離鄉背井的震驚與失落。有個西非學生讀過約瑟、馬利亞帶著孩子逃亡的故事之後，對照自己家人慌亂、痛苦逃出內亂或獨裁統治的混亂祖國的經驗，文情並茂地寫出「難民耶穌」的報告。

7 Pieter Brueghel（一五二五～六九），十六世紀佛蘭德斯最偉大的畫家，以風景畫和農民生活諷刺畫知名。

流亡生活學到的寶貴經驗

幾年前我曾造訪伯利恆附近的路邊聖地，傳說疲累的馬利亞曾在此地歇腳，餵耶穌喝母奶。當地就稱為「哺乳山洞」，有哺乳問題的母親如今還會來此尋求馬利亞的保佑。我抵達的當天，基督徒與伊斯蘭教婦女都在裡面點燃蠟燭，祈求聖母馬利亞滿足這個最基本的需求。看到這些婦女共處一室，我便想到《可蘭經》對馬利亞也是充滿敬意。

這些婦女非常幸運，祈禱之後都能平安回家。我們幾乎每天都在電視、報紙上看到悽涼的難民生活：路邊擠滿流離失所的家庭，儘管疲憊的母親幾乎毫無母奶，也沒有食物可吃，還是不放棄哺育子女。她們可沒有奇蹟山洞可去，隔天還得風塵僕僕趕到下一個中繼站。成為難民就得被迫踏上遙遠而艱辛的道路，而且終點似乎遙遙無期。耶穌一家雖然逃過希律王菁英部隊的長矛，卻躲不過逃亡的塵土與勞頓，也得承受難民生活的羞辱與茫然。

這段孩提時代的逃亡生活，對耶穌有何意義？他長大之後還記得嗎？我不禁立刻採用拉比受人敬重的米大示傳統[8]，自行想像故事中並未清楚交代的部分，也因此看到約瑟一家三口到達埃及之後的景象。歷史學家指出，耶穌時代有幾千個猶太人定居埃及。這些移民工人、零工、流離失所的農夫必須找工作，得到第一世紀相當於現代綠卡的證件，才能合法賺錢養家。

溯及第二世紀的猶太傳說指出，耶穌在埃及當了多年的苦力才回到巴勒斯坦。馬太說他們一家在希律王死後回國，卻沒表示究竟是幾年後。在接下來的敘述當中，耶穌已經十二歲，隨同家人回耶路撒冷過節。我們不清楚他在埃及住了幾年，只知道這個後來成為拿撒勒拉比的孩子此生的第一段記憶，就是逃難的生活。

儘管流亡生活相當艱苦，卻可以學到寶貴經驗。如果耶穌早期的確當過難民，每天都會遇上不同母語、文化、宗教的人，那麼我們就很難相信他碰到的所有埃及人都只留給他痛苦回憶。耶穌在短暫的成人生涯中，是因為這樣才能寬大為懷、接納各種民族嗎？他童年客居異鄉的經歷，也更能解釋他後來為何成為拉比。這個拉比是以色列人的精神領袖與導師，在流亡生活中遊刃有餘。至少在他出生前幾年就已經有拉比，然而西元七十年聖殿遭毀，獻祭習俗廢除，祭司失去功效之後，拉比才成為猶太人的主要領袖。

綜觀以上幾點，人們流傳的加利利拉比的出生故事，已經大略描繪出他往後的人生。耶穌遵照先人傳統佈道，精準地判斷出當年的各種跡象，如同貝克拉比所言，他看到非猶太人與「地上的萬民」齊聚基督桌前的「時機已經成熟」。那些因為窮困、病重、道德有缺陷而無法理解律法之愛的人，深深感動耶穌，他也無法忍受有人加害這些可憐人。

耶穌看出武裝抵抗羅馬霸權或卑賤地逢迎諂媚都是枉然。他樂於接受社會邊緣人或流浪漢的友情。在多數人攻擊的事情當中，耶穌看到了堅強的力量。面對暴君他不規避衝突，也

8 midrash，猶太教中以口傳律法來解釋和闡述希伯來《聖經》要旨的合集。

以真理面對強權。這些人格特質從他出生與孩提時代的故事便能看出，簡而言之，這才是重點所在。

第8章

西面故事的即興樂句

在耶路撒冷有一個人，名叫西面；這人又公義又虔誠，素常盼望以色列的安慰者來到，又有聖靈在他身上。他得了聖靈的啟示，知道自己未死以前，必看見主所立的基督。他受了聖靈的感動，進入聖殿，正遇見耶穌的父母抱著孩子進來，要照律法的規矩辦理。西面就用手接過他來，稱頌神說：

主啊，如今可以照你的話，
釋放僕人安然去世；
因為我的眼睛已經看見你的救恩——
就是你在萬民面前所預備的：
是照亮外邦人的光，
又是你民以色列的榮耀。

孩子的父母因這論耶穌的話就希奇。西面給他們祝福，又對孩子的母親馬利亞說：「這孩子被立，是要叫以色列中許多人跌倒，許多人興起；又要作毀謗的話柄，叫許多人心裡的意念顯露出來；你自己的心也要被刀刺透。」

——〈路加福音〉2章25－35節

宗教的想像力，就如同爵士樂手所說的即興樂句。爵士樂手從某首歌曲的主旋律或和弦開始演奏，然後在原本的結構中變化、創造潤色，卻仍忠於原曲。這是一門藝術，精彩的即興樂句既不照本宣科，也不完全背離舊道。路加在耶穌降生的故事之後加入的段落，正是漂亮的即興創作，也是宗教發揮想像力的好例子。

約瑟與馬利亞遵照猶太律法，帶新生兒到聖殿進行割禮。有個耶路撒冷的耆老居民西面（西默盎）得到聖靈的啟示，到聖殿找這對夫妻，好祝福他們的孩子，因為主曾經允諾他在死前可以親眼見到解放猶太民族的救星。老者抱著小嬰兒，然而他所說的祝福話語卻遠超過約瑟與馬利亞所預期。他宣稱耶穌不但是以色列的解放者，還將成為「照亮外邦人的光」。西面所言令這對新科父母大感意外（他們「因這論耶穌的話就希奇」），即便這段話其實出自先知以賽亞。但是西面也警告馬利亞，這個任務並不容易，「你自己的心也要被刀刺透。」因此千百年來的馬利亞肖像畫都畫出穿心之劍。

西面這段情節就是絕佳的宗教即興創作，利用某個主題所發揮的臆測。拉比與其他精神導師都有這類典型故事，例如東方就有個老者阿私陀，曾在釋迦牟尼佛小時候預示他的未來。某些學者指出西面是第一世紀的拉比，父親是希勒爾[1]（大學校園的猶太學生協會如今還以他為名），兒子是迦瑪列一世[2]。迦瑪列一世在許多方面都是重要人物，隸屬耶穌時期的猶太人最高統治機構，亦即猶太人議會[3]，有些傳說指出他是聖保羅的老師，宣揚以寬大心胸解釋律法，最為人所知的行為，就是勸導猶太人議會別取締新興的耶穌運動，讓時間決定這股風潮是否受到主的祝福。

希勒爾與迦瑪列一世顯然都是歷史上確切存在的人物，西面與耶穌的故事則遭到質疑。但是班上多數學生一聽說這不是重點，都很開心不必慢慢翻閱一大疊正反意見的資料。既然十八世紀的善名先生托夫死後（甚至在世時）便傳出許多軼事，西面與耶穌自然也不是特例。西面的故事，就是猶太教傳統中典型的米大示。

宗教想像力的創作

「米大示」這個字來自希伯來文的 darash，意思是「查究、探詢」。之所以有米大示的由來及其必要性，都是因為主交給摩西的十誡——亦即所有猶太道德規範的基石——說得過於籠統，實際引用時需要更明確的指示。然而《聖經》本身經常只說人必須「照耶和華所吩咐摩西的」，卻沒仔細指明。拉比便創造了米大示來填補這塊空白，銜接通則與細節、彼時與

1 Hillel，西元前一世紀後半葉至西元一世紀初的猶太人法學博士，第一位確立律法解釋方法的人，建立拉比猶太教。對律法主張自由與寬大的解釋，無論在宗教或政治上，對猶太人或外邦人所採取的態度都一樣。

2 Gamaliel，活動時期約西元十一世紀，以色列早期的猶太教律法師，後來成為受人崇敬的《妥拉》（*Torah*，律法書）學者和猶太議會成員。以嫻熟猶太教口傳律法聞名，是第一個被授予拉比（rabban）頭銜的人。據《新約》所載，他是使徒聖保羅的老師，也是早期基督宗教人士的朋友。

3 Sanhedrin，第一世紀猶太人最高宗教民事機構，共有七十一位成員，由大祭司擔任主席，成員包括由祭司、文士、長老及一些有權勢的法利賽人組成。

此刻的鴻溝。

《米大示文集》（*Midrashim*）往往也以故事的型態呈現，亦即《猶太教牛津字典》中的「想像力的創作」，可用來解釋神學、倫理道德及通俗哲學有時透過傳說或寓言作為抒發的管道。米大示經常仰賴比喻、模仿其他經文的內容以及字句的節奏來釋經，然而米大示的目的非常明確，「是賦予《聖經》所述事件現代意義的工具」，旨在「保持《妥拉律法書》的道德倫理清新又有意義」，可以適用於後代與不同情境。如同雅各·紐斯納[4]文中所言，米大示是為了「證明眾所皆知的古代以色列經文其實也能延伸到現代，抑或在現代實現」。

米大示有千萬篇，共通點就是讀出《聖經》的弦外之音，並且利用故事的力量傳達古經的重點給當代聽眾。舉例而言，另外一個拉比西面·班·以利亞撒[5]就從夏娃的角度，提出亞當與夏娃故事的米大示：

世上第一個男人就像什麼呢？他就像娶了剛入教新娘的男子，他坐著教她，告訴她：「女人啊，雙手乾淨到可以膜拜，才可以吃麵包；別吃尚未繳交什一稅的農產品；不能褻瀆安息日；不准與其他男子共行。如果今後違犯任何一條上述法令，你就會被判死刑。」男人自己做了什麼呢？他的雙手不潔時，就在她面前吃麵包；他吃了尚未繳交什一稅的農產品；違反安息日的規矩；到處亂起誓；雙手還放在她的面前（他自己明明不准）。結果這個剛入教的女子怎麼告訴自己呢？「我丈夫訂立的規矩根本就是口是心非。」因此她自然不遵守這些律法。

這則米大示的年代不詳，或許出於中古世紀早期，所以故事中的道德觀似乎非常過時陳腐，然而這段伊甸園的虛構描述，卻和基督徒將人類墮落的罪過全都歸咎夏娃完全相反。但是這點對拉比或是米大示而言都不成問題；日後補充的資料同樣可靠，甚至也成為後人重新詮釋或校正的原始資料。這個故事沒完沒了，自有其生命，雖然有很大的發揮空間，卻絕對不脫離《聖經》本身的內容。這正是〈路加福音〉中的西面所做之事，他所引述的《聖經》出自六百年前的先知以賽亞（以賽亞書40章5節、32章10節、42章6節、49章6節、46章13節），而故事中的西面將先人所言運用到現實社會。

拉比有時會自行加入《聖經》故事並未提到的場面，而且還說明其間的寓意。例如西面與馬利亞的對話，看在很多人眼中就相當於長輩與下一代的對話。我們在課堂上討論西面的故事時，學生便會想到自己與老一輩的交流經驗，對方可能是祖父母，或是曾經提出勸導、責罵或鼓勵他們的長輩。有些學生很遺憾自己提到的長輩已經過世，讓他們來不及表達感恩

4 Jacob Neusner，當代猶太教研究的巨擘，主要專長在於《塔木德》的形成歷史（約西元七十年至第七世紀）、經典本身的分析，以及整個猶太教的重新詮釋。他的著作量驚人，已出版的專書高達六百七十五本以上，數目之多，高居世界人文學科學者之冠。

5 Simeon ben Eleazar，第二世紀的著名拉比。

之情。我明白許多人都有同樣感受，但是坦白說，很多學生只會羨慕別人從長者口中得到金玉良言，自己卻忽視這類榮幸；他們認為，世人所說的「老者的智慧」根本是言過其實。這類討論可以週復一週，無止境地延續下去。

族長與兒子的對談

綜觀米大示描述老青兩代的對話，我最喜歡的一段，就是拉比所編寫的族長雅各與兒子的對談。雅各的兒子遵照父命，在飢荒之時到埃及尋找食物；《聖經》上說，他們回家時遇上自己多年前賣掉的弟弟約瑟，卻不認得他。如同〈創世紀〉四十二章八節所說：「約瑟認得他的哥哥們，他們卻不認得他。」

約瑟願意幫助他們，卻有條件，要他們帶最小的弟弟便雅憫（本雅明）來，否則不准回去埃及。老雅各以為自己已經失去最疼愛的兒子約瑟，自然不願意讓便雅憫去冒險。兒子猶大試圖說服父親，還說保證帶回么弟，雅各這才放行。然而有意思的問題來了：這個老人為何改變心意呢？

拉比很快就為大家解開謎團。以下就是路易斯．金柏格[6]在《聖經傳說》所記載的後世「加油添醋」的對話。這段對話一開始就是雅各責罵猶大，為何告訴這位有權勢的埃及人自己還有一個弟弟。請諸位注意，這位拉比作者毫不猶豫就把上帝扯進這段爭論中：

雅各說，「你為何要傷我的心，告訴對方，自己還有一個弟弟？」……上帝說，「我親力親為，務求他的兒子當上埃及的統治者，結果此人卻抱怨，還說，你為何要傷我的心？」

遭到責備而感到惱火的猶大回嘴說，自己沒有太多選擇，因為這位埃及高層官員似乎知道他們家中與故鄉的所有事情。

「父親，他甚至知道我們家裡的嬰兒車是用哪種木材做成的！」他繼續說，「如果便雅憫與我們一起去，他的確有可能遭到俘虜，但是也可能不會。這種事情沒個準，然而他如果不與我們同行，我們一定會死於飢荒。」

猶大直接將此事的寓意告訴父親：最好不要擔心無法確定的事情，行動準則要依據已經確定的事情。

這則米大示提出道德倫理的清楚教訓：根據已知的事情做決定，而非以自己的猜測為依據。並非所有米大示都如此曉暢明白，許多都讓人看得一頭霧水，即便是箴言，有時似乎還自相矛盾。然而在拉比的傳統當中，互相牴觸的讀物往往同時收錄在同一部《米大示文集》

6 Louis Ginzberg（一八七三～一九五三），二十世紀最著名的猶太法典研究學者兼拉比。

當中，根本不成問題。拉比相信，《聖經》中的每一節、每個故事都公開讓所有人自行詮釋。拉比也樂於指出，在後人增添的內容當中，也對先前的《聖經》內容有所解釋、擴充。這麼說來，《聖經》作者群似乎也不是拘泥文字表象的人。

充滿問號的學問

這樣的方式，正好可以糾正歷史鑑別學者及基要派[7]基督徒的看法，因為他們堅持，所有經文都只有獨一無二的「真正意義」。歷史鑑別學者耗費心力研究原始經文、當時的歷史背景，以及——《新約福音書》是否真以希臘文書寫——耶穌本人所說的阿拉姆語可能是什麼意思。市面上已經有幾本書，是作者根據他們對阿拉姆語的看法而重新寫出的福音書。然而這些作品包含大量的臆測，而且沒有人知道耶穌說話當兒的語調、手勢或肢體語言。現代《聖經》學者鑽牛角尖查探原辭（ipsissima verba），其實從未成功，頂多只能說是充滿問號的學問。

至於基要派解決問題的方法，則是堅持《聖經》每個字都受到神的啟示，所以任何有常識的人都可以看出其中的平實意義，卻也沒解決問題。因為即便最優秀的語言學家，也無法確知某些希臘或希伯來文的真正意義。他們往往得插入字詞，才能拼出完整的句子或銜接明顯的空隙。經典的《英王詹姆斯欽訂版本》的編輯，就以斜體字標示他們增添的部分。至於何謂「平實意義」，就算是基要派之內也有歧見，對於這些經文到底有多明白、多清楚，大家也是爭論不休。

當然，後來的拉比終於決定，不接受西面提到耶穌的米大示。他們否認西面的說法，不認為耶穌象徵以賽亞的預言開始實現。然而米大示的傳統仍舊是有其正當性的教義，也是詮釋經文的工具。或許時機已經成熟，我們應該效法拉比，明白《聖經》並沒有所謂獨一無二的解釋。耶穌拉比自己所說的故事，以及他人敘述關於他的故事，都是最好的範例。基督徒看過拉比所用的米大示之後，一提到耶穌降生的故事就會想到天使、牧羊人，以及「博士」。拿撒勒的拉比就是敘述米大示，還用以前的主題即興演出。耶穌跟古往今來的拉比一樣闡釋、引用猶太律法，方法就是敘述精彩故事。

我相信耶穌絕對希望自己的話語與寓言可以萌芽開花，散播種子在各地生根茁壯。我們所鑄成的大錯，就是誤以為耶穌的闡述只是針對第一世紀巴勒斯坦人民的日常生活，而不適用於拉比學問最典型的想像與補充。如此一來，我們只是霸佔耶穌的教義，而且還否認歷史鑑別學者所同意的少數論點，亦即耶穌本人就是拉比。所以認真看待耶穌的拉比身分，才能真正明白他對現代倫理道德為何有舉足輕重的意義。

7 Fundamentalist，也有「基本教義派」的說法，特色就是保守，拒絕現代化，對信仰要求字面意義上的嚴格遵守，道德嚴謹；基要派對現代化過程中造成道德、傳統的毀壞攻擊不遺餘力，任何信仰者企圖跟現代文化對話、找到平衡點，都會立刻被基要派斥為墮落的世俗化。

第9章

擊退魔鬼

當初耶穌被聖靈引到曠野，受魔鬼的試探。他禁食四十晝夜，後來就餓了。那試探人的進前來，對他說：「你若是神的兒子，可以吩咐這些石頭變成食物。」耶穌卻回答說：「經上記著說：『人活著不是單靠食物，乃是靠神口裡所出的一切話。』」

魔鬼就帶他進了聖城，叫他站在殿頂上，對他說：「你若是神的兒子，可以跳下去，因為經上記著說：『主要為你吩咐他的使者用手托著你，免得你的腳碰在石頭上。』」耶穌對他說：「經上又記著說：『不可試探主──你的神。』」魔鬼又帶他上了一座最高的山，將世上的萬國與萬國的榮華都指給他看，對他說：「你若俯伏拜我，我就把這一切都賜給你。」耶穌說：「撒旦，退去吧！因為經上記著說：『當拜主──你的神，單要事奉他。』」

──〈馬太福音〉4章1－10節

對我的學生而言，「試探」（誘惑）一詞不是散發出情色氣息，就是與熱量高的甜點有關。學校餐廳有道巧克力聖代，名字就是「誘惑」。然而〈馬太福音〉中的「試探場景」則是截然不同的故事，主題是力量的用途與濫用。杜斯妥也夫斯基在《卡拉馬助夫兄弟們》的宗教裁判的故事中，也說到這則故事，火辣辣的情節，也算是某種基督宗教的米大示。耶穌在曠野遇上撒旦一事，在心理學家之間引起無盡爭論，討論禁食所導致的不尋常心理狀態。無論是否真有魔鬼出現──一如拘泥於《聖經》字面者所堅稱──或是純粹只是耶穌自己想像，抑或這是描寫耶穌與其內心爭鬥的生動說法，我認為這些爭論都沒有意義。

收錄這則沙漠奇遇故事，才能更了解耶穌一生的枯榮興衰。除了簡短提到耶穌在十二歲時與父母上聖殿之外，另外一段敘述就是他加入施洗者約翰帶領的極可疑活動（對當權者而言），而領導人約翰就是在曠野煽動民眾的「衣衫襤褸之人」。約翰的跟隨者都嚴厲批評耶路撒冷聖殿的宗教高層人士，約翰則利用猶太潔淨習俗的洗禮——猶太正教信徒仍舊沿用至今——並加以改良作為自己的傳教工具。接受約翰洗禮，就表示抗議當權的宗教，而當時的宗教機構，就是羅馬帝國用來統領混亂城邦的工具，因此約翰後來自然遭到希律王斬首。施洗者約翰被處決，促使耶穌逃到他處以免遭到軍方迫害，然而他顯然也同意約翰的看法，後來發揮得更博大精深，然而不同於約翰，他主動到城鎮傳福音，而非在沙漠等人來找他。

沒有人確切知道，耶穌接受約翰施洗不久後，他到曠野禁食、祈禱、澄清思緒的四十天期間究竟發生什麼事情。心理學界的無聊議論掩蔽了這個故事的主要目的，其實主旨在於耶穌將過何種生活，往後又會面臨哪些抉擇。他此時知道自己必須成為領導者，他在受洗時就了解這點，並且聽到天上的聲音宣布他是「神的愛子」。問題是：他要成為哪一種領袖？

就算學生聽過這種詮釋，對他們而言，耶穌受試探的故事還是難以理解。最大的障礙就是他們心裡的魔鬼模樣多半是萬聖節的邪惡小鬼裝扮，頭上長著角、全身紅色、手裡揮舞著耙子。然而看透故事表象，了解真正寓意才是重點：宗旨在於領袖風格的預示論（typology）。故事指出，人們在事業初期就會自然而然地發展出某種決策方法，亦即阿奎那所說的**習慣**，然後便貫徹始終。受試探的故事提供有用的樣板，檢驗包括領袖等所有人面臨決策時的根本態度。

故事提到三種試探，每一種都生動描述最常見的根本立場：

第一，將石頭變成食物的例子就是非常人性化的渴望，人們希望看見並控制事情的結果，代表人類無法忍受模稜兩可的狀態。

第二，由天使莊嚴地托在半空中，就象徵人類希望沽名釣譽，讓自己的成就得到眾人欣羡的眼光；在現代，就相當於由崇拜的大眾高舉在肩頭歡呼。

第三種試探最有誘惑力，亦即在所有辦法用盡之後，屈服於「無能為力」的懷疑之下。大勢已經底定，何必對抗市政廳呢？但是這種想法只是對魔鬼讓步，「由惡魔來掌控」。俯伏拜撒旦可不是對著萬聖節頑童下跪，而是無奈地攤開雙手，軟弱讓步，寧可相信「世事就是如此，自己已經束手無策」，讓惡魔再次獲勝。

道德生活需要夥伴

受誘惑的故事指出，耶穌剛開始展開公益事業，就掙扎決定自己要選擇哪一種領袖風範；因此馬太才會將這個場景放在耶穌首次挑選門徒的故事之前。這是耶穌成為宗教領袖之後的第一個重要決定，他所挑選的人，是陪伴他走到最後的核心幕僚、內閣。

耶穌如何挑選門徒——為何選甲不選乙？——立刻得到學生的共鳴。他們很年輕就知道朋友與同事舉足輕重；看得出大二話劇的同台演員、美式足球隊的隊友、實驗室的組員有多重要。至於在這堂課上，因為必須週復一週爭論為難的抉擇，他們明白自己需要同舟共濟的夥伴、值得信賴的同僚，一起放心地嘗試新看法。他們發現耶穌也有同樣的舉動，便覺得很開心。

福音書中有大量的證據，證明耶穌並非從小就了解自己的人生志業。他也在施洗者約翰遭逮捕、殺害前，曾經求教於他。他常常向門徒提出問題，儘管有些基督宗教的看法認為，這只不過是演講前的預告，目的在於測試門徒，其實耶穌心中早有答案。但是我的看法不同。基督徒相信，耶穌是神的愛的「道成肉身」，因此耶穌與所有人類一樣，也會感到不確定所帶來的折磨。耶穌在客西馬尼（革責瑪尼）禱告流下大如血滴的汗珠，試圖決定是否繼續任務，儘管當時他已經知道這個任務可能會要了他的命。他是徹頭徹尾的肉身之人，而只要是人類就需要同伴，不僅要有門徒，也要有朋友；耶穌在最後晚餐便如此告訴門徒（約翰福音15章15節）。主旨非常清楚，要過符合道德倫理的生活便需要**夥伴**。

這大概是學生從這堂課裡得到的最大啟示，這點在這所高度重視個人成就的大學——其實多數學校也一樣——可不容易聽見。此外，課堂外所學得的道德決策方法多半都暗示自己必須單獨決定。例如報上的「個人諮詢」專欄。所謂的禮儀或道德專家通常直接給來信的讀者實質建議，鮮少要投書者與其他人討論。這類事情我們習慣一對一解決。雖然在儲備軍官訓練團大樓的討論又長又激烈，有時還非常痛苦，學生卻因此漸漸明白，到頭來道德生活其實是大我的事業。

然而還是有些學生（我相信許多成人也一樣）無法揮開魔鬼的畫面。儘管我已經告訴學生我沒有答案，好幾個人還是不斷問我：如果這件事只是耶穌自己的想像呢？

假設此事只是幻想，我先前也說過，人類的想像力是道德生活、也可能是靈性生活的發育不全器官，因為米大示及拉比擅用想像力的傳統，我早就對這點深信不疑。然而我在教課數年之後，才在基督宗教傳統中找到相同的意見，亦即聖依納爵（一四九一～一五五六）著名的《神操》（*Spiritual Exercises*）。我與學生從中學到，要更相信想像力在人生中所扮演的重要地位。

聖依納爵本來是軍人，卻在中年受重傷、死裡逃生之後改變人生方向。他在修養期間拜讀福音書、聖人傳記，決定事奉耶穌基督，追隨他的指引。後來聖伊納爵召集志同道合的夥伴，組織他所謂的「耶穌學會」，也就是日後眾所周知的耶穌會。但是聖伊納爵知道同伴面臨困境，既然要「追隨耶穌」，又怎麼知道該如何面對耶穌當年從未碰過的問題？耶穌過世的二千年之後，所有想要追隨他的人士也都面臨這種窘境，因此聖伊納爵便寫下《神操》，以大幅章節回答這個問題。

《神操》非常類似米大示。聖伊納爵與拉比一樣，都求助想像的力量以跨越時間的鴻溝。他要求信徒從事某種特別的默想，而且每個耶穌會修士都得定期進行這個活動。讀者必須想像自己進入福音書的故事，回到耶穌生活的年代，想像自己與他對話。起初這種方法幾乎只有耶穌會修士使用，如今這種有效結合聖經研究、祈禱及想像力的靈修，已經加強成千上萬個教徒的信仰，卻鮮少直接用來進行道德思考。

我自己並非在課堂上接觸到聖伊納爵的神操，學校課堂不常鼓勵學生發揮想像力。然而我愈了解其他教授的道德判斷課程，愈掙扎著釐清耶穌對現代決策的影響，便愈明白我們有多需要將創意思考重新納入道德生活。我漸漸發覺，我們應該鼓勵學生放下康德、休姆[1]的作品或福音書，發揮想像力與創造力。我知道學生們在這方面不虞匱乏，因為我見識過他們在生活中的其他方面展現長才。有些學生參與校園話劇演出，所以知道如何在台上扮演不同時空的不同角色，有些寫故事，有些創作詩詞；卻少有人想到，創造力的天賦可以運用在道德反省上。

想像自己與耶穌散步交談

不過，我之所以發現如何加速自己與學生的道德想像力，純粹出於誤打誤撞。我素來耳聞有人在「屬靈導師」輔導一段時間之後，可以更鞏固自己的信仰。我遲疑多時之後，決定自己也要親身嘗試，後來終於找到願意收我的屬靈導師。這位耶穌會修士服務於「宗教發展中心」，該機構就在哈佛附近，專門提供熟練的神職人員，以訓練各教派人士成為屬靈的諮商者。我告訴對方自己沒有意願成為諮商人員，他還是大方地同意收我當學生，在往後一年內每週固定見面一次。

無論對於我的教書風格或是個人信仰，那一年都是重要的轉捩點。我知道耶穌會修士仍舊採用為期四週的嚴格神操歷程，然而我也聽說，他們以作風開明、有彈性著稱。果然傳聞不是空穴來風，我的屬靈導師壓根不想訓練我成為諮商者，而且還耐心地花費時間先了解我的宗教背景，然後才決定從哪裡開始輔導我。幸好我的家庭背景就有「與耶穌共同散步交談」的傳統，因此聖伊納爵所創的神操的精髓，在我看來並不特別怪異。

任何熟悉福音歌曲的人都知道，唱這些詩歌長大的孩子都受到鼓勵，想像自己在「花園裡」、加利利湖畔與耶穌會面，或是「與耶穌小談片刻」。雖然我們長大成人後，常因為學過這些詩歌而覺得尷尬——這些歌曲似乎非常幼稚，音樂成就也遠不如莫札特的彌撒曲或巴哈的讚美詩。所以開始與屬靈導師會面的那一年，我自然有點不願談起早期的教育背景。但是他立刻讓我感到輕鬆自在，他問道，人們的屬靈或道德生活為何非得刪除想像中的對話呢？難道這個「只注重事實」的社會，真的徹底輕蔑想像力，導致這種能力只能徘徊在人類思考的邊緣地帶嗎？

我又重新恢復信心。不到幾週的功夫，我已經重拾定期與耶穌對話的想像活動。可能是在慢跑、在公園散步、坐在書房，抑或讀福音書經文的當兒。然而數月之後，我又開始有所顧忌。倘若這些對話不是有創意的祈禱，只是不斷的自我欺騙呢？屬靈導師聽到我的疑問

1 David Hume（一七一七～七六），蘇格蘭哲學家及歷史學家。

時並不覺得意外，只是溫和地建議，想要判斷是否只是投射自我內心欲望的方法，便是注意耶穌是否給了我不想聽的意見、建議我做不想做的事情。我說的確如此，他便莞爾一笑，我也瞭然於心。多年後的今天，我仍舊習慣與拿撒勒的拉比進行想像中的交談，這也成為我的主要默想方法。

道德省思不能沒有想像力

我因為個人理由找上屬靈導師，後來卻發現重要關聯。我週二、週四講課，週三與導師進行討論，後來這兩個層面的生活卻漸漸融合。我開始體認到，試圖教導年輕人——或是自我學習——思索道德問題時，重新點燃想像的力量有多重要，但我卻在此時碰到最困難的窘境：就宗教方面而言，學生信奉的教派可是五花八門；我有辦法根據學生需求，改良這種道德省思與想像力的有利結合嗎？

我決心自己先從閱讀聖伊納爵撰述的《神操》以及相關的評論著手。我的屬靈導師從未提出這種建議，我告訴他之後，他也只是聳聳肩，滿臉不置可否。我可以了解，因為我才剛開始就想立刻放棄，即便是近年翻譯的《神操》或評論文章，語彙也都是矯情的神學用語，我幾乎看不下去。我知道這對學生毫無助益，但是俗氣的辭藻似乎又傳達出重要的訊息。我知道要利用這些作品，自己不但得「翻譯」這些語法，還得將書中的看法轉化成學生與我都能了解的用語。恐怕聖伊納爵本人，或是還遵照他十六世紀世界觀的信徒，都不會太欣賞我的努力成果。然而我認為這麼做有意義，而且大幅幫助我了解耶穌，也大幅改變我的上課方式。

神操就是一連串明確的有組織默想，默想內容便是《聖經》所記載的耶穌在人世的生活。神操歷程的四週，分為四個獨立又互有關聯的步驟，聖伊納爵堅稱，這種省思的目的，就是在耶穌俗世的人生中，察覺、辨識隱蔽其中的神的生命。但是我明白，我很難對多數學生——尤其是不相信道成肉身的人——提出這個要求。因此我決定要用另一種方法介紹這種重要靈修，讓不論是否相信、甚至完全不了解道成肉身的學生都能欣然接受。我推斷當時第一批來找耶穌的人，是因為他醫療與佈道的天賦，卻在多年之後才有道成肉身的教義，這也是描述耶穌身上如何擁有神的聖靈的方式之一。

但是這還不是最後一道障礙。第一週的神操是嚴格的自我觀照，這也是耶穌會在日後最為人所知的特點。聖伊納爵相信，一開始就自省才能鋪好日後的康莊大道。然而如同多數思慮道德抉擇的人，學生們相信，儘管自己非做出決定不可，問題還是「在自身之外」，而非「自身之內」。他們希望衡量優缺利弊，再考慮要採取哪些原則。他們要做該做的事情，而不是浪費寶貴時間盯著自己看。

我自己嘗試極度簡化的神操之後，便相信這種「裡外二分法」的鴻溝，就是源於我們如今斟酌道德問題的方法。我們硬生生切斷「我是誰」、「我必須做什麼」的問題，其實這兩個問題應該焦不離孟。我同意某個評論《神操》的作者的意見，他在描述一般的邏輯倫理思考如何因為神操而加分時就說，這種靈修方法可以提供「意念與心思的堅貞，這是智理思考所不能及，狂熱活動所不能奪，高傲冷漠所不能偽」。但是我還是很疑惑，這些好動的大學生如何看待這種想法，學習從反省自己開始思考道德問題，而非直接檢視問題本身。

結果他們竟然都能欣然接受。猶太學生本來就知道，他們必須在猶太新年到贖罪日之間的贖罪期反省自我。基督徒則有所謂的四旬期。其他學生經歷過各式各樣的十二康復步驟[2]，這些計畫第一步就從自動自發的「承認自己的弱點」開始。有些人曾經接觸過打禪、內觀[3]，或是嘗試誦經冥思。蘇格拉底說要過真正人性化的生活，就是「認識你自己」。我不認為光靠這點就足夠，然而這的確是不可或缺的起點。我在讀《神操》時，也想起自己在二十五年前與西藏喇嘛邱陽．創巴．仁波切[4]的對話。他說美國人，尤其是年輕人，最需要的就是每天靜坐兩小時，了解自己的思考模式。他堅信，美國人每天、每個小時都受到太多外界資訊干擾，以致掩蓋我們傾聽自己內心的能力，我認為他說得非常正確。這麼看來，聖伊納爵似乎是超越時代的大師。

這個問題打哪來？

但是，神操第一週還有其他功課讓我感到很疑惑。舉例而言，修士鼓勵接受操練的人從反省「天使的罪惡」開始默想，接著才是思索「第一代祖先的罪惡」，然後才是反省個人良心。我這次又差點放棄。如果連我都無法認同這種操練，更遑論學生了。某個種類的天使的確經常出現在詩歌中或電視上，但是這些天使多半是擔任滑稽角色的傻氣幻影。況且神話中的人類遠祖亞當與夏娃的罪孽，似乎跟我們也不太相干。為什麼不直接用力檢討我自己的良心呢？

然而我又再次發現聖伊納爵的智慧，儘管我必須略為「改述」。現代的聖經學者與神學家相信，古人提到善良天使與墮落天使之時，其實是努力地想用自己的措辭說明善惡的神祕來源。而且他們拼命想搞懂由來已久的問題——罪孽為何不只出現在個人身上，也存在於文化與制度中？在多神論的年代，天使是神祇與半神祇的後代，每個天使都有自己的統籌範圍——壁爐、田野、火爐、宴客桌、夫妻床榻——或專司人類某部分的生活。天使比你、我、他更早降生，在你、我、他死亡之後還在人間。史詩《伊里亞德》與《奧德賽》的每一頁都明白指出，輕蔑神祇就會大難臨頭。

天使與魔鬼的說法，只是人類用神話的方式表達，我們察覺世間有強大洪流，隨時可能

2 這裡所指的，應該是匿名戒酒會的康復計畫。

3 Vipassana，印度最古老的自我觀察技巧之一，透過觀察自身來淨化身心的一個過程。首先，藉由觀察自然的呼吸來使心靈專注；接著以敏銳的覺知，開始觀察身和心不斷在變化的特性，體驗無常、苦，以及無我的普遍性實相。

4 Chogyam Trungpa Rinpoche，不僅是一位禪修大師、更是學者、也是藝術家，他在美國科羅拉多州建立了那洛巴佛學院（Naropa Institute）、也創立了香巴拉訓練（Shambhala Training）的制度、並組織了香巴拉國際學會（Shambhala International）。他另外著有《突破修道上的唯物》、《自由的迷思》、《動中修行》等書。

摧毀我們。馬克斯與佛洛伊德都了解這些力量，即便他們並不稱之為天使或魔鬼。顯然我們如果要有建設性地思考自己的問題、面臨的抉擇，就不能忽略這些洪流。因此我建議學生，觀照時先不要從本身開始（尤其是自己有時不堪到令人想立刻放棄），而是先認識整體環境。著手時最好先從審慎考慮以下問題開始，例如「這個問題打哪來？」或是「我為何會碰上這件事？」因為如今有些重要問題在過去並不存在。這件事之所以成為我的或任何人的問題，是因為哪些制度形式？這個步驟就是踏入所謂的道德問題的社會考古學，我不用「天使」這樣的字眼，我希望就目前的時局考量，聖伊納爵也會贊同我的做法。

至於「人類第一代祖先的罪惡」則不難解釋。無論任何決定是好是壞，人們長久以來都不斷在抉擇，而且這些抉擇的影響仍舊牽動周遭的環境或後人。當學生思考自己必須決定的事情時，他們最愛提及「就我的背景而言」，這就泛指他們的家庭、民族傳統、父母影響力留給他們的記憶。儘管這不是塑造學生人格與背景的全部因素，卻也佔了相當大的比重。回想自己的背景裨益良多，因為可以藉此澄清依稀記得的許多因素。此外，有系統地尋思，更能保持客觀距離。我們不會推諉卸責，怪罪別人把我們塑造成什麼模樣，而是為自己的決策負責任。

「無憾的決定」不常存在

揣摩過「天使」及「第一代祖先」的問題之後，學生已經準備進入聖伊納爵描述的下一個步驟——檢視自己的良心。聖伊納爵在此強調耶穌受難，同樣地，有些學生可以想像自己——如他所建議——與被釘在十字架上的耶穌基督交談。然而我必須幫助其他學生理解聖伊納爵的目的：「做該做的事情」通常必須付出高昂代價。這個舉動可能為決策者或身邊的人帶來莫大的痛苦。

耶穌釘死於十字架的偉大畫作，例如格內華德[5]的伊森海姆祭壇屏風，顯示不只基督本人在十字架上受苦受難，他的親友、信徒也非常痛苦；耶穌一定知道，自己的選擇導致親友備受煎熬。很多學生無法接受這一點，因為他們都想尋找我所謂的「無憾的決定」。他們希望自己的決定不會傷害任何人或讓任何人不悅，也就是人們口中「沒有輸家」的局面。

我祝他們好運，但是我也坦白指出，人生不常出現這類決定；許多學生不滿意我這種說法，有位主修美國史的學生告訴我，杜魯門總統決定以原子彈轟炸廣島的當晚，他上床之後「酣睡得像個寶寶」。我說我希望這件事不是真的，先撇開這個決定是對是錯不談（艾森豪與麥克阿瑟兩位將軍都不贊成），杜魯門一定知道，自己入眠之時，他的決定將燒死遠方成千上萬的無辜婦孺。即便我們相信自己的決定義無反顧，也要明白這些決策往往導致他人的痛苦，有時甚至奪走別人的性命。

關於道德思考的討論，多半都沒提到做決定的痛苦。偉大道德哲學家的方法聽起來往往

5 Matthias Grunewald（一四七五～一五二八），德國畫家。約於一五〇九年當上宮廷畫家，後來又成為美因茨的大主教的藝術監管人，開創了成功的生涯，其繪畫集中於宗教主題。

就像解決複雜邏輯難局的程序，鮮少透露一絲一毫的苦澀，完全沒有釘十字架般的悲痛。然而在真實世界做出裁斷，誰都免不了感到為難。當然，有人學會臉皮裝厚一點，習慣忍受這種痛苦。然而他們還是得付出極大代價，因為他們無法了解別人做道德決定時有多沉痛。

聖伊納爵並不耽溺於耶穌受難的場景，還要求我們想像自己與牧羊人、馬利亞、約瑟與嬰兒耶穌同在馬廄。接下來的神操歷程，他鼓勵我們想像自己身處耶穌傳教的「會堂、鄉鎮」，與他「走在塵土飛揚的道路上」，「深入感受」當時的場景，彷彿我們親歷其境。任何人讀到這一段，都會想到猶太逾越節筵席的目的，亦即讓在場者感受到自己正要隨同摩西出埃及。這點在在讓我更相信，道德思考少了想像力就形同殘廢，最後甚至如同遭到閹割。

耶穌受到試探的故事尾聲有個警告：經文說魔鬼離開了耶穌，然而並非永遠不再出現，只是「暫時離開」。顯然試探絕對不可能只出現一次，我們總想加以控制，渴望得到所有榮耀，只想默默等待試探離開——這些都是縈繞我們心頭的衝動。人類已經漸漸學會忍受試探。至於耶穌本人，他從曠野回來後便立刻開始向眾人傳道，回鄉之旅還備受爭議。

第10章

競選活動起跑

耶穌帶著聖靈的能力，回到加利利；他的名聲就傳遍了四方。他在各會堂裡教訓人，眾人都稱讚他。

耶穌來到拿撒勒，就是他長大的地方。在安息日，照他平常的規矩進了會堂，站起來要唸《聖經》。有人把先知以賽亞的書交給他，他就打開，找到一處寫著說：

主的靈在我身上，
因為他選定我去傳福音給貧窮的人，
差遣我去宣告被擄的得釋放，
瞎眼的得看見，
受壓制的得自由，
又宣告主悅納人的禧年。

於是把書捲起來，交給執事，就坐下。會堂裡的人都定睛看他。

——〈路加福音〉4章14－20節

耶穌返回拿撒勒——「他長大的地方」——的記載是屬於後人所傳述的故事，卻也算是他所講述的故事，以上述章節而言，也可說是他覆述的故事。有一年政治學院的某名學生發現，這個故事有許多特徵都符合競選策略。美國總統候選人有個傳統，就是從自己的家鄉開始演講拉票。這種活動的目的，多半是為候選人「標明出身起源」，向鄉親保證此人不是從天而降，也讓參選者在家鄉能得到更多支持。此外，候選人在這一站也有機會說明整場選戰的基本政見。耶穌在拿撒勒很快便達陣得分，那次出場也具備上述各種選戰要件，但是競選總幹事可不會滿意這個第一站的結果。

我們很難明白，耶穌回到拿撒勒究竟有何打算。家鄉的父老只知道他是「木匠之子」，看在地方會堂的信眾眼中，他則是每逢安息日、重要節慶就會與父母同來的信徒之一。總之耶穌這次登場，起初似乎非常順利。當地老百姓低聲點頭稱許，誇獎他口齒便給。但是情勢急轉直下，會堂民眾忽然群情激憤：

> 耶穌對他們說：「今天這經應驗在你們耳中了。」眾人都稱讚他，並希奇他口中所出的恩言；又說：「這不是約瑟的兒子嗎？」耶穌對他們說：「你們必引這俗語向我說：『醫生，你醫治自己吧！我們聽見你在迦百農所行的事，也當行在你自己家鄉裡』」；又說：「我實在告訴你們，沒有先知在自己家鄉被人悅納的。我對你們說實話，當以利亞的時候，天閉塞了三年六個月，遍地有大饑荒，那時，以色列中有許多寡婦，以利亞並沒有奉差往她們一個人那裡去，只奉差往西頓的撒勒法一個寡婦那裡去。先知以利沙的時候，以色列中有許多長大痲瘋的，但內中除了敘利亞國的乃縵，沒有一個得潔淨的。」

會堂裡的人聽見這話，都怒氣滿胸，就起來攆他出城；他們帶他到山崖，要把他推下去。他卻從他們中間直行，過去了。

——〈路加福音〉4章21－30節

會眾的心情似乎丕變。因為耶穌讀完經文後，並未提出一般的傳統見解，反而開始敘述經文中的其他故事，做出相當大逆不道的批評。原本低聲讚許的會眾突然一片靜默，和藹可親的信徒突然變成惱火的暴民。他們並未站在門邊與耶穌握手，告訴他自己有多「欣賞他的佈道」，反而想把他推下懸崖。總之初次講道並不成功，至少就世俗標準而言是失敗了，這對任何宣傳活動而言都是前途無望。究竟怎麼回事？

經濟重新分配的律法

我要求學生思索這個問題，下週共同討論。一如往常，眾說紛紜，因為他們找的資料各有差異，而且我推論，他們分別諮詢修過這堂課的不同學生。大體說來，他們的答案都取自學界的眾家說法。例如有些人附和最嚴厲的歷史鑑別派的看法，認為路加憑空捏造這個故事，是因為他決定為異邦人納入聖約進行辯護，才說耶穌遭到「自己的族人」排斥。所以路加捏造耶穌選了〈以賽亞書〉這段經文，還編造他發表之後那段意見，再加上山崖那段高潮，當作戲劇化結局。

然而有些學生認為，這種說法的臆測成分太高，他們寧可相信耶穌的確回過拿撒勒，而且這則故事經過口耳相傳，後來則由路加略為修飾，加以運用。至於耶穌當年引用哪一段經文，後來發表哪些高見，族人是否真如故事所言地野蠻趕走耶穌，都已經不可考。

第三種意見則是有所懷疑，但是姑妄信之。學生爭論，因為路加當時並不在拿撒勒，所以很難憑空捏造如此栩栩如生的事件。基要派當然照單全收，既然福音書的靈感來自上帝，祂絕對不可能允許任何謬誤或言過其實。然而上述說法——無論是歷史驗證、推測或虛構——都無法解釋耶穌後來那番引發騷動的評論。

耶穌簡短引述〈以賽亞書〉的經文中有兩點要素，第一是宣布「神悅納人的禧年」已經來到，第二點則是描述誰將受益。如今學者多半同意「神悅納人的禧年」就是猶太法條的「禧年」，亦即每五十年才慶祝的節慶。該法條首次出現於〈利未記〉（肋未紀）：

> 你要計算七個安息年，就是七七年。這便為你成了七個安息年，共是四十九年。當年七月初十日，你要大發角聲；這日就是贖罪日，要在遍地發出角聲。第五十年，你們要當作聖年，在遍地給一切的居民宣告自由。這年必為你們的禧年，各人要歸自己的產業，各歸本家。第五十年要作為你們的禧年。這年不可耕種；地中自長的，不可收割；沒有修理的葡萄樹也不可摘取葡萄。因為這是禧年，你們要當作聖年，吃地中自出的土產。
>
> ——〈利未記〉25章8－12節

後來的〈申命記〉，更進一步闡述這條律法：

> 每逢七年末一年，你要施行豁免。豁免的定例乃是這樣：凡債主要把所借給鄰舍的豁免了；不可向鄰舍和弟兄追討，因為耶和華的豁免年已經宣告了。若借給外邦人，你可以向他追討；但借給你弟兄，無論是什麼，你要鬆手豁免了。你若留意聽從耶和華——你神的話，謹守遵行我今日所吩咐你這一切的命令，就必在你們中間沒有窮人了。在耶和華——你神所賜你為業的地上，耶和華必大大賜福與你。
>
> ——〈申命記〉15章1–5節

綜觀而言，這條律法相當於經濟徹底重新分配：奴隸得到自由、免除所有債務、借貸不能再追討、抵押必須物歸原主，甚至連土地都要休耕一年。禧年的律法明白不公行為會日漸坐大，因此才頒布這種激進措施。因為有權有財的人只會愈來愈有權勢、愈來愈富裕，所以必須定期實施徹底的「新辦法」，藉此機會回到「原點」，重新起跑。之所以稱為禧年[1]，是因為每四十九年的年底就要大聲吹羊角（希伯來文的Yobhel）昭告天下。

但是，這當中有個嚴重陷阱。真有人恪守或監督執行這條嚴苛的猶太教律法嗎？有證

1 Jubilee這個字最初的希伯來文乃是Yobhel，意思即是「羊角」。

據指出，至少有些人奉命照辦。地主與貸款機構則會定期想辦法避開這條規定，方法就是在契約中交託別人保管資產，或是找其他方法規避。然而到了耶穌的年代，禧年的概念似乎成了理想而非實際政策，只是虔誠信徒遵守與研究的神聖經文之一，已經不再是強制施行的作廢誡命。

兩位先知的故事

耶穌告訴拿撒勒百姓，他要宣告「神悅納人的禧年」，便是在兩個層面上冒犯了族人。第一個層面是，會堂中多數人都希望這條律法只是沒有實際效力的理想。耶穌的信眾當中已經有許多貧困、無恆產的農夫，多數都背負無力償還的龐大債務，強制執行禧年的律法，這些貧民顯然受益最多。然而，他們並非會堂中的仕紳，而是耶穌在街上或田裡認識、交談的平凡百姓。

另一個層面是，耶穌有何身分可以宣布禧年到來？這個到處流浪的醫生、特立獨行的拉比何來這麼大的權利？理論上而言，高階神職人員才有權責計算年份，並且在第四十九年的至高安息日派人上街吹號角。即便最遲鈍的人聽了這番話，也會察覺耶穌是質疑當時的猶太教當權者。耶穌自己攬下這項權責，實在太過挑釁。他採用猶太教這種說法絕對會引起眾人側目，即便是在加利利海的內地，這第一著棋也下得太險。

但是根據路加的描述，即便耶穌如此大膽宣告，會眾仍舊只是咕噥兩句（雖然有些人已經開始低聲議論）。接下來他的措辭更是令人無法聽而不聞——耶穌引用他們經文的兩段故事，指出誰將會蒙受禧年的恩惠。

第一個故事引述〈列王記上〉十七章一至二十四節的先知以利亞（厄里亞），內容講述猶大地發生旱災與飢荒。以利亞因此受苦受難，耶和華要他前往西頓（漆冬）的撒勒法（匝爾法特），因為祂已經吩咐當地某名寡婦供養他。這名婦人顯然不是以色列人，以利亞啟程之後果然也找到寡婦照顧他。然而兩人的關係一度陷入緊張，因為寡婦兒子病重將死，她責怪以利亞將厄運帶到她家。但是以利亞進入少年的臥室，祈求耶和華治癒病患，少年果真復原，以利亞與寡婦也言歸於好。

耶穌接著又提起另一名先知以利沙（厄里叟），後者也選擇照料非以色列人，也就是敘利亞的乃縵（納阿曼）。這則故事更異乎尋常，乃縵不只是外邦人，還引領大軍打敗以色列人，並且擄來一名以色列少女回家當夫人的婢女——某名法律系學生調皮地指出，此舉違反「林白法」[2]，亦即綁架被害人跨州便觸犯聯邦法律。很難想像有人比乃縵更不受以色列人歡迎了。

儘管乃縵位高權重，卻罹患痲瘋病。婢女建議他求助以利沙，他前往以色列之後，與以利沙爭論該到哪條河流沐浴，後來聽從勸告進入約旦河便復原，所以乃縵回家鄉時，滿心感

2 Lindbergh Law，遭綁架者如被運至另一州，該案即歸聯邦管轄之法律。因飛行員林白幼子被綁架遇害而制訂，故有此名。

謝以色列的神。

耶穌對會堂裡的民眾講完兩位先知的故事後，就迎來了故事的高潮：「會堂的人聽見這話，都怒氣滿胸。」眾人跳起來圍攻這個同鄉少年，將他扯到門外推到「山崖」邊，打算把他「推下去」。耶穌卻成功脫逃，前往附近的迦百農（葛法翁）。

耶穌的猶太精神

有時我很想知道，選修這堂課的猶太學生有何感想。似乎極少有人覺得不自在，比較熟悉民族傳統的人則明白，這個故事相當「切中猶太精神」。有個拉比在會堂闡述先知的言行，繼而遭到信眾批評，聽起來相當稀鬆平常（儘管故事中的批評者似乎太過偏激）。其他不熟悉傳統的猶太同學也認為，耶穌推廣猶太人看重公理的精神到外邦人身上，一點也沒有錯。雙方的言論都回歸某個熟悉的二分法[3]，他們存疑的不是「**耶穌信奉**的宗教」，而是「**關於耶穌**的宗教」。

這種二分法流傳久遠，但是我不確定是否有根據。我們在稍後的章節將會發現，耶穌常以自己作為傳道的焦點。然而就某種層面看來，我很欣賞猶太學生看待這段章節的態度。無論這段故事混合多少事實與虛構，都很貼切地描述出其他出處所載的耶穌拉比。他在這段故事中，再度表示自己傳承族人的宗教信仰，不只比喻自己也是先知——基督徒多半偏好這個部分——還重申〈利末記〉提到的禧年；基督徒往往漠視這點，認為這段「太過拘泥於律法」。此外，耶穌也用嶄新的看法詮釋〈列王記〉的故事。然而耶穌所言非常明確：這些經文提到的上帝國度的理想，再也不是遙遠的烏托邦，而是人們可以開始實現的目標。即便耶穌堅稱，世事的新秩序將造福外邦人，甚至上帝子民的敵人，這種觀念在猶太教傳統中也不是前所未見。

這則拿撒勒的故事是個轉捩點。起初先描述耶穌事蹟，然後轉述他本人所言，結尾則是他的言行所招致的禍果。這個故事如同迷你福音書，因為各種要件都不缺。如今我們已經準備妥當，可以開始閱讀耶穌本人所說的故事了。

3 德國神學家哈內（Adolph Von Harnack，一八五一～一九三〇），他相信希臘思想塑造出基督宗教信仰，否定神蹟，還說保羅破壞了耶穌的單純宗教。他強調要回到「耶穌的宗教」裡（religion of Jesus）而非「關於耶穌的宗教」（religion about Jesus）裡，認為要進入真理的核心，就得去除包覆真理的外殼。他透過一九〇一年出版的《基督宗教是什麼》（*What is Christianity*），宣揚宗教不只是理論，還包括實踐。

PART 2

他所講述的故事

When Jesus Came to Harvard

第11章

耶穌與「登山寶訓」

那些抬鋼琴、衣櫃、棺材到十樓的人
從遠方跛腳走來，揹著木柴的老人
為了刺痛駝背苦惱的女子
推車裝滿伏特加酒瓶的瘋婆子
他們都將被舉起
如同海鷗羽毛
如同枯乾樹葉
如同蛋殼
如同報紙一角

負重的人有福了
因為他們將被舉起

——波蘭作家安娜・卡敏耶絲卡，〈負重的人〉

〈馬太福音〉五章一至二節這樣描述道：「耶穌看見這許多的人，就上了山，既已坐下，門徒到他跟前來，他就開口教訓他們，說⋯⋯」

這就是眾所皆知的「登山寶訓」、也是耶穌在《新約》中最長一段佈道的開頭。〈馬太福音〉以整整三個章節來敘述，本書也將分成三章討論。

除了極少數例外，課堂上就算是最不熟悉宗教的學生也都聽過「登山寶訓」。我問學生是否還記得當中的經文，有些人的確有印象。他們聽過「連左臉也轉過來由他打」、「愛你們的仇敵」，或是「貧窮的人有福了」。但是多數人不知道這些句子的出處，更少有人明白「登山寶訓」與耶穌後來的人生或佈道有何關聯。然而每個學期講到這段時，我都能察覺學生正在熱切期盼，因為儘管他們往往無法了解福音書其他段落的意義，例如耶穌走在海面上，或是將水變成酒，[1]但是一旦要開始討論「登山寶訓」，學生就會認為接下來終於可以進入耶穌道德教義的核心，而且，這不就是這門課的主旨嗎？儘管學生殷殷期盼，我卻也意識到他們聽課之後的失望情緒。難道我的講解有誤？

後來我漸漸明白，學生不是因為耶穌所言而感到失望，因為他們甚至用自己最愛的形容詞「帥呆了」描述耶穌所說的話。有個日本學生的父親在東京擔任寺廟住持，他說這是自己第一次讀到「登山寶訓」，而且非常推崇這段文字。學生心煩意亂的原因，是因為耶穌的話語似乎遙不可及。他們懷疑在當今世界，要遵守這些教義已經不容易，甚至不可能。尤其大家都知道耶穌與我們可是隔了頗長的時空。我同意他們的寶貴看法——學生認為「登山寶訓」並非適用於個體的倫理守則，而是針對整個社會。我們不能捨去耶穌的其他故事，光抽出這段當成便利的道德指南。既然如此，「登山寶訓」的意義何在？

傳承千年的故事

簡而言之，「登山寶訓」就是描述神的國來臨之時，人們應該如何過日子，而且耶穌相信天父的國就要降臨了。然而在過去或現在，耶穌在「登山寶訓」中都懇請聽眾別再蹉跎，就當作上帝統治的時代已經開始般地生活作息。其實早先希伯來先知也曾暗示過這種理想境界，只是耶穌的說法更實際，不再只是當成虛幻的盼望。耶穌經常強調，天國不是在遙不可及的未來，而是在此時此地——儘管只是一點一滴地來到。耶穌希望信徒別只是空等祈求（雖然他也說要祈禱），還要立刻開始親身實踐。這個故事雖然在耶穌之前就有人說過，卻由他賦予新意義。

以色列人千百年來都傳承著某個故事。他們對自己的族人傳誦關於以色列民族的故事，而且加入許多轉折、變化，調味著色、修飾細部。然而故事的核心仍舊不變，內容就是上帝創造世界與人類，希望人類相親相愛，和平共處，大家一起讚美、事奉主。但是在所有種族之間，上帝分配特別的任務給猶太人。祂要求猶太人成為各國之光，傳達上帝的旨意，成為世間所有人的模範。上帝允諾，只要猶太人完成這些任務，便會得到祝福與庇祐；否則主就會派先知提醒猶太人的身分、責任，倘若他們再不知錯，重拾神指派的工作，一定會遭到可怕懲罰。最後在神的時間中，總有一天戰爭與不公都會遭到驅逐，世界會成為原本上帝所希

1 前者出自〈馬太福音〉14章22–33節，後者出自〈約翰福音〉2第1–11節。

冀的模樣。

上帝明白——以色列人也了解——祂交付的責任非常重大，無法獨自承擔。然而上帝承諾會施以援手，如果以色列人誤入歧途，祂也會重新接受他們，幫助他們再次上路。主也說，到頭來一切都會順利穩當，那一天一定會到來，只要其他人——「萬邦」或「外邦人」——都與以色列人進入同樣的聖約社體（covenant community）。

這是一篇壯麗的史詩故事，本身就有極大空間可以容納千百種細枝末節。而且這個故事提供架構給以色列人，讓他們從中了解史上的挫敗、競爭、屠殺、流亡，以及罕見的寧靜、安全無虞的年代。以色列人用各式各樣的方法傳述這個故事，還在節慶典禮中將故事搬上舞台，在經文、民族故事中排演，甚至編入律法、習俗中。他們都知道故事情節，也因此團結一致。沒有這個故事，他們根本不會成為一支民族，而且他們也了解這點。所以猶太人古往今來的誡命之一，便是一遍又一遍地重述這則故事。

耶穌的第五號交響曲

然而，意義如此重大的寓言也不時需要更新。世事多變，歷史會出現新的勝敗，儘管對以色列人而言，勝利往往微不足道，挫敗卻經常是排山倒海而來。無論成敗，在在都能鞏固故事，賦予新的詮釋、不同的含意。或許描述《聖經》的最佳方法，就是指出《聖經》納入這個故事的各種版本，這篇史詩，則像持續整首樂曲的通奏低音（basso continuo）般貫穿所有故事。

來自拿撒勒的拉比也知道這則故事，而且是從小聽到大。長大成人後的他明白這個故事必須重新修訂，他不是開創先例，而是因應年代需要。殘忍的羅馬帝國剝奪族人的尊嚴，神職人員的貪污腐敗令人髮指。時代的醜惡與絕望削弱這則古老故事的可信度，不但無法團結眾人，還開始在族人之間製造矛盾、仇恨。此外，以色列人還受到其他故事衝擊：來自東方的商旅以船艦、駱駝商隊帶來救世主的故事；羅馬軍團的軍旗上畫有神聖君王的符號；四處旅行的拉比則帶回希臘主義的世界哲學戒律；百家齊鳴卻只激出困惑與消沉。以色列人必須聽到舊故事的新詮釋，新版本必須適用於當時的迷失年代。

耶穌一肩扛起這個重擔。〈馬太福音〉在最著名的章節中指出，耶穌某天登到山頂後坐下（拉比執教所採用的傳統姿勢），然後開始傳道。他所說的話就是現今的「登山寶訓」。這是人類史上最具啟發性、最常受人摘錄、受到最多分析、遭到最多質疑，也是最有影響力的道德與宗教論述。上述形容似乎言過其實，事實不然。耶穌曾在許多場合以自己的新方法敘述這則古早故事，但是在巴勒斯坦這座山上，他的說法最有連貫性，也最有條理。「登山寶訓」就是耶穌的第五號交響曲，耶穌的蒙娜麗莎，耶穌的經典之作。

「登山寶訓」中的耶穌拉比最為口若懸河，措辭最令人窘迫不安。這些話語非常平實，但是千百年來卻引發上百種不同詮釋，彼此爭論不休。中世紀最偉大的神學家多瑪斯・阿奎那稱之為「全德的勸諭」，只針對極少數人所言。康德認為這番言論包含所有道德戒律。

十九世紀為耶穌的俗世生活寫傳記的黑南[2]卻輕蔑地指稱是牧歌幻想。托爾斯泰堅稱這就是「基督之律」，每個人都該確實遵守。對甘地而言，「登山寶訓」則是不合作主義的靈感。日後一定還會有更多不同的說法。

有好消息，也有壞消息

猶太人只要讀過、聽過〈馬太福音〉的這段文字，一定不會錯過故事中明顯的比喻。「山」立即令人聯想到摩西，以及西奈山的十誡碑石。山岳在許多不同宗教中，也都是睿智哲人傳道的地點。阿茲特克人根據附近山脈設計寺廟，富士山是日本最神聖的地方，佛陀也曾在靈鷲山傳法授道。

馬太說，拿撒勒的拉比抵達山頂之後便坐下來開口教示，卻沒透露多數人想要知道的細節。當時的聽眾有誰？是只有他的門徒，或是眾多跟隨他的絕望無產百姓？學者對這點有不同看法。傳說佛陀在靈鷲山傳法之時，在場者不只是世間所有人，就連已逝前人、尚未出世的靈魂都出席了。但是釐清當時有哪些聽眾或許不甚重要，因為他的話語迴盪了兩千多年，遠及各個洲陸。如果聖方濟[3]的傳說不假，「登山寶訓」也傳到鳥兒、太陽、月亮，以及至少一隻野狼的耳中。

「登山寶訓」的第一段往往被稱為「八福」，耶穌在這段話中保證，至少有部分信徒可以得到上帝的恩寵，他們不僅即將受到庇祐，其實當時就已經蒙受主恩。對這些人而言，這不啻是一大福音。

虛心的人有福了！因為天國是他們的。
哀慟的人有福了！因為他們必得安慰。
溫柔的人有福了！因為他們必承受地土。
飢渴慕義的人有福了！因為他們必得飽足。
憐恤人的人有福了！因為他們必蒙憐恤。
清心的人有福了！因為他們必得見神。
使人和睦的人有福了！因為他們必稱為神的兒子。
信義受逼迫的人有福了！因為天國是他們的。

——〈馬太福音〉5章3－10節

這是好消息，卻也有壞消息。根據〈路加福音〉所言，同樣一段佈道論及恩典與詛咒，

2 Ernst Renan（一八二三～九二），法國語言學家、批評家及歷史家。
3 St. Francis（一一八一～一二二四），生於義大利的阿西西城（Assisi），創立了一個修會，修士們必須以乞討為生，甚至在乞討之時，也不能接受金錢，因為聖方濟認為，只有赤貧才能自由。死後二年，一二二八年就列聖品。

或是所謂的「禍」：

但你們富足的人有禍了！因為你們受過你們的安慰。
你們飽足的人有禍了！因為你們將要飢餓。
你們喜笑的人有禍了！因為你們將要哀慟哭泣。
人都說你們好的時候，你們就有禍了！因為他們的祖宗待假先知也是這樣。

——〈路加福音〉6章24－26節

我還在主日學的孩提時代就得背誦八福那一段，在兒童節表演。這段文字簡短又好記，我輕快唸出來的時候，父母笑逐顏開。

然而，我在主日學卻從未唸過恩典之後的「禍」。要是我站在舞台上的鋼琴旁，穿著乾淨筆挺的套裝大聲朗誦「富足的人有禍了！」或是「人都說你們好的時候，你們就有禍了！」我的父母和其他觀眾可能不會太開心。我懷疑他們不太相信耶穌曾說過這番話，我也相信如今有許多基督徒可能根本不知道《聖經》有這一段。馬利亞的「尊主頌」提到，要富足的空手回去，耶穌在拿撒勒的宣言曾強調解放貧民，聽過這兩個故事的人就明白，耶穌也大有可能提過禍。

兩種說法的差異

〈路加福音〉的版本中並沒有「虛心」的字眼，耶穌只說「貧窮的人有福了」。學者對這點分歧相爭不下已有數代之久，耶穌直截了當指出上帝將造福窮人，馬太對這一段是否加以靈性化或淡化？他又為何這麼做？馬太在耶穌死後三十五年寫成福音書，他是否希望愈來愈龐大的耶穌運動不要太激進，盡量別刺激有權有位者？

我愈來愈相信這兩種說法的差異不大。「虛心」並不代表有決心、耐心或順從，而是意味意志消沉，甚至受到打壓。這個字眼象徵徹底貧困的殘酷，沒有丁點生計也得過完一天：也就是無望。窮人覺得軟弱無力，他們自認為只能臣服於權勢之下，只能怨嘆為何淪落至此。猶太哲學家席夢妮．威爾[4]於一九三〇年代在法國汽車工廠工作，她很意外女工不怪管理階級枉顧工作環境——無法忍受的噪音、工時過長、不注重工安措施——卻自責或怪罪彼此。生活環境並未將她們推上革命之路，卻導致情緒低落。千百年來的猶太先知都允諾，上帝一定會解放貧苦之人。耶穌也是同樣的意思，只是加入他個人的風格：時候已到，上帝即將實現諾言。

接著耶穌又對「哀慟之人」如此發言：

4 Simone Weil（一九〇九～四三），法國女哲學家，和西蒙　波娃為巴黎大學同學，西蒙．波娃以第二名畢業，威爾則是第一名，但她畢業後卻寧願到「標緻」汽車工廠當女工，獻身於工人運動。

哀慟的人有福了！因為他們必得安慰。

「哀慟」這個字眼有助於澄清，這位拉比的主要對象並非哀悼一己不幸的人。他再次呼應先知的預言，告訴門徒，儘管國難當頭，導致多數領袖貪污腐敗、民不聊生、人人失去尊嚴，卻只是一時而非永久。以前的先人哀慟埃及、巴比倫加諸於他們的苦難，如今則換羅馬人與其在地傀儡欺壓猶太人。然而在位者的統治即將結束，揮舞著旗幟、自認所向無敵的傲慢羅馬軍團就要瓦解，連同阿諛諂媚的支持者都將一蹶不振。

溫柔的人有福了！因為他們必承受地土。

「登山寶訓」的標準英譯版仍舊沿用容易令人誤會的「溫柔」一辭，但是專業評論者指出，這個辭不代表軟弱、任人踐踏或消極，而是有耐心卻又不因此憤世嫉俗，也不會延續以暴制暴的惡性循環。或許耶穌拉比說的，就是〈詩篇〉第三十七章：

當止住怒氣，離棄忿怒；不要心懷不平，以致作惡。因為作惡的必被剪除；……但謙卑人必承受地土，以豐盛的平安為樂。

——〈詩篇〉37章8－11節

直接挑戰羅馬當權者

耶穌究竟建議遭到壓迫的同胞如何因應？華倫．卡特[5]說得好：「他們不可以『騷擾』或模仿那些暴力邪惡之人，不可以代行天道、挾怨報復。儘管遭到不公平的經濟壓迫，因應策略就是想辦法另外討生活，但是必須行得正，即使上帝似乎動作緩慢，也要尋求上帝的回應。此處的『溫柔』意味放棄復仇，充滿信心地虔誠過生活。」

耶穌接著又確保「飢渴慕義」、「憐恤人」、「清心」的人都已經住在新國度的晨曦中。然而他馬上又加了一句話，儘管措辭溫和，但是聽在多疑的當權者耳中必定相當無禮。

> 使人和睦的人有福了！因為他們必稱為神的兒子。

許多人都知曉這段話摘錄自「登山寶訓」，班上大半學生先前也都聽過。此外還聽過耶穌常被稱為「和平的君」，也唱過或聽過耶誕頌歌的「世界和平，人類友好」，卻不知道該對耶穌祝福「使人和睦的人」作何感想。耶穌說的究竟是誰？我有一次開車經過空軍基地，外面的標語說「和平就是我們的任務」。耶穌說的和平是哪一種？我們該如何使人和睦？聽

5 Warren Carter，紐西蘭人，對〈馬太福音〉有獨到見解，發表過十五份相關論文，目前是密蘇里堪薩斯的神學院Saint Paul School of Theology講授《新約》的教授。

起來似乎不賴，實際上卻挺模糊。

其實耶穌說這番話的時候，當初的人可一點也不覺得含糊曖昧，這些話語直接挑戰羅馬當權者的意識形態。現代人可能認為耶穌所言平淡乏味，然而這個祝福可是當面奚落祖國的外來統治者，以及支持當權者的同胞。羅馬帝國之所以揚名立萬，就是主張唯有他們才是「使人和睦的人」。他們宣稱，全世界應該在神聖統治者奧古斯都皇帝的寬宏大量保護之下，維持「羅馬霸權的和平」[6]。奧古斯都的名號之一就是「賜平安者」。至於羅馬軍團，就是維持和平的仲裁者、擔保人，所以臣子百姓都該謝主隆恩——心甘情願地繳交離譜稅金。

在這片表面愛民的政治氣氛之下，這個從鄉間起家的拉比算是哪根蔥？竟然敢到處巡迴演講，指出新的國度即將來到，而且統治者是天父而非羅馬皇帝？而且他有何資格宣稱，這些寒酸信徒才是正牌的「使人和睦的人」，而非羅馬軍隊？

先知所謳歌的「平安」

羅馬人擅長一邊宣揚和平，一邊揮軍出擊；無庸置疑地，目的永遠是維持他們的統治地位。他們到處打造神殿獻給和平女神，在殿上題字歌誦和平；軍團則同時打壓叛軍，殺戮長征，擴充領土。然而耶穌拉比嘴裡說的、親身實踐的和平卻是平安（shalom），不是霸權統治（pax）。這種和平並非以君王之名強制實踐，而是由慈愛的天父所孕育；並非從上硬性往下壓，而是由最基層往上推廣。這種和平不是仕紳僵化的謹言慎行，或是財產遭到剝奪者的被迫屈從。這種和平是先知所謳歌的平安，所有人都有田產，放眼所及不再有貧民。這是人與人、民族與民族、人類與大自然的和諧。

這種願景顯然太難以企及，難怪千百年來詮釋《聖經》的人總有不同方法加以駁斥。有種方法得到馬丁．路德．金恩的認可，就是指出「登山寶訓」只是描述基督徒該如何與親友、鄰居相處。然而這位偉大的改革者堅稱，如果要求公領域也遵守這個原則，就是違背上帝為了維持公民生活所制定的結構，只會削弱治安官的職責，因為這些人不只獲准也受命在必要時刻揮劍維持治安。

天主教的標準看法則是「從事神職」的人應該遵守這些教義，卻不適用於統治者，有必要開戰時更不能因此退卻。儘管各界想盡辦法縮小「登山寶訓」的適用範圍，這段論福（或禍）的描述仍舊牽動、拉扯著千百萬人的良心。同樣地，耶穌不會只是描繪空泛的思想，他在「登山寶訓」中，接著敘述他所提倡的運動與猶太民族或全世界的合宜互動。

6 Pax Romana，意指在羅馬獨霸統治下的盛世和平，是以異己的屈從為代價。

第12章
鹽和光

你們是世上的鹽。鹽若失了味，怎能叫它再鹹呢？以後無用，不過丟在外面，被人踐踏了。你們是世上的光。城造在山上是不能隱藏的。人點燈，不放在斗底下，是放在燈檯上，就照亮一家的人。你們的光也當這樣照在人前，叫他們看見你們的好行為，便將榮耀歸給你們在天上的父。

——〈馬太福音〉5章13－16節

我當學生的一九五〇年代，社會普遍認為宗教正在迅速式微。我攻讀的是夕陽領域，大概只適合古物收藏家。當時社會上普遍認為，有些宗教或許可以在科學進步、高度都市化、教育普及三管齊下之餘苟延殘喘，但是充滿民間傳說的聖人誕辰，或充滿思古幽情的節慶，也只能成為家庭習俗或民族特有活動。學者言之鑿鑿地預言，宗教在公共政策領域再也無法佔有重要地位。

我從以前就懷疑這些預測，有部分原因可能是因為我在賓州小鎮長大，時常想到「人生大問題」，例如生死、善惡的含意，以及人生是否有任何意義。即便在當時我就清楚明白，成人在多數場合不常提到這類事情，卻偶爾會在教會中提及。我也開始思考，世事似乎不甚公平；因為近郊有人住豪宅、花大錢蓋馬廄，住在鐵路對面的鄰居卻窮得無以維生。成年人都鮮少討論這些事情，但是我知道，這些大問題不會因此消失無蹤。

此外還有牧師的問題。因為我們這一小群會眾幾乎付不起薪水，所以這一區的牧師幾乎都是神學院剛畢業的菜鳥。也由於他們領到的薪水微薄到無法過日子，通常在幾年後便轉往收入更高的教區，因此我們這個村莊常換牧師，他們就像外面大千世界派來的特使，相對於鎮上多數居民，都比較願意談論大問題。此外，他們一定會帶來大量哲學、宗教、神學書籍，在我年紀較長之後，他們也都願意借我閱讀；當時有很多書我都無法理解，但是我還是孜孜不倦地看完了。我喜歡古代猶大國或以色列的繽紛地圖、聖保羅的航海圖、《聖經》晦澀章節的闡釋，以及眾多哲學家的著述。

總之，我就是一頭栽進去。我認為可以不斷思索、討論這些恆常出現的話題，實在是最棒的終生志業。我在十四歲前就立定志向，將來不是從事神職就是當個哲學或宗教老師。高中畢業之後的短暫商船生涯，讓我看到德國、波蘭在第二次世界大戰之後的慘狀：我們靠港之後，常有衣衫襤褸的兒童為了乞討，跟著我們走過破舊的大街小巷；雛妓濃妝豔抹、穿著破損的絲襪在船側徘徊。一個十七歲的孩子根本無法消化這些情景，我也因而更常想到不公平與罪惡的問題。所以我一當上賓州大學新鮮人，立刻就決定要有系統地在四年之內學會**所有事情**。我在第一學期選修古代哲學與歷史。沒錯，在必修的生物課觀察顯微鏡下的果蠅的確很有趣，但是卻只讓我更好奇生命的起源，以及生命的意義。

當時的賓大有許多士兵福利法案資助的退伍軍人，當中有許多人都選修商業課程，對蘇格拉底之前的哲學家，或柏拉圖的《饗宴篇》都不感興趣。然而因為軍旅生涯，他們也想探索人生的重大問題。如同多數大學生，我很快就找到志同道合的同學一起溫書，或是在附近的不打烊咖啡廳徹夜辯論政治或宗教。我成為歷史系學生，但是當學校在我大三那年開了宗教思想的新科系時，我立刻選修世界宗教。透過這些相關學習，我才明白原來我從小反覆思量的問題早就存在，而且大概永遠都無法得到解答。

耶穌運動

我在一九六五年出版的《世俗之城》中提到，儘管宗教的制度力量逐漸減弱，宗教所討論的問題卻依然存在，而且無論如何我們都得處理這些問題。同年我開始任教哈佛之前，雖然不是每個人都已經很清楚，至少有些人已經明白，當初斬釘截鐵說「宗教即將消失」的預言根本不會實現。無論是好是壞（通常是兩者皆備），總之宗教絕對不死。世事很快就演變成今天的狀況：一隻八百磅重的大猩猩就大搖大擺坐在屋子中間，有時這隻大猿猴很友善，有時則非常粗暴，總之永遠無法預測。牠絕對不會離開，而且龐然身影令人緊張。

宗教的可見度逐漸提高，不只在活潑的慶典或歡樂的遊行裡經常可見，許多國家的政府也逐漸重視，因此賓大的甘迺迪行政學院有愈來愈多學生選修我開的耶穌這門課。他們很想知道，信仰在政策論述中應該或不應該扮演什麼角色。他們的問題非常可敬，亞里斯多德、阿奎那、眾多哲學家與神學家都思索了千百年，孔子與穆罕默德都注意到這個問題，各國思想家也以形形色色的方法面對過。

耶穌很清楚這些問題有多棘手，所以他在「登山寶訓」的第二部分，就探索了自己所提倡的新運動與整個世界的關係。有許多證據指出，「在山上說這個故事前」，已經有許多信眾投入如今歷史學家所稱的「耶穌運動」。沒有人知道信徒人數到底有多少，然而福音書既然經常提到耶穌試圖躲開群眾，想來數目絕對不少。耶穌有時前往沙漠或是上船避開眾人，因此一定有不少人想靠近他，使他倍感疲憊、有時甚至覺得動彈不得。倘若信眾人數如此之多，希律王一定會注意到，畢竟他的手下已經以威脅公共秩序（及希律的王權）的理由除掉施洗者約翰。所以耶穌在山上佈道時，當然會提到逐漸增多的信徒與政府之間應有的關係。

他所用的主要比喻，就是鹽與燈光，然而這種意象只對小眾的運動有其意義，因此行政系的學生很難運用在課堂的當今公共議題上。耶穌運動的參加者在當年肯定是邊緣勢力，卻又不容小覷，甚至很有可能成為顛覆在位者的陰謀集團。耶穌所用的比喻，是為了一小撮門徒所擬定的策略，這些人的看法不為多數同胞所接受，也是羅馬人看了就心煩的小毛球，因為他們最終可能會引起大麻煩。

耶穌非常清楚當時的環境有多危險，因此措辭非常謹慎。他的確曾說希律王是「狐狸」，這種說法在當年的侮辱程度高過現代。耶穌並不試著勸告希律或彼拉多，而且當他說信徒是「世上的光」或是「使人和睦的人」時，也是深思熟慮後用來嘲諷羅馬帝國的字眼，因為西塞羅[1]曾在反喀提林[2]演說中形容羅馬是「全世界的光」耶穌大膽利用這種說法，指出如今有了另一種光。

然而「登山寶訓」的目的並非「推廣基督教到整個羅馬帝國」，也不是在以色列人當中推廣耶穌活動。陽光普照之時，油燈毫無用武之地；一小撮鹽可以引出魚湯的鮮美，但如果加太多，肯定讓人吃第一口就吐出來。君士坦丁大帝在第四世紀改信基督教，並且致力推廣到全國上下之後，鹽和光的暗喻就更沒有助益。愈來愈多人走進教堂，部分原因就是因為這是高層頒布的政策。改信皇帝本人都信奉的宗教怎麼會有問題？即便心裡不信也無所謂。

「基督王國」從未存在

如今世事又不同了。第二十一世紀是所謂的「後基督教」[3]時期，即便美國有些地方以「基督徒政策」當作正確的意識形態，服從這些規定的人也知道，要當基督徒有很多方法，不當基督徒也還有許多靈修之路。

儘管現在還是有人宣稱美國是「基督教國家」，而且也必須繼續保持下去，事實已經不

1 Marcus Tullius Cicero（西元前一〇六～前四十三），古羅馬共和國末期的政治家和哲學家，還是修辭學理論家，留下的修辭學著作多達十部，《論公共演講的理論》是現有完整保存下來的最古老羅馬修辭學著作。

2 Catiline（西元前一〇八～前六十二），羅馬共和國末期的貴族。蠱惑民心的政客，試圖推翻西塞羅任執政官（西元前六十三年）的共和制，但以失敗告終。

3 Post-Christian，自宗教改革以降，歐、美的基督化程度就頗高。然而自啟蒙時代後，基督教不再是西方文化的主導，所以就有所謂的「後基督教」一說。

然。在這個各門各派興盛的年代，美國可能已經成為宗教最多元化的國家。對願意「追隨耶穌」的人而言，如今是最有資格用「鹽和光」比喻的年代。流傳幾千年的「基督王國」，是王權與宗教互相扶持的概念，但是如今也已凋零。的確有些人希望重振旗鼓，然而這個理論雖然曾經非常有力，「基督王國」其實從未存在過。基督徒幾乎向來就與其他宗教同時並存，儘管他們可能輕忽或迫害、發起聖戰征討他教信徒，但是因為基督徒在「基督徒中世紀」握有政權，在時代巨輪跨入現代的初期，基督宗教也是歐洲（及美國殖民地）主流宗教，所以說基督徒是黑夜中的一盞明燈，根本就沒有道理。

鹽和光的比喻也有謙卑、隱姓埋名的涵義。只要「登山寶訓」的智慧還是基督徒的指南，如果他們要致力於決定公共政策，就必須採取這種態度。燈放在燈檯上並非給人凝視欣賞，而是供作照明之用。幾十年前還有傳教士受到崇高的「學生志願運動」[4]創辦人的啟發，因而相信可以「在我們這一代中，將福音傳遍世界」，然而這是近代最後一次的基督徒霸業思想，根本不符合「登山寶訓」的精神。在可預見的未來，基督徒在全球人口中仍舊無法過半，無論人數多寡，總之仍舊只能算是小眾，世上還有其他宗教、哲學扮演重要角色；因此，美國的公共政策便會反映各種宗教的神職人員與信徒的價值觀。鹽和光的比喻將再次發揮作用，直接駁斥各種擁護基督教帝政的人。

耶穌並不輕忽如今所謂的「公共生活」，然而當時他的生活環境並不允許他發揮影響力。他尊重律法，也明白其重要性：

莫想我來要廢掉律法和先知。我來不是要廢掉，乃是要成全。我實在告訴你們，就是到天地都廢去了，律法的一點一畫也不能廢去，都要成全。

——〈馬太福音〉5章17－18節

這個拉比，不主張廢除或逃避猶太教律法。他希望律法引領以色列，好讓以色列成為照亮世界各國的光。耶穌希望信眾確切遵循誡命，而非只是理解摘要。他勸告信徒看了律法之後，實際上也要恪守律法精神：不能只是不殺人，甚至不該動怒；不能只是避免通姦，還要努力克制淫念。因為男性可以任意休妻，耶穌為了保護女性便嚴格規定離婚制度，以免女性因為丈夫心血來潮而無故失依。他不但堅持「不能以天之名起誓」，還建議根本不該起誓：「是，就說是；不是，就說不是。」

在「登山寶訓」即將進入尾聲之時，耶穌甚至還提出一項驚人原則，這也是近代某些最偉大的政治人物所謹守的原則：

你們聽見有話說：「以眼還眼，以牙還牙。」只是我告訴你們，不要與惡人作對。

4 Student Volunteer Movement，在美國興起於一八八六年，在起初的四十年共派遣一萬零五百位傳教士到海外，其中約三分之一抵達中國。

有人打你的右臉，連左臉也轉過來由他打。
有人想要告你，要拿你的裏衣，連外衣也由他拿去；
有人強逼你走一里路，你就同他走二里；
有求你的，就給他；有向你借貸的，不可推辭。

——〈馬太福音〉5章38－42節

耶穌「不要報復、不要以牙還牙」的熱心建言，往後的十幾個世紀卻遭到辱罵、嘲諷、乾脆否認，或是只有精神受到崇敬、甚至根本就受人漠視。偶爾有某些聖人遵守教誨，也只是在個人層面推行。直到二十世紀才有人承續這個教義的精髓，並且改造成強大社會運動的實際策略。

不合作主義與登山寶訓

這個人就是甘地，而且他並非基督徒。然而耶穌與甘地的相似之處卻讓我很驚訝，儘管兩者年代相差一千九百年，距離也有一千哩之遙。他們都在鄉間長大，祖國稅賦繁重、遭人欺壓；兩人都研究固有宗教的經文出處——耶穌研究猶太律法，甘地則是埋首《薄伽梵歌》[5]並且在時代的挑戰之下重新詮釋。兩人都認為自己的任務是基於信仰。甘地訴諸於真理的力量，亦即他口中的「不合作主義」（satyagraha），耶穌則尊崇上帝之愛與正義的終極力量。兩人不但激怒帝國君王，也惹火同教派的人。他們都遭到祖國激進派的指控，不是說他們不負責任地煽動群眾，就說他們是軟弱的牆頭草。耶穌與甘地都比較關心信仰的實際結果，而非嚴苛的教義規條；他們都在一小撮人當中規劃出心目中的理想境界——甘地是組織居民聚會，耶穌則是指派十二個門徒作伴。

甘地絕對受到了耶穌影響，尤其是耶穌在「登山寶訓」所提倡的非暴力抵抗。甘地曾經寫道：

> 耶穌以生動、有效的方法敘述非暴力、不合作運動的主旨，你們如果以暴制暴，不與敵人合作就是暴力，長遠看來並沒有效果。如果敵人要什麼，你們就給什麼，這種不合作態度就不是暴力。你們表面合作只會讓他立刻並永遠解除戒心，這就是徹底的不合作。

甘地相當推崇耶穌，他認為這位夫子不只傳道解惑，還親身實踐教義。為甘地寫傳記的路易斯．費雪，曾在一九四二年前往隱修處的小茅屋拜訪甘地。費雪發現甘地住處的牆上只有一幅耶穌的肖像畫，底下還寫著「因他使我們和睦」（以弗所／厄弗所書2章）。儘管聽過傳教士傳道，甘地從未改信基督教。他堅持自己深愛耶穌，卻認為基督教成為「諸王宗教」

5 Bhagavad Gita，第一部專門記載瑜伽的文獻，解釋了人、自然與神之間的關係。內容主要宣揚正義的行為、人應克盡職責而不重結果。

時便已經偏離正道。

對甘地而言，支持真理就是自己受難，而非欺壓他人。人們不可以羞辱、謾罵敵人，事實上，根本不應該「征服」對手，而是應該使其「心悅誠服」。甘地從未宣稱自己創造非暴力抵抗的原則，他的貢獻在於發揚光大，成為社會運動的時代思潮。這個運動最後終於引領印度脫離英國統治，也影響了馬丁．路德．金恩的民權運動。

後來金恩的非暴力手段，又相繼啟發東德與捷克的解放運動，導致另一個帝國的瓦解。根據金恩博士所言，我們應該心懷感恩，因為非暴力抵抗運動在兩千年後不只是崇高的理想，而是遭到鎮壓的百姓在核武時代唯一可以訴諸行動的手段。或許耶穌並不像某些人所認定的那樣，與公共政策毫無關聯。

日頭照好人，也照歹人

「登山寶訓」的教義或許我們難以照辦，卻又不是完全不可行，這從當代成功的少數不合作運動便可見一斑。然而耶穌並不就此打住，他接下來所做的結論將永遠與他的名字緊緊相連；這個教義從未在律法中清楚寫明，耶穌卻認為這是最深沉的精髓：

> 你們聽見有話說：「當愛你的鄰舍，恨你的仇敵。」
> 只是我告訴你們，要愛你們的仇敵，為那逼迫你們的禱告。

這樣就可以作你們天父的兒子；
因為他叫日頭照好人，也照歹人；降雨給義人，也給不義的人。
你們若單愛那愛你們的人，有甚麼賞賜呢？就是稅吏不也是這樣行嗎？
你們若單請你弟兄的安，何異於一般人？就是外邦人不也是這樣行嗎？

——〈馬太福音〉5章43－47節

剛開這堂課的前幾年，每次說到這段高潮的章節，我就會討論後世所提出的幾種不同闡釋。例如我會提到正統猶太教學者平克斯・拉彼得（Pincus Lapide）的觀點，他認為「愛你們的仇敵」就是強調猶太人的忠告（逾越節晚宴的步驟之一），不可因為敵人受難就歡天喜地（例如埃及人在紅海溺斃），因為他們也是人。我也提到馬丁・路德・金恩的話：愛自己的敵人不需要與對方結為好友，只要真誠地祝福對方平安。

然而幾年之後，我發現學生根本不想知道各家的不同闡釋。因此我提到這段章節時，只要朗讀完後稍作停頓，班上肯定一片靜默。蒙娜麗莎的畫像有何好批評？既然「登山寶訓」是耶穌的第五號交響曲，那麼這段就是其主旋律，何需多言？發表意見甚至加以討論似乎都是多餘，至今仍舊如此。

第13章 耶穌拉比教律法

你們要小心，不可將善事行在人的面前，故意叫他們看見，若是這樣，就不能得你們天父的賞賜了。所以，你施捨的時候，不可在你前面吹號，像那假冒為善的人在會堂裡和街道上所行的，故意要得人的榮耀。我實在告訴你們，他們已經得了他們的賞賜。你施捨的時候，不要叫左手知道右手所做的，要叫你施捨的事行在暗中。你父在暗中察看，必然報答你。

——〈馬太福音〉6章1－4節

關於耶穌的歷史研究，過去幾十年有個最重要的改變：學者發現，他隱密藏身在當年的猶太環境中。這種改變非常可喜，並且更能鞏固、改善猶太人與基督徒的關係。改變並非發生於一夕之間，之所以浮上檯面也有好幾個理由：數百年以來，對耶穌有興趣的猶太人必須小心下筆，因為這些人幾乎都住在以基督徒居多的社會中；他們很清楚教會高層正在監控自己的一舉一動，他們的一言一行都得符合基督徒教義，因此猶太學者與其乖乖服從規則，不如乾脆避開這個主題，或是根本不公開發表任何相關言論。除了少數例外，即便是近代，或是在沒有宗教裁判官的地區，多數猶太學者都對拿撒勒的拉比敬而遠之。

然而這種風氣在第二次世界大戰之後卻發生丕變，尤其是在以色列建國之後。因為奧許維茲集中營的情形令人太過震驚，許多基督宗教學者認為他們放任自己與猶太教同儕之間的隔閡日益增大，可能因此有害和平氣氛，終於釀成浩劫。以往神學或宗教系教職員都只有基督徒或世俗學者，此後猶太人很快就加入行列。哈佛神學院也是世上第一個開設猶太宗教研究的非猶太人神學機構。有些猶太學者選擇落腳以色列，免得授業之餘還要提防外人；他們也往往熱切研究當地的歷史，並且發現耶穌當年就住在同一塊土地，因此他們更容易觀察到以往忽略的歷史關聯，並了解耶穌也是猶太歷史的一部分。

《死海古卷》在一九四七年出土的轟動發現，是炒熱耶穌相關研究的原因之一。而在基督徒與世俗學者當中，對耶穌的新認知也是重要的轉捩點。這些古老文獻來自猶太教禁慾團體苦修派，已經存放在山洞內兩千年，此番重見天日，透露耶穌生平先前不得而知的宗教或文化面。另外，發現於埃及的《漢馬地古卷》年代較晚，卻包含現存最早的〈多馬福音〉（多默福音）。

這些文獻的出土促使學界更謹慎看待旁經，亦即早期教會領導人所刪除的《新約》章節；這兩批古卷，更是歷史學家的寶藏。我還記得當年身為研究所學生時，看到學者展開一捲捲古卷、費力拼湊時，心情有多麼激動。愈了解當年的實況，就愈清楚耶穌推行的運動與同時期的猶太運動有多雷同，而不是以往認為的沒有交集。我每年都開課講授耶穌與道德生活，也都有許多猶太學生選修，儘管他們當中鮮少有人知道這些突破要歸功於哪些學者，卻都很能認同拿撒勒的拉比是「他們的一員」。

然而這些學生也明白，許多基督徒仍舊堅稱他們才是耶穌唯一的同路人；但是如今，猶太人與基督徒都想探索彼此之間應有的關係。我告訴學生，耶穌的時代當然還沒有所謂的「基督徒」，然而這名拿撒勒人已經鋪設部分的指南，即使到了今天都有助於闡釋這個問題。這些指標，就出現在本章所要討論的「登山寶訓」結尾經文（即本章一開頭所摘錄的那段文字）。

賣弄信仰

耶穌宣稱天國已經降臨，他結束天國的道德論述以及教導信徒應該與社會維持何種關係之後，又侃侃談到第三個主題。耶穌轉而指出，當時追隨他的猶太人應該在猶太社會中扮演什麼角色。他的說法，就是只挑明聽眾都熟悉的宗教義務，例如救濟或禱告。他不認為這些責任在新時代中已經過時，反而還賦予嶄新的看法。

然而，這位拿撒勒的拉比為何非得提到這些事情不可呢？難道熱切的追隨者認為，既然天國已降，天父統治的時代就要來臨，貧困與不公平即將消失，所以不需要再禱告、施捨？這種解釋似乎說得過去。但是耶穌卻用另外一種方法處理。他說，人當然要祈禱，但是不要到處聲張；人當然要繼續施捨，卻不要四處吹噓。

乍看之下，上述這段似乎毫無疑義。但無論是基督徒、猶太人或其他宗教的信徒，學生每年都要問：耶穌為什麼要用「賞賜」的字眼？難道我們祈禱或行善，就是為了得到賞賜嗎？表達感激之情或抒發內心苦惱的祈禱，又該怎麼說最好呢？如果行善只是因為慷慨或同情呢？耶穌關於上述觀念的措辭似乎太自私，是暗示我們祈禱或行善就能有更好的回報？

我不知道這些問題的答案，至今仍舊相當困惑。有些學者猜測，耶穌必須用老百姓聽得懂的語言來傳授驚世駭俗的信息，其中多數人又沉迷於早期倫理生活的賞罰概念。然而這個解釋無法令我信服，因為在多數傳道當中，耶穌並未約束自己的改革言論。

我與當今的年輕學子共同討論這些章節時，卻碰上當年的古人絕對不會想到的問題：這位拉比，在此似乎是批評、甚至揶揄所謂的「賣弄信仰」。不要在人前炫耀自己的虔誠；要祈禱，卻得暗中進行；不要尋求外界讚美或知悉自己的虔敬。然而班上的學生所面臨的往往是相反的難題——在如今的世俗風氣之下，他們很擔心自己在外人眼中散發出「自以為聖潔」的氣息。

耶穌建議信徒不要坐在會堂（或教堂）的顯眼處禱告，這點對學生而言絕對不成問題，因為他們早就認為暗中祈禱更自在。約翰．厄普代克[1]曾經寫道，他住在格林威治村時，某個週日早晨醒來突然有衝動要上教堂，卻幾乎是翻起衣領、躡手躡腳穿過華盛頓廣場，以免被自詡為波希米亞之流的知識份子朋友發現。

這種情形，二十年來已經有所改變。如今的學生或社會人士比較願意公開自己的信仰：猶太學生頭戴無邊便帽；天主教徒與基督教徒在聖灰星期三[2]時，額頭上整天都抹著灰土，承認自己終將一死；伊斯蘭教女子上課時則圍著頭巾。但是學生看到政治人物或官員上教堂的照片，抑或在演講中虔誠引用「上帝」一辭時，還是難免心起疑竇。耶穌警告人們不要公開炫耀自己的信仰，似乎在現代仍舊有其意義。

接著耶穌則教導信徒簡單的禱告辭，多數基督徒多半在孩提時期就已經聽過，倘若他們會背任何禱辭，肯定就是這段：

我們在天上的父：
願人都尊你的名為聖。
願你的國降臨；
願你的旨意行在地上，
如同行在天上。
我們日用的飲食，今日賜給我們。
免我們的債，如同我們免了人的債。
不叫我們遇見試探，救我們脫離兇惡。

——〈馬太福音〉6章7－13節

1 John Updike，美國當代文壇鉅子，台灣坊間譯有他的《人性八惡》、《兔子發財了》等。
2 Ash Wednesday，「四旬期」的頭一天，所有教徒在這一天都必須到教堂接受神父的祝福，方式是用沾灰的手指在額前畫一個十字。

天主教徒通常在此處就打住，清教徒則繼續：

因為國度、權柄、榮耀，全是你的，
直到永遠。阿門！

為什麼有這個奇怪的宗教差異呢？答案非常有意思，因為新教徒通常都說自己要「回歸原文」，無論當初究竟寫的是什麼。然而在這個例子當中，天主教的版本可能更忠於原文。新教徒版本的最後兩句，是基督教早期所加上，當作對禱文的回應。此外，新教徒通常稱此為「主禱文」，天主教徒往往稱為「天主經」。

最令學者震驚的一點，莫過於全文的猶太精神，而且內容並不特別有基督徒的創意。《新約》評論家薛曼．強生（Sherman E. Johnson）說，「這段祈禱文完全是猶太人所特有，而且幾乎每句話都呼應猶太教頌禱文與『十八個祝禱』[3]；因此，這是耶穌受到啟發，自行摘要族人信仰的精髓。」

事奉神，還是事奉財利？

總而言之，我認為學生對這一段「登山寶訓」的看法都沒有問題，但是接下來的段落卻引發激烈辯論。耶穌說：

不要為自己積攢財寶在地上；地上有蟲子咬，能鏽壞，也有賊挖窟窿來偷。只要積攢財寶在天上；天上沒有蟲子咬，不能鏽壞，也沒有賊挖窟窿來偷。因為你的財寶在哪裡，你的心也在那裡。……

一個人不能事奉兩個主；不是惡這個、愛那個，就是重這個、輕那個。你們不能又事奉神，又事奉瑪門。

所以我告訴你們，不要為生命憂慮吃什麼，喝什麼；為身體憂慮穿什麼。生命不勝於飲食嗎？身體不勝於衣裳嗎？你們看那天上的飛鳥，也不種，也不收，也不積蓄在倉裡，你們的天父尚且養活牠。你們不比飛鳥貴重得多嗎？你們哪一個能用思慮使壽數多加一刻呢？何必為衣裳憂慮呢？你想野地裡的百合花怎麼長起來；它也不勞苦，也不紡線。然而我告訴你們，就是所羅門極榮華的時候，他所穿戴的，還不如這花一朵呢！

你們這小信的人哪！野地裡的草今天還在，明天就丟在爐裡，神還給它這樣的妝飾，何況你們呢！所以，不要憂慮說，吃什麼？喝什麼？穿什麼？這都是外邦人所求的。你們需要的這一切東西，你們的天父是知道的。你們要先求他的國和他的義，這些東西都要加給你們了。

——〈馬太福音〉6章19－21節，24－33節

3 Eighteen Benedictions，是頗長的禱告，當中包括猶太人在各方面需要上的祈求。

在這個段落裡，耶穌交織兩段更久遠的故事。第一個是出埃及記，亦即上帝從埃及解放以色列人，不只讓他們自由，還要讓他們事奉上帝而非法老王。猶太人很快就能看出這個故事的影子。此外，這個激進的拉比又再次提到希伯來先知，還引用他們的話譴責當地及羅馬帝國全國的富裕權貴，因為這些人沉迷於華麗衣裝與昂貴珍饈。

我準備與學生討論這段著名的段落時，自認為最好先警告他們，欽定本所翻譯的「你們不能又事奉神，又事奉瑪門」，當中的「瑪門」可不是鑲金鍍銀的神明。這是阿拉姆語的希臘文翻譯，亦即金錢或財富。幸好《新英文版本》[4]翻譯得更準確，就直接翻成「財利」。因為耶穌這句話說得很犀利，我預料班上一定懷疑聲浪大起：「是啊，聽起來很不錯，但是我們總得活在現實世界……」畢竟他們可是準備好好成就大事業，賺進高薪，他們自己也很清楚。班上某些商學院的學生，畢業後第一年的薪水就高過教書二十年的我。我知道有些學生會說，他們不想談論金錢的事情。

結果我大錯特錯，竟然以為學生不願意發表他們對麵包、銀洋、臭錢（我們為何有這麼多種說法？）的看法；我還以為那一週至少有幾個學生會翹課不來參加討論。我知道他們可以自在討論性愛，甚至死亡，然而財富並不是常見的話題。他們或許會在經濟學課堂上討論股票、債券，學習如何評估相對價值，卻鮮少有學生會說自己對財富或貧困有何看法。總之我們討論到「瑪門」時，他們並未缺席，仍舊魚貫走進教室，甚至還是年出席率最高的其中一節。

我很快就發現他們為何不逃避，因為他們顯然一直想找個萬無一失的場所，趁機發表金錢觀——無論有錢沒錢都無所謂。我認為這又是耶穌與現代生活息息相關的一面。他的字句流傳千百年，後人終於可以藉機討論禁忌話題。

對於可以不追求所謂的「經濟保障」的生活，他們似乎很著迷，甚至還頗興奮。他們對聖方濟的故事入迷，此人的父親是富有的義大利布商，但他卻不願意繼承家業，餘生都過著聖潔的貧苦生活，四處流浪，成為「歌誦上帝的吟遊詩人」。有些人則喜歡桃樂絲·黛[5]的故事，這位女子發起「天主教工人運動」，在下東區的流浪漢之間尋求天主。

沒有自己祭壇的神祇

學生想討論自己對金錢愛恨交加的感受，我應該一點也不意外。自古至今都有心思細密的人——無論富裕與否，他們都明白貧困不是好事，卻也知道富人危害社會的力量。耶穌當時，就有許多明智的羅馬人不樂見眾人拼命增加財富、揮霍無度，敗壞原本讓共和國強大的社會道德。羅馬詩人朱文納爾[6]在《諷刺集》中寫道，羅馬同胞最崇敬的神祇就是「錢」，

4 於一九七〇年出版，這個譯本是《聖經》翻譯的里程碑。這個譯本的語言完全脫離了欽定本的傳統，翻譯採用了非常清新而自然的英文，卻不會流於粗鄙俚俗。

5 Dorothy Day（一八九七～一九八〇），曾在紐約擔任記者，熱情投身於爭取社會公義。她在一九三三年經濟衰退期間，創立了《天主教工人報》，為貧苦受剝削的勞動階層謀求福利。

6 Juvenal，西元一世紀的羅馬諷刺作家。

儘管這個神祇沒有自己的祭壇。朱文納爾擅長攻擊羅馬上流社會的浮誇富人階級，或是統治高層的冷酷與腐敗。

耶穌與朱文納爾似乎看法相同，儘管一個不認同、一個口是心非，卻都知道金錢是人民心目中的神。這兩人對追求與累積財富的慾望都有同樣的宗教看法，我們也因而了解早期基督宗教對羅馬哲人的強大吸引力。對羅馬城邦甚至首都而言，耶穌傳達的訊息並不陌生，而且還博得古代思想家的由衷贊同。哲學派別如斯多噶派[7]、伊比鳩魯派[8]都指出，財富不是快樂生活的必需品，有時甚至還是一大障礙。

自古以來，基督宗教歷史始終無法統一對金錢的論調。早期教會吸引富人之後，就開始爭論到底該施捨多少金額給窮苦的會眾。這在聖保羅時代就曾引起眾怒，也讓他在某些書信中談論這個問題。後來基督宗教在第四世紀成為國教，教徒因為不滿教會高層積聚財富，大批人成群結隊退居沙漠的木屋、山洞，從事所謂的「修道運動」。在整個中世紀時期，也不時有抗議者譴責教會世俗化，甚至懷疑富裕的教會是否能代表耶穌所傳達的訊息；畢竟他當年便清楚警告過世人，財富可能有害靈修。馬丁．路德．金恩對天主教的主要抱怨之一，便是教會推銷服務給窮人，藉以斂財。這個問題至今仍舊存在，也還是主要的分歧點。

金錢是敏感的話題，學生想找機會抒發意見，我實在不該感到意外；然而其中有個棘手陷阱。儘管很多人都想避開金牛犢[9]，卻不知道聖方濟與桃樂絲．黛所信任的上帝，可以為他們提供什麼適合的替代方案。沒有人想走下成功的階梯，步入空氣稀薄的地方。他們崇拜選擇另一種生活的人，但同時也心有不甘。聖方濟與桃樂絲．黛怎能確定「神會提供一切所需」？況且這兩人都無須養家（也不必償還高額的求學貸款）。聖方濟所代表的喜樂與自由，不但並未激發學生「見賢思齊」，反而還將了他們一軍。這下可輪到我煩惱了。難道介紹學生認識這些觀念，其實是壞處多過好處？股票經紀人只要滿懷愧疚，就比其他同行更高貴嗎？

現代聖方濟如是說

答案，或者該說答案之一，就出現在我介紹聖方濟修士給學生之後。我認識巴西神學家里奧納多．波夫已經有好幾年了，我們在國際大會上結識，也曾到里約熱內盧郊外的修道院拜訪過他；里奧納多是當地主流期刊的編輯，也為附近貧民區的一小撮信眾服務。他從未穿過方濟會的傳統粗布衣，更沒在腰間束條帶子，因為他認為，早期的方濟會修士會穿那套服裝，是為了抗議義大利在十三世紀初重視金錢與華服的文化，然而在現代早就不合宜，成了造成隔閡的宗教制服，失去當初與窮困百姓站在同一陣線的原意，這點絕對違背聖方濟的初

7 Stoics，公元前三百年興起於雅典，研究重心是倫理德行學。他們強調人生應該追求的目的不是快樂而是德行，即「順從自然」。

8 Epicureans，在公元前三〇六年起於雅典，認為人的感官享受比獲取知識更重要，所以活著要盡情享樂，並且提倡人死如燈滅、永恆神也不存在。

9 Golden Calf，〈出埃及記〉32章提到，亞倫（亞郎）鑄造金牛犢，是古代以色列人崇拜的偶像。

衷。因此他穿牛仔褲、普通襯衫。

里奧納多修士到美國見過我的學生，仔細傾聽他們對福音書要求棄絕瑪門所產生的矛盾情緒之後，也察覺他們對達到理想的偉人所流露的厭惡之情。里奧納多的答案令人放心。

第一，他明確指出聖方濟的選擇**志願貧窮**，不同於**非志願貧窮**；前者自有其精神報酬，後者則是壓迫世上千百萬人。一個是神恩，另一個則是人禍；前者的目的，就是減輕後者的苦難。里奧納多說，聖方濟從未期望所有人、或甚至只是多數人效法他的決定。聖方濟知道聖保羅曾說：「恩賜原有分別。」聖方濟及其修士相信，他們有沖淡貧病者一小部分不幸的特別任務。

此外，他們也要以身作則，警告有權有錢的人，權勢與財富都無法換得喜樂與自由，而且富裕者有義務提供窮人生計與醫療。聖方濟在晚年甚至組織第三會，成員都是在俗人員，儘管他們受到聖人啟發，卻因為結婚、有家庭牽絆等原因，無法成為修士。聖方濟本人也明白，並非每個人都能恪守耶穌的嚴格要求。

里奧納多還解釋，儘管聖方濟是將近七百年前的人，每一代的方濟會修士還是都得徹底全面思索這位創建人的使命，才能清楚指出貧困如何導致許多窮人英年早逝。聖方濟的做法適合十三世紀早期，然而當年可沒有貪婪的公司行號壓榨童工、或是大規模廣告荼毒窮苦人民心靈。里奧納多．波夫身為方濟會修士，所以也是解放神學家，他認為利用自己的天賦與教育背景（他是德國知名學府的博士）可以改善窮苦階級與社會邊緣人的生活。他深信《聖經》中的神與這些人同一陣線，因此我們也要與他們共同面對生活苦難，才能體現主愛。

當然，如果有人希望加入方濟會，他也絕對不會拒絕。「我們的確需要一些生力軍……男女皆可，」他顯然很熟悉美軍的徵兵口號，「但是其他人應該努力接受最好的教育，然後利用神賜與的權勢與財富，推翻現有的社會、經濟結構，改善貧苦與不公平的現狀。」沒有學生因為里奧納多此行而加入方濟會，卻都很感謝他的忠告。他走的時候還穿著鮮紅色的哈佛運動衫。

不要為明天憂慮？

耶穌警告民眾不要事奉瑪門之後，又說出最抒情、最耳熟能詳、也最令人惱火的話：「不要為生命憂慮吃什麼，喝什麼；為身體憂慮穿什麼。生命不勝於飲食嗎？身體不勝於衣裳嗎？」接著他又鼓勵聽眾，「你想野地裡的百合花怎麼長起來；它也不勞苦，也不紡線。然而我告訴你們，就是所羅門極榮華的時候，他所穿戴的，還不如這花一朵呢！」最後的結論則是：「所以不要為明天憂慮，因為明天自有明天的憂慮；一天的難處一天當就夠了。」古典的欽定版則說：「所以你們不要想到明天。」（馬太福音7章25、28、29、34節）

讀到這段時，學生搖頭的頻率增加、沮喪的指數也直線上升好幾級。這下真的太離譜了。換邊臉頰讓人打？有可能，說不定。愛你們的仇敵？在合理的範圍之內或許做得到。但是叫我們不要為明天憂慮？也別為下週煩惱？難道連期末考也不要理會？耶穌真是愛說笑。這些漂亮的場面話大概只能刺繡，裱框掛在牆上——然後置之不理。

我發現自己很難提出反駁。學生周遭的環境，似乎都特意要督促他們思考未來。畢竟他們受教育，不就是為了**準備**迎接將來？否則父母為何拚命把孩子送進最好的幼稚園，然後才能進優秀的小學、高中，申請到優異的大學，然後才能……？我自己不也是問題的其中一環嗎？難道我沒吩咐他們看書，公布期中、期末考時間，偶爾還要提醒他們作業截止期限，甚至催促他們準備？

別為身體憂慮穿什麼？百合花或許賞心悅目，但是它們可不必藉由衣裝給面試主考官留下好印象，或是留心今年的時裝潮流（或過時款式），免得在跟朋友進城時貽笑大方。對現代美國高中生、大學生而言，「穿什麼」可是比以往加倍令人煩惱。在他們父母的時代，只要穿著合宜、不髒亂邋遢即可，如今的學生卻得面對更棘手的挑戰：要怎麼打扮才不會太過頭、太華麗，或讓人覺得「小題大作」。穿著打扮透露出你這個人的底細、跟哪些人交朋友、如何看待自己。以上幾點納入考慮之後，服裝可是門大學問。百合花才不需要如此大費周章。

不要煩惱吃什麼的問題，對繁榮國家的富裕國民而言，肯定不同於耶穌當年的先民、或是現代窮苦國家的人民；而且這個差異還相當殘酷。非洲飢荒國家的年輕媽媽，根本不可能不為自己或寶寶煩惱食物打哪兒來，甚至大概也只能掛念這件事，而且我們也沒有資格怪罪她們。至於美國的青少年、許多成年人，時時都擔心即將入口的食物，會不會在身上長出太多肥肉：「我說過我要健怡可樂！」無論老少，女性對這點可是斤斤計較。超商架上的每本女性雜誌封面一定有兩個特徵：第一就是照片修得完美無瑕的封面女郎永遠面帶微笑，牙齒美麗潔白、胸部豐滿、腰身苗條；另一點就是標題一定有最近實驗成功的節食方法。簡而言之，對我的學生來說，耶穌教導信徒不要煩惱吃、穿，似乎符合中古世紀所說的「難以實現的籌策」（counsel of perfection）——只有修士、修女才能遵照。也就是聽起來很理想，卻不適合他們。

然而我依然察覺到學生的嚮往之情，他們也希望，自己能過著耶穌所描述的無憂無慮生活。許多人都欣羨地提到高中朋友或遠親「拋開所有束縛」，成為佛蒙特州的滑雪達人，或是在南歐搭便車旅行——或許這並非耶穌所要傳達的境界。有些人則不滿地指出，「不要事奉瑪門」與「不要為明天憂慮」根本就自相矛盾。

有個學生諷刺地告訴我，他身邊不擔心未來——大概只關心坡道積雪多寡——的閒雲野鶴可以如此無所謂，都是因為他們的父母等人必須為他們操煩。而且這些人也會想自己要吃什麼、穿什麼。他們要穿最流行的休閒外套、登山靴，卻不必擔心價格，因為他們用的是信用卡，否則就是花信託基金。另外一位學生介紹康德著名的倫理行為測驗：如果大家都這麼做呢？如果每個人——超商店長、飛機機長、醫生……還有教授——「都不要為明天憂慮」呢？世界會不會就此停止？記事本、月曆、手機上要記載什麼？

生命不勝於飲食嗎？

試圖解答這些合理疑慮之前，我得先坦承，這段經文可能是《新約》中最強調耶穌教義有多激進的段落。他這下可真是徹底斷了後路，展開有時會出現「人子沒有枕頭」[10]窘境的新生活。耶穌之所以這麼做，是因為他全心相信上帝一定會提供生活一切所需，因此才要求信眾，無論是彼時或此刻都要嘗試過這種生活，走另一條沒有財富保障的不尋常道路——而且這條路往往崎嶇險惡。他在這段的結尾表示：「你們要先求他的國和他的義，這些東西都要加給你們了。」

但是，耶穌真的期望每個人都與他過同樣的生活嗎？他的確指派某個門徒管帳（儘管他指派猶大〔猶達斯〕似乎表示他在人事方面不太精明），因此他所帶領的這一小撮人絕對不是身無分文。他的朋友——馬利亞、馬大（瑪爾大）、西門（西滿）等，都很樂意在家中款待他，也並未丟下一切跟隨他。耶穌不是苦行者，他也喜歡吃吃喝喝，還為迦拿（加納）的婚禮提供酒。恐怕以下這句反詰問題才是他的智慧精髓：「生命不勝於飲食嗎？」他的意思是食物與衣服都是必要品，除此之外還有何意義？他的關鍵態度並非魯莽棄絕物質，而是堅信生命並非只是維持生計，而且上帝一定會提供真正的生活所需。

我並不認為福音書的現代翻譯絕對有用，但是在這個案例中卻是例外。這個段落用「不要憂慮」，絕對比只能遠觀的「不要想明天」更貼切。人類本性就是會想到明天，而且絕對有此必要。「想」有建設性，「憂慮」則令人裹足不前。上千萬的匿名戒酒會成員發現，練習「一次過一天」的活動，有助於避免擔憂自己以後是否又會因為壓力而耽溺於瓶中物，因為那種操煩會逼得他們又開始酗酒。如同耶穌所言，明天有明天的憂慮（馬太福音6章34節）。

根基立在磐石上

在滔滔不絕的「登山寶訓」中，耶穌的結論是：「不要論斷人，免得你們被論斷。」他用誇張的修辭法指出，不必擔心鄰居眼中有刺，畢竟你自己眼中還有樑木。「你們願意人怎樣待你們，你們也要怎樣待人。」「憑著他們的果子就可以認出他們來。」最後則是大家常聽到的句子：

> 所以，凡聽見我這話就去行的，好比一個聰明人，把房子蓋在磐石上；雨淋、水沖、風吹，撞著那房子，房子總不倒塌，因為根基立在磐石上。凡聽見我這話不去行的，好比一個無知的人，把房子蓋在沙土上；雨淋、水沖、風吹，撞著那房子，房子就倒塌了，並且倒塌得很大。
>
> ——〈馬太福音〉7章24–27節

10〈馬太福音〉8章20節。

年復一年與學生一起討論「登山寶訓」，我從中得到嚴格的重要教訓。我很感激千百年前有人不計辛勞寫下《聖經》，我們今天才能讀到。我很難想像少了《聖經》，西方歷史、甚至全世界的歷史會是什麼模樣。

然而我卻一次又一次地遭到打擊，因為我明白自己無法達到那種理想，無論我有多崇拜比我更能恪守耶穌教誨的人。因此每年上完「登山寶訓」的課之後，有時我便覺得自己再次攻頂，然而我自知無法長時間待在高處，總得下山。我很清楚，至少有部分學生也有同感，有時甚至認為馬太也有類似反應。他在「登山寶訓」的章節之後，描述有所請求的群眾再度包圍耶穌，其中有個痲瘋病人希望自己能夠痊癒。

第14章 故事比喻與禪宗開悟

那人要顯明自己有理，就對耶穌說：「誰是我的鄰舍呢？」耶穌回答說：「有一個人從耶路撒冷下耶利哥去，落在強盜手中。他們剝去他的衣裳，把他打個半死，就丟下他走了。偶然有一個祭司從這條路下來，看見他就從那邊過去了。又有一個利未人來到這個地方，看見他，也照樣從那邊過去了。惟有一個撒馬利亞人行路來到那裡，看見他就動了慈心，上前用油和酒倒在他的傷處，包裹好了，扶他騎上自己的牲口，帶到店裡去照應他。第二天拿出二錢銀子來，交給店主，說：『你且照應他；此外所費用的，我回來必還你。』你想，這三個人哪一個是落在強盜手中的鄰舍呢？」他說：「是憐憫他的。」你去照樣行吧。

——〈路加福音〉10章29–37節

如同古往今來的所有拉比，這位拿撒勒的拉比也喜歡編故事，他這點特質最像猶太人，也最有拉比風格。《新約》記載耶穌所說的將近六十個故事，即便最有批判精神的學者也願意相信，這些作品的確出自於他。一如某位學者所言，「這些故事散發出名副其實的加利利人口吻。」後世的拉比所說的故事蘊藏大量智慧，幾百萬人聽過，然而耶穌所說的故事，更傳到幾億人耳中。

這些故事由後人不斷流傳、複述，已經有許多故事成為日常用語，多到人們信手拈來都不自知。我曾經跟學生玩過一個遊戲，詢問他們以下句子有多少出自耶穌口中？我一一寫在黑板上：「不辭辛勞」（多走一里）、「不要過分謙沖隱沒才能」（人點燈，不放在斗底下）、「盛情款待」（宰了肥牛犢）、「別對牛彈琴」（不要把珍珠丟在豬前）、「可憐的迷途羔羊」。正確答案當然是以上皆是，而且多出自耶穌所說的譬喻寓言。倘若耶穌為所有說過的話申請版權，肯定非常富有。

故事是耶穌的慣用手法，傳道的主要媒介。這些比喻佔頭三部福音書的三成五，但是最令人意外的特徵，便是這些故事說的**不是上帝**，而是關於婚禮、喜宴、家庭成員的對峙、行兇打劫、農人耕種收割或是機靈的交易；大概只有一兩次提到神。善名先生托夫雖然晚耶穌一千五百多年出生，卻與他有許多共通點，而且耶穌顯然希望我們仔細看**這個世界**，而不是另外一個。我們要找到神的存在，就要在此時此地——在周遭最平凡的事物當中。

在耶利哥路上遭打劫的故事，是耶穌最有名的比喻之一。故事中的倒楣旅人倒在溝渠中血流不止，可能還昏過去（「被打個半死」），也可能錢被拿走，頭部、身體瘀傷；有三人看到他，其中兩個定型角色——祭司、利未人——的反應，一定在耶穌聽眾的預期之中，他們出現在許多當代典故中，但是標準陳腔濫調裡的英雄一定是以色列百姓。

這是公式，故事一定會有當時三種階級的人物，而以色列平民一定勝過高階權貴。但這一回耶穌拉比卻使出驚人招式。他沒提到以色列人，反而說到混血的撒馬利亞人（以前大多說這些人「毫無可取之處」）。目前登場的演員都是普通紙娃娃，就像現代玩笑總說「如果義大利人、法國人、美國人一起走進酒吧……」

故事接下來的大逆轉，導致耶穌拉比惡名昭彰。古代受人尊敬的祭司與利未人都特意繞道而行，假裝自己沒看見可憐的旅人；唯一駐足幫忙的卻是向來沒有好評的撒馬利亞人，這類人根本不該出現在當時的軼聞中。此人施行第一世紀的急救措施，用油和酒倒在傷者的傷口，然後扶他騎上自己的驢子，送他到客棧，安排店主照顧傷者，甚至自掏腰包付錢。

學生讀到這則故事時，第一個反應就是控制自己別打哈欠。這個比喻不只常聽到，而且背後的教訓似乎也非常明顯。倘若我們在布雷托街邊看到有人遭到打劫受傷，就應該幫助他。難道還有什麼新意？

耶穌拉比的故事有禪宗風格？

然而耶穌的目的不是講述倫理道德，他另有打算；這個故事，只是證明耶穌擅長「以此說彼」。他想帶著信徒走上看似熟悉的道路，然後在最後一分鐘顛覆傳統思想、整頓聽眾的既有世界觀。他的故事就像棒球的變化球，起初是甲，後來卻變成乙，導致打擊者無法算準時間揮棒。

比較耶穌拉比的比喻及其他智者所說的故事，我們便會發現各有相似處或重要的差異。許多宗教都喜歡以故事教化眾人，早期基督徒隱士的「沙漠教父」[1]與拉比一樣，也用同樣

1 Desert fathers，第一代基督徒隱士。就是西元第四世紀，在埃及、巴勒斯坦、阿拉伯沙漠中，拋棄一切以追求基督精神的男士，他們有「沙漠教父」之稱。

方法傳道，古往今來的蘇菲大師與佛教高僧也一樣。

這些宗教傳統的故事，最能看出雷同處與分歧點。最能理解耶穌故事的方法，就是拿這些典故與禪宗大師所說的公案[2]相比較。這些禪師一如耶穌，他們也不想直接說出寓意，只是誘使聽眾改變思維。舉例而言，有個禪宗故事敘述某個年輕僧人離開自己的師父，前往探視另一位高僧謝靈運[3]。

「佛陀誕生前的世界是什麼模樣？」僧人問。

謝靈運一語不發，只舉起拂塵。

疑惑的年輕人又問：「佛陀誕生之後呢？」

這次大師又再度舉起拂塵，同樣不說話。莫名其妙的年輕僧人只好返回師父身邊。

「這麼快就回來了？」師父問。

「唉，是啊，」僧人說，「我一無所獲。」

「不如問問我吧？」他的師父說。

因此僧人又提出同樣兩個問題，他的師父也舉拂塵回答。這次僧人卻彎腰鞠躬，師父拿拂塵敲他的頭。故事就此結束。

現代讀者聽到這個公案，可能既開心又惱火。僧人得到答案了嗎？真有答案嗎？他應該提問嗎？他終於「明白」兩位大師了嗎？抑或他明白根本沒有搞清楚的必要？師父為何敲他的頭呢？

如同著名的禪宗謎語：「單手擊掌會發出什麼聲音？」這些故事聽起來不是很無厘頭，就是頗為深奧，抑或兩者兼而有之。年輕僧侶與師父、謝靈運的故事不在於傳達寓意，因為這不是《伊索寓言》。禪宗掌故是用來改變信眾的想法，或是對世界的看法。這也是耶穌拉比的風格，他的故事幾乎都有一百八十度大轉彎的結尾。聽眾不但得不到答案，還可能更添迷惑。

用言語的拂塵敲打同胞的頭

禪宗大師鈴木大拙[4]以經典名著《禪宗論叢》幫助西方讀者了解公案的意義。他的解釋，也有助於讓我們更了解耶穌拉比故事的旨意。鈴木解釋，禪宗的精髓，就是檢視人生而「得到新觀點」。但是他又說，要獲得新見解就必須「先經歷人生最大的心靈震撼」，他說，

2 koan，日本佛教禪宗的一條規矩，在冥想中用似是而非的短句或問題，目的是讓信徒把注意力集中在解釋公案上面，消耗掉他們分析的智慧和願望，好讓頭腦空出來回應直覺。約有一千七百條傳統的公案，出自古代禪師的軼事。

3 南朝山水詩人謝靈運（三八五～四三三），工詩文，能書畫，通史學，又熟精佛教老莊哲學。是扭轉當時崇尚玄言詩風、開創山水詩派的第一人。早年信奉佛道，曾注釋過《金剛般若經》，潤飾過《大般涅經》，《辯宗論》為其闡釋頓悟的哲學名篇。

4 T. Suzuki（一八七〇～一九六六），原名貞太郎，後因學禪改名大拙，別號也風流居士。石川縣金澤市人，師事臨濟宗圓覺寺派宗演學禪，擁有「世界禪者」的美譽，畢生致力於禪學的發揚，對世界文化的影響無法估計，他的重要著作《禪學論叢》被各國學者專家視為禪學權威。

這就猶如暴風、地震、石破天驚。所謂的「悟」，就是「打開了至今未曾察覺的嶄新世界」。若是「悟」了，

> 就能用意外的角度觀察所有周遭環境……世界對悟道的人而言，已經不再是以前的舊世界……世界再也不一樣了……（但是）悟唯有透過體驗才能得到。

鈴木接著又將得到「悟」比喻成解開數學難題的過程，或是得到重大發現、尖叫「太棒了！」的心情。然而他警告眾人，這還只是「悟」的智性面，要徹底開悟，還要囊括生活的每個層面。

耶穌的故事有類似的目的，所以我往往拒絕照傳統所言，稱其為「比喻寓言」，因為這個字眼很快就令人聯想到寓意。「比喻」一辭來自希伯來文的「箴言」（mashal），後者含意更為廣泛。不但代表「故事」，有時也有諷刺、歌吟之意。有些學者認為，這個字眼最古早的意思並非言語，而是實際演出的戲劇。無論如何，耶穌拉比忠實詮釋當時的猶太教教義，不但賦予新生命，還以新方法運用古老的「箴言」。他以此激勵同胞，還用言語的「拂塵」敲打他們的頭。

此外，耶穌也不只以說故事自滿，如同「箴言」的古義，他還用行動劇方法實際演出。他不只**嘴上說**要叫外邦人與社會邊緣人同桌共餐，到處傳道時也**實際結交**各種聲名狼藉的人

物、罹患可怕疾病的人、外邦人，包括眾人所不齒的羅馬皇帝的官僚或以色列跟班。他抵達耶利哥時，發現當地的稅吏長撒該（匝凱）爬上樹只為了看清楚這個著名拉比，耶穌便喚撒該下來，說要到他家中用餐。耶穌的專長就是說「箴言」，而且還親身照做。猶如福音書所言，耶穌一生的榮衰就是一個比喻寓言，形式如同故事，結尾也教人吃驚。

掉落的麥穀

耶穌的故事雖然在某方面類似禪宗的公案，卻也有重要的分歧。禪宗故事的目的是改變信眾的世界觀，耶穌則希望人們明白**世界本身正在改變**，所以信徒最好改變自己的看法。事實上，他也邀請信徒投入改變的洪流。他不斷反覆表示：「有眼看的人就讓他看，有耳聽的人就讓他聽。」耶穌只希望人們注意周遭發生的事情，進而了解顯而易見的真相。他為了描述這種改變，採用信眾熟悉的字眼，儘管他的方法可能會驚嚇聽眾。他說這種改變就是「上帝的國」來臨，這不只是發生在聽眾內心，而是真切發生在世界上。前所未見的嶄新事情正在發生，信徒都可以親身參與。

總之這就是耶穌拉比所說的故事之宗旨，只是以許多不同的方式表達。一次又一次響起的旋律提醒我們，讓我們想起有關耶穌的族譜以及出生傳說中的悠揚主旋律。主旨就是上帝對所有人的無邊大愛，無論這些人是不是以色列人。這些故事熱鬧地演出急轉直下的情節，或是出人預料的結局，利用人生百態來說明。然而最根本的目的就是：眼睛看、耳朵聽，你就會看到上帝的國度就在此時此地。聽過耶穌福音的人，絕對不會認為自己可以什麼都不做，光只是空等。耶穌所有言行舉止，就是要求聽眾必須有所回應。

但是耶穌呼籲眾人趕快付諸行動，在當時與現在，所得到的反應都是形形色色。當時多數人不加理會，畢竟這些令人為難的啟示，都逼人硬著頭皮改變原本的生活方式。雖然也有些人正視耶穌所言，但千百年來，更多人介於兩極之間，多數學生就是屬於這個類型。身為教師，耶穌在某個知名故事中所用的隱喻頗令我欣慰，該則比喻講述麥穀落在各種土壤上——有落在荊棘裡的、石頭地上的，或是肥沃土壤中。種子不會立刻發芽長大，我也知道老師的命運就是無法看到種植的果實開花結果，但是我確定，學生們絕對不會忘記這些變化球帶給他們的震撼。

第15章

狡猾的執行長與被寵壞的臭小鬼

耶穌又對門徒說：「有一個財主的管家，別人向他主人告他浪費主人的財物。主人叫他來，對他說：『我聽見你這是怎麼樣呢？把你所經管的交代明白，因你不能再作我的管家。』那管家心裡說：『主人辭我，不用我再作管家，我將來做什麼？鋤地呢？無力；討飯呢？怕羞。我知道怎麼行，好叫人在我不作管家之後，接我到他們家裡去。』於是把欠他主人債的，一個一個地叫了來，問頭一個說：『你欠我主人多少？』他說：『一百簍油。』管家說：『拿你的帳，快坐下，寫五十。』又問一個說：『你欠多少？』他說：『一百石麥子。』管家說：『拿你的帳，快坐下，寫八十。』主人就誇獎這不義的管家做事聰明；因為今世之子，在世事之上，較比光明之子更加聰明。

我又告訴你們，要藉著那不義的錢財結交朋友，到了錢財無用的時候，他們可以接你們到永存的帳幕裡去。」

——〈路加福音〉16章1–9節

這真的是我們所認識的耶穌講的話嗎？他似乎稱讚那個貪心、不義、而且還會說謊的管家，因為他瞞騙主人，好為自己鋪路，將來才有經濟保障。這位說故事的拉比，究竟想藉這個故事傳達什麼訊息？

在班上討論耶穌的比喻時，我必須謹慎挑選。《聖經》中有六十多個故事，我卻只有一個學期，所以非得挑選最有代表性的寓言，也要決定從哪個故事說起。我大可以選擇「無知的財主」、「芥菜種的比喻」、「迷途羔羊」、「財主和乞丐」，但是我希望第一個故事可以最有效地顛覆學生的期望。

我試過許多不同故事，最後選定本章開頭的故事便沒再改過，我稱此故事為「狡猾的執行長」。我絕對不希望學生自以為已經「完全了解」這些比喻，我希望誘使他們日後還會重讀。我之所以選中這則，是因為這個故事清楚點出耶穌的變化球風格——他希望激勵聽眾以不同角度看待事情。

引人爭議的執行長

牧師並不常講到狡猾執行長的比喻，所以多數學生都沒聽過，而且讀過之後都大惑不解。有些人甚至不相信耶穌說過這則故事，因為太不符合他的個性。報章雜誌常寫到執行長侵佔股東或員工的權益，然而耶穌在這則故事中似乎大為讚許這個自私狡猾的管家，彷彿此人可以勝任公司的高層主管。這究竟是怎麼一回事？

儘管學生不斷施壓，我從未舉白旗，向他們「解釋」這則謎語的「真正含意」。第一，儘管我讀過六、七個可靠的詮釋，但是我自己也不確定。然而主要理由還是我希望忠於拿撒勒拉比，尤其是這則比喻的精神；我希望學生感到苦惱、迷惑，必須重新整理思維，就算不會重新思考整個世界，至少也要審視自己對耶穌的某些看法。接下來的段落，可當作這則比喻的解釋：

人在最小的事上忠心，在大事上也忠心；在最小的事上不義，在大事上也不義。倘若你們在不義的錢財上不忠心，誰還把那真實的錢財託付你們呢？倘若你們在別人的東西上不忠心，誰還把你們自己的東西給你們呢？

一個僕人不能事奉兩個主；不是惡這個愛那個，就是重這個輕那個。你們不能又事奉神又事奉金錢。

——〈路加福音〉16章9－13節

這個自說自話的解釋似乎還留下許多疑問，然而大概也只能這樣了。耶穌常常在比喻中強調，只要是涉及神國降臨的道德抉擇就有其急迫性：最好趕快行動！或許這個故事就是屬於這類。耶穌的意思，也可能是事情的真相往往並非表面所見。我們認定是惡棍或無賴的人，或許也有優點可以學習；又或許，這則比喻根本就有許多意義，一如禪宗的寓言，目的可能就是要人神經短路，敞開胸懷看到新的可能性。我從多年教學生涯中發現，從事這行的人總是忍不住要解釋得鉅細靡遺，但其實困惑、迷惘不見得是學習障礙，有時反而有益處。我相信，信眾聽過耶穌的話語之後，一定經常眉頭深鎖、腦袋搖個不停——這就是他傳道的基本方法。

死而復活、失而又得

與學生討論《聖經》中的比喻，也常讓我得到意外的新觀點，即便無關經文，也讓我更認識年輕人的世界。以下的故事，往往被稱為「浪子回頭的比喻」：

耶穌又說：「一個人有兩個兒子。小兒子對父親說：『父親，請你把我應得的家業分給我。』他父親就把產業分給他們。過了不多幾日，小兒子就把他一切所有的都收拾起來，往遠方去了。在那裡任意放蕩，浪費資財。既耗盡了一切所有的，又遇著那地方大遭饑荒，就窮苦起來。於是去投靠那地方的一個人，那人打發他到田裡去放豬；他恨不得拿豬所吃的豆莢充飢，也沒有人給他。

他醒悟過來，就說：『我父親有多少的雇工，口糧有餘，我倒在這裡餓死嗎？我要起來，到我父親那裡去，向他說：父親！我得罪了天，又得罪了你；從今以後，我不配稱為你的兒子，把我當作一個雇工吧！』於是起來，往他父親那裡去。

相離還遠，他父親看見，就動了慈心，跑去抱著他的頸項，連連與他親嘴。兒子說：『父親！我得罪了天，又得罪了你；從今以後，我不配稱為你的兒子。』父親卻吩咐僕人說：『把那上好的袍子快拿出來給他穿；把戒指戴在他指頭上；把鞋穿在他腳上；把那肥牛犢牽來宰了，我們可以吃喝快樂；因為我這個兒子是死而復活、失而又得的。』他們就快樂起來。

那時，大兒子正在田裡。他回來，離家不遠，聽見作樂跳舞的聲音，便叫過一個僕人來，問是什麼事。僕人說：『你兄弟來了；你父親因為得他無災無病地回來，把肥牛犢宰了。』大兒子卻生氣，不肯進去；他父親就出來勸他。他對父親說：『我服事你這多年，從來沒有違背過你的命。你並沒有給我一隻山羊羔，叫我和朋友一同快樂。但你這個兒子和娼妓吞盡了你的產業，他一來了，你倒為他宰了肥牛犢。』父親對他說：『兒啊！你常和我同在，我一切所有的都是你的；只是你這個兄弟是死而復活、失而又得的，所以我們理當歡喜快樂。』」

——〈路加福音〉15章11－32節

這個故事不像「可議執行長」的比喻，寓意似乎直截了當，歌誦父親的慷慨與寬大胸襟，即便這個兒子根本就是人人眼中的「被寵壞的自私自利小鬼頭」，等不及父親過世分家產，就要求他應得的家業。結果他放浪形骸，揮霍無度，落得只能去做對猶太人而言是格外卑賤的養豬工作，甚至餓得想撿豬吃的廚餘。後來他決定回家，乞求父親的憐憫，在自己家中充當僕役（有個學生機靈地指出，或許這個小兒子早就猜到父親不會捨得讓他做這類雜工，最終肯定會盡釋前嫌）。

還沒回家，小兒子就已經準備好打動父親的說辭。有些學者宣稱，這就是西方文學「內心獨白」的首例。然而在兒子說出反覆練習的懺悔前，父親卻大老遠就主動跑過來擁抱兒子，甚至要人設宴慶祝他的浪子回頭。

尷尬的是，老大剛好在田裡耕種完畢要回家，卻意外聽到飲酒作樂的聲音；他自然對父親大發脾氣，認為老人家不該偏袒這個遊手好閒的弟弟。值得附帶一提的是，哥哥抱怨弟弟把錢浪費在娼妓身上，然而前文根本沒提到這件事，或許是氣憤的兄長自己憑空想像。父親告訴長子，說自己也愛他，但是「你這個兄弟是死而復活、失而又得的」。

我以為討論過不義管家的比喻之後，這個故事應該很容易，卻意外碰了一鼻子灰。我強調父愛有多偉大，甚至連不知感恩的浪子也疼愛，學生竟然大惑不解。他哪裡偉大？我強調：「他主動迎接兒子，還沒聽到任何解釋就歡迎他回家。難道這還不夠寬大為懷嗎？」

我的學生卻不以為然。每個父親不都這樣？他當然會歡迎兒子回家，宰肥牛犢，邀請兒子的朋友一同歡慶。父親**就是這樣**。他們也相信自己能夠理解長子為何惱火（佔班上三分之一的老大更能體會），然而父親解釋過後，大兒子也一起慶祝，學生都認為隔天應該更能釋懷。

我從這段討論中學到，因為家庭形式的改變，這一代將以他們獨特的看法詮釋家庭事件。這個浪子回頭的比喻，不論是在第一世紀、中古世紀或現代，顯然都得到不同的迴響。然而這類故事的力量，也就在於可以代代相傳。

行為另人不解的國王

接下來的比喻，既可以讓學生侷促不安，又能得到教訓：

耶穌又用比喻對他們說：「天國好比一個王為他兒子擺設娶親的筵席，就打發僕人去，請那些被召的人來赴席，他們卻不肯來。王又打發別的僕人，說：『你們告訴那被召的人，我的筵席已經預備好了，牛和肥畜已經宰了，各樣都齊備，請你們來赴席。』那些人不理就走了；一個到自己田裡去；一個作買賣去；其餘的拿住僕人，凌辱他們，把他們殺了。王就大怒，發兵除滅那些兇手，燒毀他們的城，於是對僕人說：『喜筵已經齊備，只是所召的人不配。所以你們要往岔路口上去，凡遇見的，都召來赴席。』那些僕人就出去到大路上，凡遇見的，不論善惡都召聚了來，筵席上就坐滿了客。王進來觀看賓客，見那裡有一個沒有穿禮服的，就對他說：『朋友，你到這裡來怎麼不穿禮服呢？』那人無言可答。於是王對使喚的人說：『捆起他的手腳來，把他丟在外邊的黑暗裡；在那裡必要哀哭切齒了。』因為被召的人多，選上的人少。」

——〈馬太福音〉22章1－14節

這個比喻的前十句還算和氣，也是耶穌傳道的典型內容。桌子已經佈置好，銀器都各就各位，葡萄酒也已經開瓶，然而上流權貴、家世良好的西班牙大公、印度女大君竟然沒出席晚宴。一個也沒來！國王非常憤怒，一氣之下，決定大開城門，歡迎路邊閒逛的各類販夫走卒，甚至派僕人去召聚路人，引領百姓進入皇宮。

截至目前為止，這還是典型的「大逆轉」，令人想起耶穌的警世格言：「那在後的，將要在前；在前的，將要在後了。」一看來都沒有多大問題，比喻的寓意也非常清楚明白。然而此後卻出現了變化球。王進來觀看上門的賓客，客人剛從交通要道給抓下來，知道自己可以參加盛饌酒席，還驚恐得一臉茫然。他看到某人穿著不得體，怒而教訓對方，但是那個困惑的男子卻無話可說。他怎麼說得出話來呢？誰曉得自己才剛清完馬廄，或是在結束耕種回家的途中，竟然會碰上國王的使者，隨即被帶入皇宮用餐呢？他當然沒時間換禮服，問題是所有臨時被趕鴨子上架的賓客也都穿便服。國王的怒氣一發不可收拾，派人將此人的手腳捆起來，丟到暗地，「在那裡必要哀哭切齒了」。這對毫無心理準備的倒楣路人而言，實在是不公平的懲罰。

學生再度感到不解。耶穌是稱讚這個易怒的國王嗎？這個故事有何意義？這些幸運的路人中可能還包括流浪漢，說到他們終於能夠飽餐一頓之後，耶穌何不就此打住呢？他為何要在最後潑大家冷水，來個如此沒有常識又不合常理的結尾呢？他這樣做，**真正用意究竟是什麼**？

帶著問號抵達終點

一如往常，我同樣不願意減輕這則故事引起的眾怒，或是為這則不合邏輯的比喻提出合理的解釋。是的，如果天國正要來到，我們隨時會碰上，就得事先做好心理準備——許多《聖經》比喻都指出這一點。「登山寶訓」就說得很明白：回應上帝呼喚的人，都必須做出某種行為。然而這個討厭鬼國王的故事，因為太過苛刻，讓許多學生受不了。有些人甚至還告訴我，他們懷疑我之所以無法「解釋」某些比喻，是因為我課前準備不足。畢竟他們修的這門課可是道德**判斷**，難道要求耶穌的比喻必須有合理寓意會太過分嗎？學生可不喜歡只看到謎題與腦筋急轉彎。

儘管學生無法接受，我也從未因此屈服於他們的要求而解釋、闡明或「澄清」。只要我們還活著一天，就得不斷成長。成長表示要學會忍受令人不滿、抑或有缺憾的結局，學著接受有些人就是無法活到天命壽數，或是有些人就是會往意想不到的方向被甩出去，最後甚至給燒得屍骨全無。無論我們的人生有多平凡，總是帶著問號抵達最終的神祕門檻。因此從索佛克里斯[1]、莎翁到杜斯妥也夫斯基，人類最偉大的文學都不以皆大歡喜的結局譁眾取寵。《聖經》的比喻之所以栩栩如生，就是因為拒絕滿足我們，不肯提供有條有理的尾聲。

1 Sophocles，古代希臘三大悲劇作家之一，作品中的人物都是備受命運擺佈，因一時的憤怒或誤解而造成悔恨和不可收拾的後果，但仍然忍辱偷生、與命運對抗。最膾炙人口的作品就是弒父娶母的《伊底帕斯》。

有些福音書作者忍不住要闡明耶穌的比喻，我卻認為，強壓住這種欲望反而更忠於耶穌拉比的教誨。他希望把我們震得七葷八素，我們直接照單全收，不加以稀釋，這些故事才能發揮應有的功效。

耶穌敘述故事，也親身演練；他的所作所為，幾乎都是為了傳達他的激進訊息。有些人因此受到驚嚇，也有人得到慰藉，聽眾因此心神不定，必須以完全不同的角度重新思索自己的角色、對世界的看法。這種拋磚引玉的生活方式，也影響耶穌身為醫治者的工作，我們在下一章便會討論到。

第16章 簇擁耶穌的醫學理由

耶穌坐船又渡到那邊去，就有許多人到他那裡聚集；他正在海邊上。有一個管會堂的人，名叫睚魯，來見耶穌，就俯伏在他腳前，再三地求他，說：「我的小女兒快要死了，求你去按手在她身上，使她痊癒，得以活了。」耶穌就和他同去。有許多人跟隨擁擠他。

——〈馬可福音〉（馬爾谷福音）5章21－24節

這些簇擁耶穌的群眾顯然**不是**來聽他傳道，而是因為他醫治人的能力已經盛名遠播。如果我只把焦點放在耶穌倫理教義，就會忘記這一點；但是，要在現代大學裡講解這種能力也不容易，畢竟街底就有最先進的醫療機構，從愛滋病、骨癌到躁鬱症，日日研究各種疾病的療法。《聖經》或其他宗教文學所提到的治病故事，究竟與最新的幹細胞療法、顯微腦部外科手術之間有什麼關聯呢？

這之間的差別可大了。此外我也認為，耶穌的醫治能力在課堂上是敏感話題。每個學年總有一兩個學生必須坐輪椅來上課，每兩三年就會出現需要導盲犬的學生，讓我在開課的頭幾年，幾乎隻字不提耶穌醫治病患的故事。學生發現我刻意略過不提時，我總是敷衍地說：「《聖經》題材太多，一門課當然不可能涵蓋**所有內容**。」其實是我不知道該如何講解「醫治奇蹟」，尤其是當班上有幾十個主修解剖、流行病學等醫大預科學生、或公共衛生學院來的旁聽生時，我就更不願意討論了。不只他們會懷疑這些敘述，我以前也不確定這些段落到底是真是假。最主要的理由，是顧慮到班上坐輪椅或帶著導盲犬的學生；當我提到耶穌恢復盲人的視力，或是醫好跛腳的人時，要怎麼說才不會讓他們產生錯誤期待？因此我乾脆什麼也不說。

神學院的教育背景，對我助益不大。我在學校研究《新約》時，思想開通的教授採取當年所風行的歷史批判法，將醫治故事與其他「奇蹟」——例如耶穌行在加利利海上，或是在迦拿婚禮上將水變成酒——混為一談。他們認為這些傳說來自於科學蒙昧的時代，耶穌的信徒與後人之所以歸功於他，乃是因為要在當時建立耶穌的權威，使人正視這位先知，他非得有某些奇蹟不可。

老師也敦促我們去尋找奇蹟故事背後的象徵意義，以及這些故事與《舊約》的相似點。他們似乎不相信耶穌真的治癒過那些病患，也覺得只有基督科學教派[1]、靈恩派[2]，以及會去參觀盧爾德、法蒂瑪[3]的天主教徒會相信。然而隨著年歲漸長，這些解釋愈來愈無法讓我感到滿意，卻又找不到可以取而代之的說法。

我逃避這個題材的原因還有一個，就是電視佈道家。我偶爾失眠時，一定會到樓下客廳打開電視，邊喝熱牛奶、邊吃全麥餅乾。後來有一次我發現自己夜間選台有個奇特習慣：在老片、脫口秀、減肥廣告頻道當中，只要看到打著鮮豔領帶、手拿《聖經》的電視佈道家，我一定會放下遙控器，至少看個一陣子。看到他們宣稱禱告可以醫治疾病，又看到節目中的人們魚貫上台證明自己的確病癒，我總是目瞪口呆。有些人（如吉米・史華格[4]）甚至向觀眾保證，只要他們將手放在螢幕上就能病癒，因為上帝會回應他的祈禱。有位女性佈道家更宣稱，她可以察覺電視前的觀眾是否有肝病或腰痛，而且上帝在她開口之時，便會幫她治癒他們的病痛。

另類療法

這些節目總是讓我看得很入迷，然而我還是相當納悶，有些人參加宗教儀式，拚命祈禱病癒，最後卻還是拄著枴杖離開時，心中究竟作何感想。我也很不明白，自己為何老是挑中這些節目，看了既厭惡又疑惑。儘管這些人誇大其詞，現場氣氛卻似乎仍有某種程度的真實感；但是話說回頭，我還是不知道怎麼討論耶穌身為醫治者的故事。

我接到哈佛醫學院某位素昧平生的教授來電的那一天，事情這才出現轉機。對方說他是

1 Christian Scientist，瑪麗・艾迪（Mary Baker Eddy）於一八七九年創立。該派認為物質是虛幻的，疾病只能靠調整精神來治療，並稱此為「基督教的科學」。基督教多數教派認為它是一種變種或邊緣教派。

2 Pentecostal，基督教新教宗派之一，十九世紀發源於美國，強調直接靈感，信奉信仰治療。

3 法國的盧爾德（Lourdes）、葡萄牙的法蒂瑪（Fatima）、墨西哥的瓜達盧佩，是羅馬教皇認定的天主教三大奇蹟教堂，因為聖母曾在這三個地方顯靈。

4 Jimmy Swaggart（一九三五～），美國著名電視佈道家，自命先知，在一九八八年坦承召妓。

心臟醫師賀伯・班森[5]，希望能與我聊聊；我當然很好奇，便約好時間喝咖啡。兩天後我們見了面，他說他認為自己已經有重大發現，但是擔心醫學院同儕可能不會認同，甚至輕視或譏笑他。班森說，他已經研究治療心臟病患的另類方法很久，如同所有優秀的研究學者，他也將病患分為兩組，一組接受標準醫療方法，另一組則採用截然不同的療法——班森教導他們天天靜坐冥想，只用印度導師最近引進的唱誦咒語方法，完全不用藥物治療這組病患。

班森說，他意外發現第二組病患——靜坐者——的發作次數，明顯少於第一組。問題在於，覺得這種方式太無聊或奇怪的病患也不少，因此班森詢問某名病患，他所信仰的宗教是否有任何可以替代唱誦的方法。這個病患想了想，回答他說，他從小便記得的主禱文似乎不錯。班森便建議他，在持續數週的每天二十五分鐘靜坐時刻重複緩慢背誦主禱文。這個方法也奏效之後，班森不禁懷疑，其他禱辭或宗教傳統中的醫治方法或許也有效。因此他來找我，請教哪些經文有相關題材。

當時我無法提出太多建議，但是在幾個熱心圖書館員的幫助下，我很快就找到更多資料。倘若沒有這一次與班森的會面，我肯定不會涉獵這些文章，然後推薦給他。我們開始午餐約會，討論共同研究的主題。此人非常喜歡追根究柢，當時他正要開始探索非西方的醫療系統，包括西藏與印度吠陀。他探索佛教僧侶打坐時，為何可以在嚴寒氣溫中坐上好幾小時，看起來卻毫無寒意，而且絲毫沒有凍傷的痕跡（他對這點尤其好奇）。他邀請達賴喇嘛的專用醫師一起到麻州綜合醫院巡房，他說那位皺巴巴的老者只靠嗅聞尿液，就能診斷個八九不離十——有些沒說中的，可能還只是因為溝通困難。所以班森開口邀請我參觀他在醫學院的實驗室時，我便欣然接受了。

醫療的新世界

班森潔淨無塵的實驗室裡，堆滿了亮晶晶的不鏽鋼器具，上面還有令人看得頭昏腦脹的儀表盤、轉盤、槓桿。他開始示範儀器，我馬上就知道他對軼事或光靠印象所描述的證據毫無興趣。他不但熱愛測量，而且還要量得非常精準：藉由各色工具，仔細計算皮膚溫度、心跳次數、腦活動等病患身上的無數特徵。他顯然不希望另類療法只能吸引半夜失眠的電視觀眾，而是講求證據的務實科學家。他告訴我，為了讓他們可以信服，他自己必須先破除疑惑。我告訴他有個學生要參加「過火」（fire-walking）活動，問他是否想一起去看，他立刻就答應了。

當時有許多年輕人熱中「過火」，因為據說這種活動可以克服恐懼、建立自信。參加者必須先繳交可觀的費用，然後到主辦單位租用的飯店宴會廳，大家在一起討論恐懼、大喊口號數小時，再到飯店停車場集合。停車場鋪了十呎長、三呎寬的煤炭，因為稍早便已點燃，此刻正是滾燙。參加者一個個脫鞋，迅速走過煤炭（差不多三、四步），然後主辦者再用水

5 Herbert Benson，哈佛醫學院心臟科醫生，他在一九八一年開始與達賴喇嘛合作，展開「靜坐的內在控制作用和信心效應」研究計畫，是身心醫學先驅。

管沖洗他們的雙腳。我們去參觀的當晚，共有三十五個人走過煤炭。

這讓我印象深刻，甚至相當震驚。班森卻不為所動，悄悄在煤炭上放置醫用溫度計，並且在回程的車上告訴我，儘管煤炭看來相當熾熱，要傷及皮膚組織還是起碼要連續接觸兩秒。他提醒我，參加過火的人以極快速度跨過煤炭，每一步不到一秒鐘，不太可能受傷。他認為這個活動根本就是詐財，但是也承認有人或許會因此得到心理慰藉。這次的實地訪查，讓我更了解班森：他的確會接受各種不尋常的行為，但是可不容易上當。

此外，班森對「醫治」的理解也非常傳統——有些人可能會說「頗為西化」。對他而言，「醫治」就表示病情有起色。有一次我介紹他認識人類學系的同事，此人研究中非文盲民族的醫療習俗。我以為兩人一定相見恨晚，結果大錯特錯。那位人類學家告訴班森，即便病患過世，如果部落的爭吵、分裂因此平息，某些民族便認為醫治儀式相當成功；班森聽了只是搖頭，因為他得用各種精準的測量，向其他醫師證明心靈治療的確有療效，那些人可不會認為病患過世能算是醫治成功。這位人類學家後來則告訴我，他認為班森太過執著於「西方」的醫治模式。

和班森同樣熱中另類療法的學者，很快就說服許多同儕，說班森的研究的確值得正視，畢竟班森有許多數據可以證明成效。他發表突破性的研究之後沒幾年，聯邦政府就在美國國家衛生院中成立另類醫學部門。首任局長約瑟夫．傑卡柏一上任就坦承，自己很像「試圖搖動大象的跳蚤」，然而他卻大無畏地帶領員工，開始評估先前醫療機構所懷疑或輕蔑的幾種療法。

他的手下開始評量針灸或整脊的成效，這些方法目前都已經得到認可，因為它們的確展現出極為明顯的療效。其他療法則顯然還得再過好一陣子才能得到眾人肯定，例如生物反饋法、催眠、花粉、各種草藥療法或鯊魚軟骨。清單上最讓我感興趣的，莫過於使用人類尿液成分、似乎可以抑制某些癌細胞分裂的「抗惡性增生藥療法」（antineoplaston therapy）。後來知道這些成分都能人工合成，坦白說，我還真鬆了一口氣。既然所有研究、評估都沒有停下來，顯然我們已經身處嶄新世界，必須重新檢視既定的醫治觀念。

傳道與醫治密不可分

就連哈佛醫學院本身，短短幾年之內也進行過不少十年前無法想像的活動，比如贊助討論信仰、靈性與醫治的大型會議。班森還邀請我在某場會議中演講，地點就在波士頓市中心的飯店，當天參加的民眾人數眾多，甚至擠到走廊外面，我要進去還得穿過擁擠人群。演講人與聽眾的服裝——長袍、頭巾、教士領、西裝——及各種膚色，表示與會民眾來自各種文化背景。醫學院聽從班森的建議，廣發邀請函，對象涵蓋美國原住民的傳統巫醫、墨西哥裔的康復教士、基督科學教派、靈恩派人士……有些有照護士信誓旦旦地說，光觸摸病人就可以加速康復，更讓我聽得入迷。每一個有所貢獻的人，似乎都出席了這場不凡的聚會，就算看到史華格本人走進來，我也不會意外。不，他並沒有出席。

美國之所以開始大規模探索另類醫療的風潮，有部分原因要歸功於賀柏．班森的開創性研究，連帶地也影響我的教書方式。我因此相信不能再跳過耶穌醫治眾人的事蹟，畢竟在福音書裡，幾乎每一頁都看得到類似的記載。我必須提出來討論，不只因為這在現代並不可恥，也因為我如果不提就太不負責。

但是，討論這類題材便會遇上神學挑戰。我不想將耶穌的醫治行為，草率歸納為所謂的「另類暨輔助醫學」。但是反過來我也不願意說，這類事蹟是上帝所創造的宇宙自然法則暫時停止運作的結果。除了耶穌之外，史上還有其他宗教醫治者。在善名先生托夫所創立的哈西德運動中，他本人與其他拉比曾經多次醫治病患；佛教僧侶與基督宗教聖人，也都擁有醫治的力量。簡而言之，並非只有耶穌進行宗教醫治——這點往往引起基要派的不快，因為這個現象超越宗教傳統的界限。然而耶穌的醫治行為是否有其獨特之處呢？我決定重新審視，以更開放的心胸閱讀福音書中的耶穌醫治故事。

在重讀的過程當中，我發現先前未曾注意的特徵。我以前就明白，起初人們找上耶穌的原因並非因為他傳道，更不是為了聆聽他對「道德判斷」的意見，而是因為他的醫治能力。但是我並不了解，他們為何如此渴望這位加利利拉比的觸摸醫療。人們爬樹、推開眾人、用繩子從天花板的洞口放下朋友、或是試圖抓到他的袍子，可不是為了聆聽耶穌對律法書的創見或令人苦惱的比喻。他們之所以來找他，是因為自己或親友生病，希望可以得到療癒。

但是先前我不明白的重要因素，便是就耶穌而言，傳道與醫治並無二致，兩者密不可分。有些人致力於收集、傳承耶穌的醫治故事，對他們而言，這些行為並不是什麼令人興奮的奇蹟；他們認為，這些故事是為了傳達耶穌更大的訊息，亦即上帝正要創建新秩序的「預兆」（希臘文則是 semeion）。因此福音書作者幾乎千篇一律地，把動人的情節、難以忘懷的人物編入醫治故事當中，繼而描繪出更大的宏觀架構——一如比喻故事。醫治事蹟的記載內容就像比喻，都是含有意外轉折的故事。

來自社會高階與底層的求醫者

福音書中有數十個這類型的故事，其中有一則最能代表其精髓——〈馬可福音〉五章二十一至四十二節。本章開頭引用前幾句，其他內容則引述於下，因為這則故事最能說明耶穌的行為——包括他的醫治在內——也是一種比喻，都是傳達他的理想不可或缺的因素，也都算是「他所敘述的故事」。

有一個女人，患了十二年的血漏，在好些醫生手裡受了許多的苦，又花盡了她所擁有的，而一點也不見好，病勢反倒更重了。她聽見耶穌的事，就從後頭來，雜在眾人中間，摸耶穌的衣裳，意思說：「我只摸他的衣裳，就必痊癒。」

於是她血漏的源頭立刻乾了；她便覺得身上的災病好了。耶穌頓時心裡覺得有能力從自己身上出去，就在眾人中間轉過頭來，說：「誰摸我的衣裳？」門徒對他說：「你看眾人擁擠你，還說『誰摸我』嗎？」

耶穌周圍觀看，要見做這事的女人。那女人知道在自己身上所成的事，就恐懼戰兢，來俯伏在耶穌跟前，將實情全告訴他。耶穌對她說：「女兒，你的信救了你，平平安安地回去吧！你的災病痊癒了。」

——〈馬可福音〉5章25－42節

在這節與本章的開頭，拿撒勒的拉比都處於一種典型的場面中：一群人緊跟在後，不斷推擠，就是為了博得他的注意。他們顯然「聽聞」他有醫治能力，所以才來找他。後來有個「管會堂」（禮拜堂的統理者）的重要人物睚魯（雅依洛）挨過來，他如何穿過眾人？或許因為他在當地有頭有臉，又有權勢，所以其他人才會自動讓路。睚魯跪在耶穌跟前的行為本身就有點古怪，因為耶穌是獨來獨往的拉比、在路邊行醫的人，而且不見容於政治、宗教當局。當地權貴最終一定會與羅馬人密謀處死耶穌，然而睚魯顯然急瘋了。女兒就快病死，似乎已經讓他六神無主，絕望到跪在耶穌面前，一般拉比都受不起這種大禮，更何況耶穌這種不定時炸彈般的角色？要向東方國家的君主乞憐求助時，才會有這類卑屈姿勢。

總之，耶穌在爭相推擠的眾人當中選擇聽完此人的一番話。我到現在都不甚明白耶穌為何這麼做，因為他對當權者並無太大敬意，這次卻有興趣聽管會堂的人的懇求，還答應與他回家。受到鼓勵的群眾繼續尾隨他。

接下來就是第一個轉折。有個患有出血怪病的女人擠到耶穌身後，然後抓到他的衣裳。耶穌身旁人山人海，她怎麼有辦法擠到他身邊？我猜測，倘若此女真的出血不止長達十二年，當時的社會又視血為大忌，不可接觸，其他人可能會自動讓開，免得這名婦人碰到自己。她甚至可能發出惡臭，而且在〈利未記〉律法當中算是不潔之人。按理說，這名婦女應該遭到隔離，群眾若有人不慎碰到她，恐怕還得進行淨身儀式，不但麻煩更所費不貲。總之這名女子走到耶穌身邊，摸到他的衣裳，說（是自言自語，抑或附近的人也能聽見呢？）自己若能碰到他的衣服，便能痊癒。最後她終於拉到衣緣，也真的立刻覺得已經康復。

接下來則是耶穌的反應。有些學者堅稱耶穌終生都是無所不知，此時卻正好相反，他不知道發生了什麼事情，轉身面對推擠的民眾，詢問誰摸他的衣服。他的門徒只能無奈地回答，「四周的人如此之多，誰有辦法回答這個問題？」然而該名女子立刻回答，而且和睚魯一樣，竟然也俯伏在耶穌跟前，坦承實情。故事指出她「恐懼戰兢」。為什麼？她顯然知道就宗教而言，自己身上不斷滲出的血液污染了周遭所有人。然而身為女子，她卻未警覺當時的民情是別人未對自己說話就不該開口。她的舉止怪異，卻有創意地顛覆了睚魯的行為；睚魯是因為需要耶穌幫忙而紆尊降貴，她卻是從貧民區一路跟來，顯然是「不知分寸」。

耶穌說她因為信仰（不是因為他本人，甚至無關上帝）而痊癒（儘管在他開口前她就已經這麼覺得）。耶穌因為與這名女子交談而耽擱了時間，導致發生意外：睚魯派家人通知耶穌，他女兒已經過世，不必再勞動拉比了。但是耶穌傳話給睚魯，要他別害怕，仍舊帶彼得（伯多祿）、雅各、約翰前往管會堂的家裡。他們抵達之時，鄰居、唱輓歌的人已經開始哭泣哀嚎，耶穌卻告訴大家說孩子不是死了，而是昏過去（「睡著了」）。眾人嘲笑耶穌，但是他卻趕他們出去，帶著孩子的父母到孩子所在的地方。耶穌拉起孩子的手，向她說話。儘管〈馬可福音〉也是以希臘文寫成，卻記載當年耶穌所說的阿拉姆語：大利大，古米（「閨女，我吩咐你起來」）。孩子立刻起來，耶穌便吩咐了兩件事情。第一，不要告訴別人。第二，拿東西給孩子吃。

從窮困潦倒者開始

這是典型的耶穌醫治故事，自然充滿各種寓意。耶穌不斷提醒聽佈道的人，在嶄新的世界秩序當中，「在後的將要在前，在前的將要在後」。他在這則故事中示範這個道理，即便權貴人家的千金命在旦夕，他還是要先照顧宗教上的賤民、社會的邊緣人、任性的討厭鬼。

二十世紀的貧民發起「解放神學運動」[6]，主要以拉丁美洲的天主教徒為主，靈感來自祕魯葛司鐸·古鐵雷斯[7]的作品。結果除了許多神父、修女、民眾遇害之外，主要成員之一的薩爾瓦多大主教奧斯卡·羅梅洛[8]也遭人暗殺。「解放神學運動」的基本主旨就是，《聖經》自始至終都「優先照顧貧民」，如今這種觀念已經傳遍基督宗教世界，但是解放神學家總是堅稱，他們所提出的看法並非嶄新見解，其實他們說得對。從這則出血女子的故事便可看出，耶穌在一千九百多年前就親身實踐這個道理，而非只是舌粲蓮花。

這名女子顯然很貧困。故事中指出她為了看醫生而散盡家產，病情卻未見改善。耶穌不只先治療她，甚至還說她是他的「女兒」。然而管會堂的富裕人家的千金也在死亡邊緣掙扎，耶穌也未因此忽略她，同樣也治好這名小女孩。但是他還是決定先治好自己的「女兒」，亦即闖進人群的女子。

重要的是，這兩件醫治行為的對象分別來自社會最高階與最低層，而且都是女子。從福音書的記載看來，耶穌當然也醫治男性，然而在這則故事中，耶穌似乎暗指，無論女性社會地位是高是低，永遠都背負著身為「第二性」的重擔。讀到這段，我不禁想起耶穌曾對祭司長等人說過：「我實在告訴你們，稅吏和娼妓倒比你們先進神的國。」（馬太福音21章31節）這句話中將稅吏與娼妓並置有其重要意義，因為這兩種人都是因為家境清貧，才被迫從事遭人唾棄的行業。

6 Liberation theology，二十世紀後期拉丁美洲發起的羅馬大主教內的運動，以幫助貧民、參與政治和社會變革來表達對宗教的信念。始於一九六八年，各主教參與在哥倫比亞麥德林舉行的拉丁美洲主教會議。會議強調貧民的權利，並指出工業化國家之富有是依靠損害第三世界。

7 Gustavo Gutierrez（一九二八～），一九七一年出版《解放神學》。

8 Oscar Romero（一九一七～八〇），薩爾瓦多人，一九七七年成為大主教，一九八〇年遇刺身亡。自他成為大主教後，就不斷公開發表言論要求政府改善人民的生活，以及要求軍隊停止殺害平民。在他被暗殺的前一天，他公開要求軍人應順從上帝的道而不應聽從人的指令，停止再殺害自己的人民。聯合國在一九九二年有關羅梅洛被殺的真相調查委員會報告指出，大主教是遭軍方指派的人所殺害。名導演奧立佛．史東的〈突破煉獄〉，便以此事為電影藍本。

稅吏（收稅官）得忍受同胞的怒氣，幫羅馬人扮黑臉。歷史學家指出，當年的娼妓多半出身於窮困猶太家庭，為了幫助家計只好到妓院服侍羅馬軍人。耶穌經常表現關愛女性的行為，並非因為敬畏所謂的「永恆的女性」[9]，而是因為她們與稅吏一樣遭眾人輕視、厭惡。

福音書中有幾十個耶穌行醫的故事，但是睚魯女兒和血漏女人的故事，則是這類故事的精華。這些敘述都指出，耶穌行醫時一視同仁，不只治療猶太人或可敬的老百姓（或是僅限於邊緣人或貧民）。

在某些案例中，耶穌指出信仰是必備條件，其他故事中卻未提及。「醫治」（healing）一辭源自「完整」（whole），耶穌以實例證明，上帝的「拯救」（whole-making）大業涵蓋所有的人，的確是先從窮困潦倒者開始，但是恩澤廣被每個人。此外，耶穌也從未說過疾病所帶來的痛苦與絕望有助於人格發展，有時或許是，但是就耶穌的看法而言，疾病是需要治療的惱人問題。

疾病不等於天譴

耶穌「疾病本體論」[10]的看法，與當年或現代的看法都有出入。古人普遍認為疾病是天譴（divine punishment），人應該努力探尋自己犯了什麼過錯，疾病才能痊癒；這種看法，甚至出現在《舊約》的某些章節中，也流傳到今時今日，因此能言善道的蘇珊・宋妲[11]得知自己罹患癌症之後才會大為光火，因為她聽到朋友或書本指出，癌症是內在缺陷的外在表現。

耶穌徹底駁斥「疾病等於天譴」的觀念。

然而，耶穌對疾病的認知也不符合現代的看法。他清楚指出，病人患病不是他們本身的問題，也不是上帝所建構的自然秩序，而是世界結構出現混亂。用當時的語言來說，耶穌認為疾病與魔鬼、撒旦或邪惡力量有關。換句話說，宇宙本身有缺陷，亦即惡毒的能量。聖保羅後來也提到同樣的看法，他說世界萬物是「必朽壞的」，邪惡的力量會導致疾病、不公正與壓迫。然而耶穌自認為是「溫和仁慈力量」的使者，他投入這場與人類世仇的抗爭，而且相信一定會得到最終的勝利。耶穌的醫治行為並非為了譁眾取寵，而是藉以傳達教義的重要舉止，預示神終將成功。這些醫治行為，無非是美味饗宴的精緻開胃菜。

現代人很難接受疾病不只是「自然的一部分」，甚至還是天譴。疾病顯然是因為病原體所「導致」，有些可以透過顯微鏡、X光或電腦斷層掃描觀察到。多數疾病都可治療，即便現在沒有解藥，只要有足夠的財力與人力進行研究，將來也一定有藥方。疾病不是謎，亙古以來就存在人間，但是有識之士漸漸開始質疑這種現代說法。儘管人類成功對抗小兒麻痺症、骨髓炎、天花、糖尿病，現在卻又出現愛滋病與「嚴重急性呼吸道症候群」（SARS）。

9 Eternal feminine，歌德在《浮士德》中的一句話：「永恆的女性，引我們上升。」

10 哲學家對於本體論典型的定義為：探究整體世界的真實存在事物（Beings），並提出其存在之原理的知識系統。

11 Susan Sontag（一九三三～二〇〇四），美國重要的人權女作家，也是重要的新知識份子。一生共出版十七部作品，包括《論攝影》、《恩人》、《在美國》等小說、隨筆和文化批評。

撲滅一種疾病，似乎就會立刻出現新病取而代之。

人類終將徹底消滅所有疾病的看法，已經愈來愈像是個幻想。痲疹、肺結核或許已經成為過去式，然而壓力、擁擠、飲食習慣不佳、空氣污染、水污染與土壤污染所帶來的疾病，已經影響到愈來愈多的人。這些新病痛不斷提醒人類，我們是大自然的一部分，與其密不可分。倘若我們濫用自然，絕對會自食惡果。一百年前，有誰猜想得到「體重過重」竟然會嚴重威脅到美國公共健康？愛滋病才出現幾十年，卻有可能比黑死病奪走更多人命。

簡而言之，我們以為科學藥物一定可以戰勝所有疾病的看法，如今聽來頗為天真。新災病不斷跳出來嘲笑我們的傲慢，無論人類是否心甘情願或只是不明就裡，我們被迫過集體生活，這種生活卻衍生出這些疾病；而且它們的養分來自我們無法理解的力量，總之至少超出我們的控制或理解範圍。

耶穌的醫病態度

疾病不能怪罪病患個人，卻的確與社會不公或壓迫有所關聯。我們對現代醫學的能耐（很大）或不及之處（也不少），應該要有更謙虛、更實際的看法。現代醫學可以辦到許多耶穌所行的事蹟，例如有些盲人的確可以重見光明（透過移植或雷射手術），跛行者可以再行走（義肢或人造關節）。對於成就這些現代療法的辛苦研究與創見，我們應該心懷感激，但是科學醫療仍舊無法拯救我們脫離苦難、死亡；人類所賦予醫學的期待與想像，其實是一場空。

耶穌處理疾病的方法很正確。他不拒絕任何需要幫助的人，而且動機出於同情心而非知名度。事實上，他往往告訴被他治癒的人不要告訴別人。他也不責怪因為生活放蕩才患病的人，耶穌完全不責難任何人。他顯然明白遭到孤立是患病最痛苦的一點，因此他的醫治方法之一，就是讓社會重新接受他們。耶穌知道，疾病並非自然秩序的合理現象，而是有害個人的大環境失調。總之他不多揣測，只是動手醫治。然而耶穌也不認為醫治事蹟是特定的「奇蹟」，而是暗示全新世界的逐漸到來，新世界超出人類知曉的範圍，然而只要有眼看、有耳聽的人都能察覺。

我在課堂上開始說醫治的故事之後，學生的反應出乎我意料之外。醫大預科或公共衛生系的學生，往往比不了解醫學的展望或限制的人更熱中討論，但是所有學生都比我想像中更能接受這些故事，顯然讓許多人都鬆了一口氣，因為他們發現這不是大學的禁忌話題，便開始侃侃而談自己聽過的患病或痊癒的故事。即便是坐輪椅或帶導盲犬的學生，也都加入討論，有些人說這是他們頭一次有機會談論如此私密的話題，因為他們身邊的朋友總擔心這些話題太過尷尬便避而不談。總之我發現，試圖了解耶穌所言所為，卻完全忽略他傳道時所重視的醫治行為，只是簡化他一生的意義。

如同耶穌當年，如今依然有人相信疾病是天譴或是報應。有人則妄想，科學總有一天可以「征服」所有已知疾病。我認為耶穌不會接受以上任何一種觀點，他直截了當地駁斥天譴一說，至於相信科學全能，在耶穌的時代也有許多用狗皮膏藥的術士、郎中保證可以用神奇方法終結所有疾病，這些人也受到耶穌的質疑。耶穌醫治的故事就如同他所說的比喻，不僅不同於當時對健康或醫治的觀念，也與我們今日的想法有出入。

第17章 世界末日症候群

耶穌從殿裡出來的時候，有一個門徒對他說：「夫子，請看，這是何等的石頭！何等的殿宇！」耶穌對他說：「你看見這大殿宇嗎？將來在這裡沒有一塊石頭會疊在另一石頭上，它們將全被拆毀了。」

耶穌在橄欖山對聖殿而坐。彼得、雅各、約翰，和安得烈暗暗地問他說：「請告訴我們，什麼時候有這些事呢？這一切事將成的時候有什麼預兆呢？」

——〈馬可福音〉13章1－4節

自從《聖經》成書以來，就有人仔細檢視其中是否有模糊的預言和密碼訊息。孜孜不倦的經文偵探不是只閱讀內容，而是拼命尋找隱藏在白紙黑字底下的深奧密碼。猶太卡巴拉密教教士[1]還宣稱，每個字之間的空格都與字母本身一樣充滿意義，而且猶太人與基督徒都有人堅信，解開經文密碼才能得知《聖經》的真正意義。最能看出這種神祕學潮流的現象，莫過於這些解碼專家將《聖經》當作十六世紀初的占星學家諾斯特拉達姆斯[2]的預言書，他們

1 Kabalist，中古世紀的猶太教士，研究《舊約聖經》，並將對《聖經》教義所做出的神祕解釋及學說，稱作是「猶太教的神祕學」。

2 Nostradamus（一五〇三～六六），法國預言家。約於一五四七年開始說預言，著有預言集《諸世紀》。

在經文中硬擠出暗示、預言，或是將來一定會出現的預後判斷。

我從未正經看待這個潮流，從小認識的牧師都教導我要尊敬《聖經》，視其為精神心靈方面的權威，但是他們也警告我，別以為《聖經》裡隱藏未來的祕密謎團。我很早就記得，他們怎麼對我引用以下耶穌所說的話：

你們要謹慎，免得有人迷惑你們。將來有好些人冒我的名來，說：「我是基督」，並且要迷惑許多人。你們聽見打仗和打仗的風聲，不要驚慌。這些事是必須有的，只是末期還沒有到……但那日子，那時辰，沒有人知道，連天上的使者不知道，子也不知道，唯有父知道。

——〈馬可福音〉13章5－7節、32節

因為我向來秉持這種觀點，所以學生的反應頗令我困惑，因為許多人，包括對《聖經》一無所知者，都寧願相信書中隱含許多訊息。有人認為是未來的線索，有人甚至預期我可以透露這些神祕啟示，結果卻都大失所望。

起初我無法想像，為何有那麼多學生平常事事懷疑，卻對這種迷信的解經方法感興趣。或許他們受到電視節目或《聖經密碼》[3]這類書籍影響，因為這類作者聲稱可以找到不易發現的蛛絲馬跡。討論到這章開頭的類似段落時，學生也相當沮喪，因為門徒要他預測未來，耶穌卻阻止這類臆測。他們究竟為何失望？

耶穌不是預言家

我漸漸明白，如今的學生也跟許多人一樣會擔憂未來，所以希望確定《聖經》是否藏有某些預言。極少學生認得、卻其實都受到「末世學」[4]這個名辭的吸引，這個專有名詞來自某種神學，該派理論宣揚「末日之事」的教義。無論在宗教或俗世方面，近年來，這個名詞都已經被用來代表任何一種反映我們對未來的希望與恐懼。末日浩劫（Apocalypse，在理論上意味「揭露」）更是末世學的暴力戲劇版。耶穌當年就有這個生動的字辭，他談話時偶爾也會用到，但是耶穌的用意不是從某些前兆預測未來，而是強調此時此刻的重要。

耶穌直言不諱地表示他並非預言家，可惜現代人不重視這種謹言慎行的舉止。如今的世界充滿各式各樣的末世學理論，就連年輕學生也時有耳聞，儘管他們可能不熟悉當中的專有名詞。有些未來景象樂觀到乏善可陳的地步，所以法蘭西斯·福山[5]才開朗地保

---

3 The Bible Code，前《華爾街日報》名記者Michael Drosnin於一九九七年推出的作品。

4 eschatology，來自希臘文的eschata，指關於末日之事的教義。主要見於猶太教與基督宗教，講歷史的終結，死人復活，最後審判等等。

5 Francis Fukuyama（一九五五～），日裔美籍學者，哈佛大學政治學博士，現任約翰霍普金斯大學、尼茲高等國際研究院、舒華茲講座、國際政治經濟學教授。著有《歷史之終結與最後一人》、《後人類未來——基因工程的人性浩劫》等書。

證，因為資本主義與民主體制在全球的勝利，我們已經進入所謂的「歷史之終結」(end of history)——除非銀河冷卻，否則世界上不會再出現任何新鮮事。有些人所描繪的未來則相當陰沉，例如氣象學家的可怕警告；他們指出，以目前全球暖化的速度而論，氣溫在二十一世紀末就會升高十度，導致已經沉寂的災病再度流行。激進派的伊斯蘭教狂熱份子，則看到用血液與火焰淨化的新世界。迪士尼樂園為奧蘭多的觀光客打造出「明日世界」，是由關心社會的企業所統治的人造樂園。我們根本不知道將來重返人間的會是樸實的巴拉地[6]，抑或復仇心切的「四騎士」[7]。

目前最能吸引美國人注意的末世學，莫過於暢銷小說的《末日迷蹤》[8]系列。這系列的作品，二〇〇四年以前的銷售量就超過四千五百萬本，可說是熱賣至極。作者——可能連同讀者——相信，**唯有**他們的作品才能正確解讀未來，但其實他們並未打敗所有敵手，獨佔市場。除了這系列小說之外，末世學的言論也充斥於宗教性電視節目、脫口秀、聊天室或基督教書店，瀰漫於美國大眾宗教文化中。末世學支持以色列右翼政治家，也因此左右美國的外交政策，嘲笑主張「所有的主導敘述[9]已死」的後現代主義者。末世學還提供圖文並茂的旅遊指南給成千上萬的人，讀者可在指南中追溯到全能天父操縱新聞事件的蹤影。

末日就快到了？

《末日迷蹤》系列的文學價值並不高，卻是與「世界末日」有關的末世學最新範例。這派理論相信，地球末日即將到來。這些作品對睿智讀者而言可能是無聊玩意，然而其銷售量、影響力之驚人，卻值得學者的重視，因為看來學界似乎毫無所感。末日、末世學的敘述淵源久遠，甚至早於基督宗教。目前美國所流傳的說法始於一個世紀前，藏匿在基要派「聖經預言」討論會的保護傘下，孕育出各式各樣的圖表，以描述上帝「各時代的計畫」，將歷史從創世紀一路分類到最後審判日。

這種「天命」神學指出，歷史分為七個階段或「時代」（dispensation，也有人譯為「安排」），上帝則在每個時代都有截然不同的處理方法。這也是所謂的「千禧年」神學（millennium，即是基督統治人世的一千年），認為《聖經》可以預言未來。這種學說堅稱，人類已經進入最後一個安排，千禧年即將展開。我們已經進入「末日」，這顯然是企圖心旺盛的歷史神學，簡易版的湯恩比[10]與史賓格勒[11]。儘管末日神學以長篇大論檢視過去，

6 Beulah Land，《聖經》中所指的以色列，出現於〈以賽亞書〉62章4節，意為「有婦之夫」。
7 Four Horseman，〈啟示錄〉第6章中騎乘白、紅、黑、灰馬的四騎士（騎在馬上的），分別比喻戰爭、死亡、瘟疫、飢荒。
8 Left Behind，全套共十二本，第一本於一九九五年出版，作者是Tim LaHaye、Jerry B. Jenkins。
9 master narrative，亦即基督教、黑格爾論、馬克斯主義，甚至自由主義等，都被後現代學家視為具極權危險性，是可怕的幻象。
10 Arnold Toynbee（一八八九～一九七五），英國歷史學家，倡導「文化形態史觀」（亦稱「文化形態學」）。
11 Oswald Spengler（一八八〇～一九三六），德國歷史哲學家。他所著的《西方的沒落》曾風行一時。他反對十九世紀流行的歷史進化觀念，而以各個文化的生命週期作為歷史研究的對象。

對未來的看法倒是非常簡短：「末日就快到了。」相信這種神學藍圖的人，就會感覺到欣慰、甚至沾沾自喜的宿命論。然而，這種想法卻把耶穌對天國的展望看得太平庸。

末日主題的大眾小說，絕對不是英語國家的新鮮事。都柏林三一大學的文學系學生柯勞佛・葛利班（Crawford Gribben）認為，這類型的書籍可以追溯到九十年前的英國作家辛尼・華森；此人在一九一三至一六年出版啟示錄類型的三部曲小說，書名分別是《赤與紫》（*Scarlet and Purple*）、《野獸的印記》（*The Mark of the Beast*）、《眨眼之間》（*In the Twinkling of an Eye*）。華森擔心，英國國教的靈性遭到威脅，而且恐怕受到「儀式化與羅馬天主教教會儀式」的影響。葛利班相信，華森就是這類末世學驚悚作品的始祖。儘管情節的細部依時代各有不同，卻全都在反映當代的焦慮問題。

人們有時會說，新教徒革命不只需要馬丁・路德，還得動用古騰堡（Johannes Gutenberg）發明的活版印刷與杜勒（Albrecht Durer）繪製的木版畫，才能圖文並茂、打動老百姓，打造大眾都能接受的運動。同樣地，對末日末世學而言，平裝書、電視、網際網路的聊天室與網站都有類似作用。這已經不只是另一種神學，還可以說是一種風潮了。

出版商稱為「末日驚悚作品」的近代先聲，莫過於何凌西[12]於一九六九年推出的暢銷書《那日子》（*The Late Great Planet Earth*）。書名靈感來自一九六〇年代的偽科學世俗末世學作品《加州最後末日》，該書預測加州即將沉入溫暖的太平洋。然而《那日子》引起的可不只是小漣漪，時至今日，此書總銷售量已經有三千四百萬本，而且譯成五十四種語言。書中的預測也根據同樣的基要派時代論方法，並且利用〈以賽亞書〉〈以西結書〉〈啟示錄〉——當然由何凌西本人創意解碼——的話語描繪未來拋向現在的景況。以下，就是「末日事件」的年表。

首先，猶太人返回故土。猶太人會復國，並以耶路撒冷為首都（別忘了，這個時間表訂立於猶太復國主義或以色列復國的幾十年前）。往後便是重建聖殿、重新制定瀕臨消失的猶太教神職、復興羅馬人於西元七〇年攻城之後所中斷的奉獻牲品儀式。以色列於一九四八年建國，時代論神學家自然欣喜若狂，然而理由絕對不同於渴望擁有家園故土的猶太人。末日作家認為，這件事證明他們信仰的神學觀點正確，人類的確步入最後一章。接下來呢？

現在的時代論神學家只能焦躁地等待聖殿重建，以便他們繼續獻祭。他們與某些邊緣猶太團體密切合作，因為雙方都有共同目標。我曾經到耶路撒冷參加某個研習營，與會人士包括某些超級傳統的猶太人，他們都準備了祭司服裝、儀式道具，以備末日來臨時使用。然而這派人士不甘心只能對未來懷有遐想，一九六九年八月的某一天，有個年輕澳洲遊客丹尼斯・麥可・羅罕登上聖殿山的清真寺，以沾滿汽油的破布縱火。他在接受審判時說，他是基督徒，經常傾聽廣播中的時代論神學家佈道。羅罕希望加速聖殿重建的腳步，以催促末日提早到來。

12 Hal Lindsey（一九二九～），美國著名基督教預言大師，也是時代論神學家。

至於爾後的景象，猶太教與基督宗教末日神學派的看法則大相逕庭。基督徒預言戰爭、地震等惡兆會增加，最後則是壯觀的終曲：反基督人士所領導的無神聯盟將大舉攻擊剛立國的猶太人國度；野獸將褻瀆、搗毀耶路撒冷甫重建的聖殿，屠殺當地可憐的無辜百姓。這場戰爭在哈米吉多頓（阿瑪革冬）打到高潮，之後又有許多場戰役。起初反基督勢力似乎百戰百勝，然而在最絕望之刻，耶穌基督本人會出面干預，此時他可不是謙卑的木匠抑或拉比賢哲，而是全能的戰士。野獸及拜獸像的人將大敗，心存感激的猶太人則認出真正的救世主。接著就是千禧年及最後審判，亦即末日的結局。

拼湊而成的理論

任何人都不禁要問：「他們從哪裡**得到**這些理論？」答案並不單純，其實是拼湊《聖經》零星片段，也就是從經文中斷章取義，再粗劣地組合而成。最奇異的特徵就是末日來臨前——無人知曉確切時間——所有真正的基督宗教信徒都會被提到天上，離開紛亂人間，投入救世主基督的懷抱。這就是所謂的「被提」[13]，由十九世紀的英國傳道者達比[14]所推廣的概念。

達比認為，信徒必須等到基督再來才能被提，與其同在。這種理論相當類似羅馬天主教的「聖母升天說」，亦即主張馬利亞並未通過死亡之門，身體與靈魂一起榮召升天。「被提」就是描述少數幸運者升天時無可言喻的歡喜心情，過程就如同「企業號」星艦的機組人員在

「傳送器」中瞬間移動。其餘人則留在地球號太空船上，必須經歷末世的恐怖、騷動，以及所謂的「大災難」。

「被提」的觀念，就是十一集《末日迷蹤》的重心，原文名字「left behind」其實是指遭到放逐的悲傷失敗者，然而真正的信徒卻因為被提而狂喜。這種神學理論只是這系列小說的部分吸引力，理論包裝在長篇誘人情節當中，跟隨主角經歷幾百頁的故事，因此該系列作品簡直等同巨幅史詩。

錯以為末世思想只是美國甚或全球福音教派的邊緣支派，肯定是場誤會。這種觀念廣受歡迎的程度還有另一層涵意：亦即書評往往不明白廣大老百姓的恐懼與幻想。《末日迷蹤》第一集在《紐約時報》暢銷書排行榜名列前茅時，有人打去問評論者該書內容，卻沒有一個人知道。編輯群都沒看過這本書，只因為銷售數字節節攀升才有所耳聞。學術界的神學家也有同樣盲點。即便聽過這本小說的人，也只認為書中概念可笑荒誕，卻無減這套作品的影響力。鼓吹末日即將到來的人長篇大論、賣弄術語，幾乎成了基督徒對未來的唯一看法。

然而現代的末日、末世學，只要與耶穌傳達天國來臨的啟示相比較，就能看出顯著差

13 rapture，靈感來自保羅寫給帖撒羅尼迦（得撒洛尼）人的書信（帖撒羅尼迦前書4章17節）中，當中談到，死去的基督徒和真正的信徒將一同被提到雲裡。

14 Darby（一八〇〇～八二），愛爾蘭教會的主教，創立所謂的「人類歷史劃分成七個時代」的時代論（dispensationalism）。

異。第一，耶穌相信，他所傳達的訊息對族人或全體人類而言，都是好消息。但是近代的末日神學對所有人來說幾乎都是噩耗，尤其猶太人最悲慘。末日佈道家重覆宣稱自己深愛「以色列與猶太人」，許多人還自稱是「基督徒的猶太復國主義者」，而且為了自己所信仰的獨特神學而擁戴最保守的以色列政黨或政治家。末日佈道家是積極的鷹派，他們公然反對與巴勒斯坦和談，因為他們的年代表上可沒有這類事情。然而他們在自己書中指派給猶太人的角色，不但可怕也不陌生。

在這種神學理論中，猶太人固執地曲解自己的經文，所以必須接受基督徒的糾正。其次，猶太人情不自禁地實踐經文所有事項，先建國，然後根據眾人的熱切期望再重建聖殿、重拾獻祭儀式，才會招致年表上所預見的褻瀆、攻擊、基督再來、猶太人改變信仰，以及宇宙大結局——包括成千上萬人喪命等。何凌西的作品閃過一絲幸災樂禍的情緒，舉例而言，當書中的最後審判一旦揭幕，可憐的以色列猶太人完全不知道自己即將經歷哪些恐怖事件，可是根據何凌西解讀撒加利亞（匝加利亞）先知的話語，耶路撒冷城的半數居民卻將因此慘死。可憐啊，但是故事就是如此描述，沒人有辦法力挽狂瀾。

在《末日迷蹤》系列中，最突出的猶太角色就是以色列拉比巴猶大。他認為耶穌就是彌賽亞，因此遭到猶太狂熱份子威脅，甚至牽連家人遇害。幸好有人帶他逃出以色列，藏匿在芝加哥附近的倖存者密室。這個死裡逃生的拉比，如今已經從基督徒身上了解先知話語的真諦，因此一抵達美國便上網倡導末日神學。我們又再次安心，因為基督徒比猶太人更了解後者的角色，以及上帝賦予他們的使命。末日神學只是流傳久遠的最新傳說版本，猶太人再次被迫扮演狂熱基督徒所安排的角色。然而這齣大戲還需要其他演員，誰來扮演反派？尤其是敵基督呢？

在冷戰時期的高潮階段，很容易就能找到由誰扮演啟示錄中的野獸，或日後世界大混戰的其他角色。何凌西相當有創意地將先知以希伯來文所說的 rosh，翻譯成「俄羅斯」（其實 rosh 的意思是「首腦」或「頭目」）。後來何凌西得知莫斯科就在耶路撒冷以北，更開心地認為，這證實他的注解無誤，因為耶利米指出「北方的王」將攻擊神的子民。況且俄羅斯人本來不就反基督教嗎？《聖經》已經直截了當地指示，難道還需要其他附帶證據才能證明嗎？附帶一提，前美國總統雷根著名的「邪惡帝國」演講稿[15]，據說就是受到這種獨特注釋學派的影響。

柏林圍牆倒塌之後，這種預言也搖搖欲墜。然而就如同所有動作冒險大片，末日神學也需要重口味的大惡棍。過去有拿破崙、幾個教宗、希特勒、史達林充當敵基督，但是他們全都趕不上拍攝最後一集便過世。幾年前有個超級有創意的訓詁家，他把季辛吉的名字字母對應的數字相乘，得到六六六的數字，亦即《啟示錄》十三章十六節所提的獸的記號，然而，這位國務卿目前也已卸任。

15 一九八二年年中，當時的雷根總統訪英，在英國下院演說，即稱蘇聯為「邪惡帝國」（Evil Empire）。但「邪惡帝國」一詞當時不但遭歐洲人嗤之以鼻，在美國也未受到重視。

誰才是「性情凶暴之人」？

因為冷戰結束，末日神學家必須找到飾演敵基督的新人選。起初有人找上自由派神學，因為他們相信這一派其實是以宗教偽裝包裹敵基督的猙獰面容。也有人相中以色列和平運動，因為與巴勒斯坦人和談就不符合末日浩劫故事。然而這都是次要情節，當務之急尚未解決：究竟誰才是「性情凶暴之人」[16]？

儘管《末日迷蹤》作者不以為然，但是某些末日神學家還是認為，如今答案已經非常明顯，就是穆斯林，或是更直接的「聖戰」（Sword of Islam）。自從二〇〇一年九月十一日之後，這個敵人便威脅要勝過所有人。由穆斯林扮演大反派實在是美夢成真，絕佳的主角人選。穆斯林非常虔誠，伊斯蘭教國家相當多；而且根據這些神學家的看法，穆斯林在幾百年前建立阿克薩[17]清真寺時，便已「褻瀆」聖殿所在位置。一千五百多年來，始終有基督徒視穆斯林為天敵，因此這個人選本來就背負著許多負面形象。但是末日神學家似乎毫不理會，如今猶太教、伊斯蘭教、基督徒組織在中東攜手合作，建立土木工程，維持和平。狂熱的末日論份子依然貶損和談——因為原劇本提到大規模戰爭——或各教派共存的可能性，方法就是事先宣布，穆斯林就是《聖經》所說的惡魔。

《末日迷蹤》系列的說法比較含蓄。敵基督的名字一早就已經揭露：賈龍——充滿領袖魅力的前羅馬尼亞總理。賈龍後來成為聯合國秘書長，以及「世界共同體」的元首。他是右翼基督徒眼中的理想惡棍，因為他支持聯合國，鼓勵廢除軍備，希望統一全球貨幣，宣導統一宗教或各種信仰和平共存的組織。小說中後來賈龍在耶路撒冷遭到暗殺，卻又在重建的「新巴比倫」城的「世界共同體」宮殿復活。然而，本書中的確有一絲伊斯蘭教蹤影——賈龍的護衛長名叫 **Suhail Akbar**。

如同哈利波特小說與迪士尼電影，《末日迷蹤》系列也衍生出眾多副產品：俱樂部、電玩遊戲、討論指南、時事評論，以及其他《聖經》預言網站的連結。以《末日迷蹤》為藍本的青少年書籍已經寫到第三十集，主題也與成人版相同，而且同樣認定國際組織是反派角色。九十年前，辛尼．華森就擔心英國的獨立統治權遭到威脅；對於擔憂美國在某些世界新秩序中喪失獨立的同胞而言，這些當代的末日小說相當有吸引力。如同其他通俗文學書籍，這系列小說也只是反映出當代的焦慮情緒，而非真的試圖預見未來。

說也奇怪，末日神學與耶穌幾乎毫無關聯。這派理論的奇異特徵之一，便是宣稱耶穌的人生與傳道屬於**上一個時代**，而該時代隨著他被釘死於十字架而結束，因此耶穌的生平、教義與現代無關，真正虔誠的末日神學份子也不以相關經文佈道，反而選用《聖經》其他章節，尤其專注於先知話語或啟示錄。這種排除原則將《新約》破壞得面目全非，此外還省略尊主頌、耶穌出生的故事、登山寶訓、所有比喻，更不會提到耶穌提醒門徒別再追問末日何

16 Son of Belial，〈撒母耳記上〉（撒慕爾紀上）25章第17節。

17 Al-Aqsa，僅次於聖城麥加、麥地那的第三個伊斯蘭教聖地，建於西元七一〇年，可容納五千人。

時來，並清楚警告他們將出現假先知、假預言家的段落。

無法拆卸引信的定時炸彈

此外，末日神學也破壞果斷的道德抉擇，因為這種學說擺明是宿命論。對了解內情的擁護者而言，《聖經》揭露未來細節便是此派的闡述基礎。然而這種前提卻導致人類失去自由與責任感，人類只是傀儡，充其量也只能說是跑龍套的臨時演員。有幸「被提」的人成為偷窺的觀眾，坐在天堂的舒服座椅上觀賞故事發展，其他被遺棄的人只能慘遭戰爭與最後審判的折磨。底牌揭開，大局已定，只有笨蛋才會妄想改變結局，我們只能催促既定事實提早來到。歷史不再是上帝與人類自由交流之處，而是漸漸攤開的卷軸，卷上的文字早已寫好，無可更動。這種想法撇開歷史性的基督宗教精神，主張現代的自然神論[18]的必要性。以前自然神論者認為，神在設定精巧複雜的時鐘之後便信步離開，現代的自然神論者卻說，上帝打造了無法拆卸引信的定時炸彈。

為何有那麼多人，包括我的學生在內，如此迷信這種不合邏輯又難以置信的神學呢？困惑的我終於決定在課堂反問，他們認為這個主題、這種末日景象為什麼能引起廣泛迴響。大部分學生都生性樂觀開朗，希望可以兼顧行善與發達之路，又該怎麼解釋這一部分的悲觀呢？難道是因為我先前便察覺到的認命心情嗎？

這就是所謂的「第三種誘惑」：靜止的宿命論。眾人認為力量的真正開關，例如末日定時炸彈的引信，其實遙不可及，所以即便想成為政府高官或企業主管的學生都受此信念糾纏。有一年我為了扭轉局面，決定嘗試不同的教法，不再指出末日書籍的道德缺陷、邏輯謬誤，只說我們不需要加以駁斥（這點靠學界就夠了），只要尋找另一種替代方案。我請學生隔週交故事大綱，這些故事要同樣以《末日迷蹤》的無宗派讀者為對象，但是必須描繪出另一種未來。

結果，我鮮少在看報告時如此失望。我看過學生的其他作業，知道他們可以寫出動人故事，但是這次的作業幾乎都不出色，多數只反應醫學進步與科技改變：未來世界的電視有三百六十度的螢幕、五百個頻道；安全的公路上充滿靜音的低耗油汽車；以後的藥丸，可以延長壽命到一百八十歲；睡覺時戴上學習頭盔，就能學會中文；人類將平安抵達遙遠的星系……。當然，世上所有人都豐衣足食，接受良好醫護與教育，所有疾病都已根除，沒有所謂的階級之分。

學生互相朗誦作業時，甚至連他們自己都承認這些故事絕對賣不出去。我逼問他們為何做得如此糟糕，有個學生睿智地點出，他們所見的未來藍圖不是坑坑疤疤的荒涼蕭瑟，就是

18 deism，反對蒙昧主義和神秘主義，否定迷信和各種違反自然規律的「奇蹟」，認為宗教信仰必須以理性和理解為依據，不能只是盲目的迷信。反對基督宗教教會所宣揚的人格神及其對自然、社會生活的統治和支配作用，認為上帝不過是「世界理性」或「有智慧的意志」等非人格的存在。他們主張上帝在創世之後，就不再干預世界事務。

晶晶亮亮的科技理想國。他們被困在《美麗新世界》[19]或迪士尼的明日世界當中，倘若他們的幻想缺乏靈感，或許是因為實在沒有多少可以啟發他們的事物。

我因為失望而再度思索《末日迷蹤》系列的意義，及其魅力何在。回想起來，我不得不承認作者的確掌握讀者的胃口。這系列小說自有其扭曲、自私的方法，技巧地引用歐美文化所熟悉的《聖經》主題。這些作品指出，基督徒與猶太人在實踐上帝創造宇宙的期許之際，都扮演重要角色。然而猶太人卻分配到屈辱的角色，伊斯蘭教則是遭到妖魔化，基督宗教也因此喪失精髓。還有哪種末世學如此公平對待各種宗教？

不同於某些類似基督徒末世學的宗派，末日神學還有另一點值得表揚：主張並非所有人死後都能上天堂。雖然說來怪異又危險，但這種觀念的確有其政治、社會意涵。這種理論傳達我們所生活的時代與歷史終極目標之間的關聯，卻又目光如豆到令人害怕，完全不顧耶穌所關心的受苦受難者。根據歷史學家所言，末日神學認為真正基督徒可以「被提」的古怪看法，源自十九世紀虔誠又容易激動的蘇格蘭女孩；這種看法已經成為便利的逃避方法——直接屈服於人類歷史不可或缺的苦難與災禍。

末日淨化已成為煽動語言

最後，末日神學以其駭人聽聞的方法，正面質疑美國消費文化的平易近人神祇，亦即可讓辛普森一家定期在教堂安心打瞌睡的便利衛星。末日神學中肯地發現，甲之熊掌可能是乙之砒霜，卻搞錯雙方的對象；而且最危險的特徵便是沉迷於世界末日的災禍想像。我們不難明白，過去遭到欺壓的人因為毫無希望，便轉而想像憤怒的上帝會出手干預，拯救他們脫離絕望，並且消滅凌虐他們的惡霸。這類末日想像以前可能無傷大雅，甚至為毫無生機的消沉民眾帶來一絲曙光。然而如今大規模毀滅武器問世，人類的確有可能自己引發末日浩劫，因此無論在世俗或宗教面，我們都該徹底屏除這種幻想。這類寫作的危險，在於渴求末日的人有時可能會等不及上帝行動。一如在清真寺縱火的澳洲人羅罕，這些人可能會出手毀滅以發起拯救大業。無論由人類或上帝策動，末日淨化已經成為煽動語言，可能性也非常高。耶穌本人建議人們用更樂觀的方法展望未來，例如他再三以芥菜種與葡萄的自然比喻，暗示生長與逐漸成熟。

最後我與學生討論末世學的方法就是：遵從耶穌的建議，別猜測「什麼時辰」、「何種情況」。此外，有個哈西德教派的拉比整理花圃時被門徒打斷，他的建議可能也是良方。那名學生問：「拉比，如果你知道彌賽亞今天就來，你會怎麼做？」這名拉比摸摸鬍子，嘛起嘴來答道：「這個嘛……我會繼續澆水。」

19 The Brave New World，英國小說家赫胥黎於一九三二年所著。他所預測的未來社會具有清楚的階級劃分，每一個人由胚胎起被養育在瓶子裡，完全是工廠制式化生產下的成品。

PART 3

其餘和他有關的故事

When Jesus Came to Harvard

一班天使頌揚此刻，
天堂拱門崩於火海，
「爹，汝何以棄我不顧？
娘，求你別為我咽嗚。」

馬利亞搥胸啜泣，
珍愛門徒木然瞠目。
他的母親佇立遠方，無人凝視
她的雙眼。無人有此勇氣。

——俄國女詩人安娜·阿赫瑪托娃，《耶穌被釘十字架》

第18章

改變形象與先知夜行

過了六天，耶穌帶著彼得、雅各和雅各的兄弟約翰，暗暗地上了高山，就在他們面前變了形象，臉面明亮如日頭，衣裳潔白如光。忽然，有摩西、以利亞向他們顯現，同耶穌說話。彼得對耶穌說：「主啊，我們在這裡真好！你若願意，我就在這裡搭三座棚，一座為你，一座為摩西，一座為以利亞。」說話之間，忽然有一朵光明的雲彩遮蓋他們，且有聲音從雲彩裡出來，說：「這是我的愛子，我所喜悅的。你們要聽他！」門徒聽見，就俯伏在地，極其害怕。耶穌進前來，摸他們，說：「起來，不要害怕！」他們舉目不見一人，只見耶穌在那裡。

——〈馬太福音〉17章1－8節

近年來我研究宗教的最大改變，都是出於全球宗教多元化，以及美國宗教百家爭鳴所帶來的挑戰。

我成長的小鎮也自有其多樣性，鎮上有八座教堂（鎮民不過一千五百多人），其中七座分別代表新教不同派別，唯一的例外就是聖派屈克羅馬天主教教堂，因為服務的教區較大，所以週日早晨停車場的車子也比較多。鎮上有家父親是醫生的猶太人，卻沒有猶太會堂。某天我在國中部的百科全書中發現一張地圖，圖上以不同顏色標示「世界宗教」。遠東地區多半是粉紅色，代表佛教與儒教。中東則是一片黃色，代表編輯當時所稱的「回教」（亦即我們現在所稱的伊斯蘭教)。印度以深紅色標示印度教，歐洲、北美、南美與俄羅斯則是淺藍色的基督宗教。我猜編纂者可能認為錫克教徒[1]、耆那教徒[2]和猶太教徒不是人數太少，就是太分散，以致無法標於地圖上。

如今再用這種標色法的話，地圖就會混淆不清了；因為倫敦、洛杉磯有佛教寶塔，羅馬、紐約出現清真寺，西維吉尼亞可能有印度教寺廟，基督宗教教堂更是遍佈世界各地，要標出宗教位置已經沒那麼容易。當年那張色彩繽紛的地圖卻激起我的好奇心，長大一點之後，更是讓我極盡所能探索其他信仰。

然而當初要汲取這類知識可沒那麼方便，公立學校不重視宗教(只在每天早晨草草唸過主禱文)，教會又認為傳教士應該盡速前往那些紅色、黃色、粉紅色地帶。儘管資訊不足，我依然相當有興趣，上大學之後也選修學校開的唯一一門世界宗教課。即便在神學院，除了新教教派之外，幾乎鮮少教授其他宗教，而且全是選修課程。

但是，打從一九六〇年代末期開始，局勢已經有所改變，因此我的教書方法也必須隨之調整。甘迺迪的改革改變美國移民政策之後，愈來愈多亞洲、中東人遷入美國。寶塔、清真寺、寺廟開始出現在美國大街上。後來共產主義垮台，其他宗教在世界舞台上也愈來愈活躍。印度由印度民族主義黨掌權；達賴喇嘛的和平解放西藏活動及其討論靈魂的書籍，讓更多人注意到佛教；伊斯蘭教復興更是博得全世界人民的關切。但是對我而言，最重要的是我在哈佛大學與神學院開的課，開始反映嶄新的宗教多面相。我教過的每一班，幾乎都有「其他」宗教的學生選修，所以我得努力彌補早年所受教育的不足。

結果我很快就發現，要以新角度了解自己的信仰，最好的方法之一就是比較、對照其他宗教。我從同事與學生身上得到許多機會，有些最珍貴的契機，就發生在我開始教授耶路撒冷課程時。因為我開了有關耶穌的課程，後來又自然對第一世紀的耶路撒冷產生興趣；我對聖城的好奇心延伸到大衛尚未以此地為首府前，也開始往後探索耶路撒冷多次遭劫掠、蹂躪，以及政權轉變的事蹟。這個城市的漫長故事充滿血腥，令我既震驚又陶醉，因此我跟多數為了鑽研某個題材的教授一樣，乾脆以此為開課內容。

「耶路撒冷：跨領域研究」很快就成為我最愛的課，主要原因便是這門課吸引猶太教、天主教、伊斯蘭教與新教學生選修；這點相當容易理解，因為耶路撒冷是這三大宗教的聖城，儘管理由各異。除了講課之外，我將學生分成小組，每組盡量挑選不同信仰的成員。他們合作融洽地交出各種題材的報告，讓我感到相當意外，也很開心。其中一組學生包括來自巴勒斯坦的穆斯林，他們一家曾經住在耶路撒冷西部，同組還有以色列自衛軍的退伍軍人，他們甚至以耶路撒冷為題材，擬出最後階段和談協定的提議書。

1 Sikh，印度旁遮普地區的民族宗教，源於十六世紀初莫臥兒帝國統治時期。錫克教主張一神論，認為世界上的任何現象都是神的表現；在神的面前人人平等，種姓分立和歧視婦女等都是違背神意。

2 Jain，印度傳統宗教之一，耆那一詞原意為「勝利者」或「完成修行的人」。反對祭祀殺生、反對吠陀權威和偶像崇拜，指責婆羅門不學無術、言行不一；認為一切吠陀和祭祀都不能使罪人解脫。

摩西的繼承者

之所以要在討論《新約》的耶穌改變形象章節之始便提到這點，乃是因為這則故事表面上雖與耶路撒冷無關，卻是該門課最令人印象深刻的一堂。某天我講課時提到以色列／巴勒斯坦的複雜地理學，以及雙方對此聖地相持不下時，便提到這則故事。那堂課之所以難忘，是因為我再次看到故事多麼有益道德判斷或各教派交流。各宗教的學生，對改變形象的故事都有正面回應。

這則故事，起初彷彿是不合時宜、突兀地打斷流暢福音的故事。耶穌先前都在說比喻、佈道、醫治或是與門徒對談，這會兒卻突然出現奇特落差，然而幾節之後，他便重拾舊習。耶穌在「高山」（high mountain apart）改變形象的故事，好比是發亮的旗魚突然從風平浪靜的海面冒出頭來。因為太過突然，有些學者認為這段應該屬於福音書尾聲的耶穌復活段落，只是因為早期編輯誤植；然而其他人則堅稱，這個故事並未放錯章節。

我認為這些爭論毫無意義。如同其他關於耶穌的故事，這一則也暗示他的猶太血統家世與以色列信仰，當年的聽眾更絕對不會錯過這個弦外之音。耶穌在此被描述為新的摩西，典故一開始就說「過了六天」。為何是六天？不是七天、九天、四十天？因為摩西到西奈山見耶和華也花了六天；此外他也帶了三個幫手——亞倫（亞郎）、拿答（納達布）、亞比戶（阿彼胡）——走第一段路，耶穌則帶彼得、雅各與約翰。摩西抵達山頂，有雲彩降在他面前發出光芒（出埃及記24章9～18節），耶穌也碰到同樣情景。在名門族譜當中，先知或魅力十足的領袖往往與其卓越先人相提並論。在這則故事中，耶穌則被比喻成以利亞、頒布律法的摩西。

我在上課前就知道，猶太教或基督教學生一定對這段特別有感覺，因為故事將耶穌譬喻為以色列早期先知，然而我沒料到，伊斯蘭教同學也很感興趣。穆斯林有時將穆罕默德從麥加荒野出奔到麥地那的驚險旅程，比喻為以色列人逃離埃及的〈出埃及記〉，也視穆罕默德是摩西的同路人。摩門教徒則認為，帶領信徒抵達猶他州錫安的楊百翰[3]就是他們的摩西。金恩博士生前最後一晚在孟斐斯的共濟會聖殿教堂佈道演講中指出，他瞥見「應許之地」——如同摩西在尼波山所見——但是「我可能等不到與你們一同前往」。耶穌改變形象的故事如同另一篇家譜，將耶穌當作摩西的繼承者。

這則故事還有其他爭論。多數學者都同意，這段章節所說的「高山」就是如今敘利亞的黑門山（黑門就代表apart）。然而以色列的他泊山山頂卻有個古老修道院斷然堅稱，當地才是耶穌變像之處。聖地裡有關耶穌生前事件發生地點的爭議還不僅只於此，因為耶穌埋葬與復生之處也都在耶路撒冷——一處是在聖墓教堂裡面，另一處（「花園墓」）則在大馬士革門外，緊鄰停車場與忙碌的阿拉伯市集。我自己就去過耶穌受洗的四個不同「真正」地點，帶

3 Brigham Young（一八〇一～七七），美國摩門教第二任領袖。一八四七年為躲避宗教迫害，帶領一群摩門清教徒到大鹽湖山谷（Great Salt Lake Valley）並在此建立殖民地。

我參觀的嚮導都堅稱那裡才對，而且每個人都略通考古學。即便若望保祿二世在二〇〇〇年造訪中東時，也技巧地在兩個洗禮地點——一個在以色列、一個在約旦——祈禱。

先知夜遊記

地點的爭論無傷大雅。耶穌變像或其他故事，其實在哪座山上都無所謂。高山空氣似乎很容易孕育故事，山嶺散發出既陰鬱又迷人的氣氛，呼喚眾人前去卻又令人裹足不前。滿山遍野的岩石，偶爾加上白雪或彩霞的點綴，崗巒令人敬畏又嚮往。倘若我們有幸攻頂，不但會感到自豪、滿足，還能見到平常在山腳下看不到的景色。難怪層巒疊嶂經常成為傳說、民間故事的背景，也常在宗教當中佔有重要地位。

先知與山巒總是很投緣，因此耶穌變像、登山寶訓的故事發生在山上也不奇怪。摩西辛苦拖著老邁身軀登上西奈山，而且並非只去了一次，還去了兩次，領取耶和華的律法。佛陀最重要的某次傳法就在靈鷲山。類似的事件不一而足，然而在我的課堂上，最急著舉例說明的卻是穆斯林。他們說，《可蘭經》中有段著名段落就發生在錫安山上，而且非常類似福音書中的變像故事。該故事描述穆斯林耳熟能詳的穆罕默德夜遊耶路撒冷，這是《可蘭經》中篇幅相當短的一段（17章1節），卻讓伊斯蘭教各層面都煞費苦心、詳細說明：

> 讚美真主，超絕萬物，他在一夜之間，使他的僕人（亦即穆罕默德），從禁寺（位於麥

加）行到遠寺（最遠的朝聖處）。

《可蘭經》完成之後不久，註解者就把耶路撒冷的聖殿山視為「遠寺」。他們知道穆罕默德教導信徒要面向耶路撒冷祈禱，因為他認為，當地就是亞伯拉罕（阿拉伯文則是易卜拉欣〔Ibrahim〕）教導真正遠古宗教的地方，後來才有猶太教或基督徒，以及所羅門王的聖殿。穆斯林開始面向麥加祈禱，則是年代稍晚之後。

這段經文本身說得並不多。然而穆罕默德最早期的傳記中，有位伊本·伊斯哈格[4]利用伊斯蘭教的米大示添補細節，此後他的版本就成為標準的夜遊故事。伊斯哈格宣稱自己聽過先知本人告訴大眾，他在麥加的卡巴神廟傍著黑色聖石睡覺時，大天使加百列用足尖撥弄他，但穆罕默德並未醒來，天使撥弄到第三次才搖醒先知。加百列領他出門，叫他騎上一隻野獸。這頭獸顏色純白，半驢半騾，名為布拉可（Buraq）。十五世紀有捲彩色手稿上有夜遊圖，圖中描繪的布拉可有女子的頭。布拉可與穆罕默德登霄翱翔，一眨眼間就從麥加抵達耶路撒冷，甚至還有時間在西奈山短暫停留。

穆罕默德降落在聖殿山之後，亦即穆斯林的神堂（Haram al-sharif），一群人正等著歡迎他。那些人都是以前的先知，包括亞當、以諾、施洗者約翰、耶穌、摩西，當然還有穆罕默

4 Ibn Ishaq（七〇四？～七六七？），阿拉伯人，伊斯蘭教先知穆罕默德的傳記作者，作品經伊本希沙姆校訂後，成為了解先知生平的重要來源之一。

德最喜歡的先知亞伯拉罕。傳記作家伊斯哈格甚至指出，穆罕默德還描述各人的特徵：「摩西臉色紅潤、高大、肥胖、捲髮、有鷹鉤鼻；馬利亞之子耶穌也是臉色紅潤，但是身高中等，臉上有許多雀斑，頭髮細軟，彷彿剛淋浴完。」自古以來，說故事向來就是鉅細靡遺。《聖經》之後的故事早已告訴我們，施洗者約翰因為只吃蝗蟲、蜂蜜，所以骨瘦如柴；而約瑟——遭兄長賣為奴隸——則是個美少年，而且還擦眼影（此敘述出於猶太故事）。

根據這則夜遊故事，穆罕默德與先人結束普世祈禱會之後便登上巨石——壯麗的金色岩頂圓頂寺矗立之處。接著加百列就像天使版的維吉爾與碧雅翠斯[5]，護送穆罕默德爬上梯子參觀不同層的天堂。另外有個栩栩如生的細節指出，起初岩石也想一起去。但是加百列將石頭扯下來，命令石頭只能留在地面。熱誠的導遊就會指出岩石側邊的加百列指印。然而穆罕默德要踏上第一梯並不容易，所以他得用力向上跳，因此岩石上便留下清楚的足跡，同樣的，嚮導也會恭敬介紹。

加百列與穆罕默德參觀過天堂的幾個內院之後，終於見到上帝。阿拉告訴穆罕默德，他應該教導穆斯林一天要禱告五十次。然而五十次似乎太多了，因此穆罕默德在回程中駐足與摩西討論這個命令。摩西警告他，這個次數太強人所難，穆罕默德應該回去請求阿拉減輕重擔。穆罕默德照辦，阿拉便減少到四十次。先知再次去向摩西報告，後者又勸他再去情商，因此穆罕默德便在阿拉與摩西之間不斷往返，直到祈禱次數降為五。儘管摩西催促穆罕默德再嘗試，後者這次卻拒絕了。他說不斷與主討價還價，自己都覺得羞恥了。這就是為什麼穆斯林現在一天得祈禱五次（猶太教徒則只要兩次）。

這則故事相當生動，如果一定要詢問「真實性」，就太過愚蠢，連穆罕默德的妻子都說這是作夢。這個故事正好說明所謂的「先知式的想像力」，在伊斯蘭教當中有許多宗教目的。穆罕默德因此不再只是上帝的使者，也是預言家與神祕家；這是數百萬伊斯蘭教蘇菲[6]教徒千百年來深信不疑的傳說。這則典故類似雅各的故事——雅各也在夢中看到通天梯子，天使還從梯子上走下來。此外夜遊故事提到耶穌、猶太先知，表示穆罕默德希望自己推廣的宗教以猶太教、基督徒的信仰為基礎。這個預言更向穆斯林解釋，他們為何得每天祈禱五次；耶路撒冷，也從此成為伊斯蘭教聖地之一（另兩地則是麥加、麥地那）。

真正的世界倫理

我從選修耶路撒冷課程的學生身上，還學到最重要的一點教訓：惡名昭彰的「耶路撒冷問題」其實可以解決。解決之道既容易又困難，因為這個城市終究不能由一方獨佔。如果崇敬耶路撒冷的各宗教虔誠學生想出共享的方法，該城的歷史雖然悲痛，卻有更光明的未來。只要我們在政治、道德方面拿出意志力，並且認定聖地也能共享便能解決問題。以往曾經發生，將來也不無可能。希冀耶路撒冷不再滋生紛擾、仇恨，並非只是奢望；當地可以成為男

5 Virgil和Beatrice，分別是但丁《神曲》中陪伴主角遊歷地獄與天堂的導遊。
6 Sufi，伊斯蘭教的神祕主義派別，興起於八世紀，主張通過隱居、沉思與禁慾達到人神合一。

女信徒齊聚一堂研究、祈禱的重鎮，而且還能互相敘述故事。

宗教比較研究帶給我的最重大意義，便是世上多元化的信仰也可能歸納出共同的道德態度。就神學層面而言，這些宗教傳統往往大不相同，然而也孕育許多相同的倫理價值。基督徒應該聽聽佛教徒如何闡釋所有覺知眾生的價值，而非只著重於人類。佛教徒則已開始接受基督宗教對公平正義的某些看法。猶太教徒與穆斯林都認為，人生各個層面都該遵照上帝的律法。

一九九四年，我參加芝加哥大型宗教集會「世界宗教議會」。其中有個活動就是各宗教代表在天主教神學家孔漢思（Hans Kung）率領之下，試圖協商所謂「世界倫理」的基礎。各人當然有不同意見，然而我們愈討論愈同意，各宗教一致推崇的美德相當多，足以架構共同基礎，建立可能是人類史上第一個真正的世界倫理。

該次集會的最後一天在密西根波光粼粼的密西根湖畔舉行，最末一場演講的主講人，則是身穿藏紅僧袍的達賴喇嘛。他的談話再次提醒與會代表，各宗教的共通點何其之多。以前我也曾經在電視上看過若望保祿二世提到類似內容，當時他帶領幾個宗教領導人，在聖方濟的故鄉阿西西共同祈禱。然而我離開芝加哥之後也發現，宗教不但有共同的價值觀，還有互相關聯的故事，例如耶穌變像或穆聖夜遊。記得這點非常重要，因為價值觀並不是漂浮在空氣中，而是藉由儀式或故事代代相傳。少了這兩項因素，價值觀很快就會蒸發消失。難怪聖哲、先知不只留下道德原則的教誨，還說故事造福我們後人。

第19章

自斷後路與街頭戲劇

耶穌和門徒將近耶路撒冷，到了伯法其，在橄欖山那裡。耶穌就打發兩個門徒，對他們說：「你們往對面村子裡去，必看見一匹驢拴在那裡，還有驢駒同在一處；你們解開，牽到我這裡來。若有人對你們說什麼，你們就說：『主要用牠。』那人必立時讓你們牽來。這事成就是要應驗先知的話，說：要對錫安的居民說：『看哪，你的王來到你這裡，是溫柔的，又騎著驢，就是騎著驢駒子。』」

門徒就照耶穌所吩咐的去行，牽了驢和驢駒來，把自己的衣服搭在上面，耶穌就騎上。眾人多半把衣服鋪在路上；還有人砍下樹枝來鋪在路上。前行後隨的眾人喊著說：「和散那歸於大衛的子孫！奉主名來的是應當稱頌的！高高在上和散那！」

——〈馬太福音〉21章1－9節

我孩提時代記得最清楚的教會節日就是棕櫚主日，這個節日當然是在春天，復活節的一週前，因此就類似季節性的儀式。音樂絕對明快，其中必唱的一首歌便是：「花朵、棕櫚競相爭豔／穿戴芬芳春袍歡迎主現。」

我還小的時候，偶爾會忌妒天主教的鄰居小孩有棕櫚葉可以編織，但是幾年後就扳回一城。因為新教教會開始注重儀式，時常穿長袍大合唱，祭壇蠟燭、棕櫚枝也開始出現在我們的教會裡，儘管某些年紀較長的成員認為這些行為太像天主教。如今會眾上教堂還會唱「和撒那」，而且大家似乎都有棕櫚葉了。然而多數基督徒也許不知道，耶穌進入耶路撒冷並非宗教事件，而是帶有政治意義、大膽宣示非暴力抗議的行為。

逾越節與聖週——從棕櫚主日到復活節——通常不在同一週，因為基督宗教（至少西方教會）後來決定採用陽曆，而非猶太人（東正教基督徒）使用的陰曆。然而每隔幾年，逾越節與聖週還是會重疊，此時我最開心。如果我有能力改變歐美教會的曆法，我一定會把這兩天訂在同一週裡。兩次慶祝比鄰相連，更能記住耶穌從加利利抵達耶路撒冷慶祝逾越節，他當年還帶著門徒及如同隨扈的一班人馬。此事再次證明，耶穌謹記族人傳統與拉比的天職。

儘管可能印象模糊，但是班上多數學生都知道耶穌騎著驢子進耶路撒冷，而且基督徒後來就以這一天當作棕櫚主日；然而就跟多數人一樣，只有少數學生了解此舉有多冒險，明白這是耶穌一生最關鍵的時刻之一。其實這件事就相當於航空術語的「不歸點」——飛機在跑道上準備升空時，加速到某個程度就不能再回頭。耶穌公然把自己送到聖殿宗教高層與羅馬軍隊手中，猶如凱撒大帝於西元前四十九年跨越盧比孔河[1]。此舉表示他正面挑戰當局，而且不準備再走回頭路。

耶穌拉比大無畏公然昭告天下，此後他便走出偏僻北方的加利利鄉間；以前當局還能睜一隻眼閉一隻眼，如今非得正視他的顛覆性傳道活動。耶穌用這種方式進入耶路撒冷不僅是「自斷後路」，也是挑釁、嘲弄，所以之後活不到一週。

諷刺性的演出

進入耶路撒冷也算是一種故事，或說是實際演出的街頭戲劇，寓意非常清楚明白。耶穌的行徑非常大膽妄為，不啻宣布天國已經降臨，而且羅馬帝政即將結束。他的做法幾乎比照廣為人知的羅馬習俗：志得意滿地進入征服之地，增添些許熟悉的救世主場面，然後再投出他的典型變化球。

羅馬人已經精通如何擺出凱旋勝利又威震四方的陣仗，而且所有架勢都經過精心策劃。首先，勝利的新領袖騎著駿馬入城，身旁盡是軍隊。馬車上載滿戰利品或戴著枷鎖的俘虜。路上一定會有夾道歡迎的群眾，然而這些人往往是被羅馬士兵轟出家門、趕到街上的。接著當地仕紳便發表演講，內容可能由羅馬人撰寫，不外乎就是歡迎征服者。最後新王等人則前往當地神殿獻祭人們所崇敬的神祇，並且感謝羅馬天神助他們一臂之力。

按照這種典型的羅馬軍隊誇張做法看來，耶穌此次登場兼具嘲諷與侮辱的意義，而且每個人肯定都能看出他的用意。他譏諷羅馬帝政的方法並非騎馬入城——戰士的象徵——而是騎上農夫的駝獸驢子。耶穌身邊沒有武裝軍團，只有一群手無寸鐵的平民百姓，而且多數人是從家鄉跟他一起來朝聖；高聲歡迎的大眾，可不是被士兵趕出家門。此外眾人齊聲喊出某

1 西元前四十九年，凱撒率軍渡過盧比孔河，象徵凱撒與龐培對決的內戰開始，因為當時羅馬法律規定，任何將軍沒有接獲命令就不得帶兵穿越這條小河，否則就會被判定為謀反罪。

個政治名號，他們稱他「大衛的子孫」，耶路撒冷五百年前的王朝合法繼承人。民眾揮舞著大王椰子葉，等於高舉「耶穌是王」的看板。後來耶穌也遵照羅馬人的模式前往神殿，目的卻是趕出殿上販售動物的商人，以及兌換銀錢的生意人。

除了揶揄羅馬人奏凱進城的動作，耶穌也實際演出熟悉的猶太故事，宣布上帝的使者已經來到。馬太在福音書中收錄此事，然而耶穌除了姿態誇張，還做了另一件改寫彌賽亞經文的事情。

聖城中的騷動

猶太人的標準期望是某個同胞能夠解放族人，脫離外邦人的奴役，此後他們便能享受解放者的勝利果實。然而耶穌卻拒絕使用暴力，而且騎驢進城之時就知道自己必死無疑。儘管民眾向他揮舞大王椰子葉，耶穌並不想稱王，他只是來宣布上帝的天國已經降臨。耶穌明白，羅馬人或猶太賣國賊絕不會容許他當面嘲弄他們的尊嚴或權勢。他當然沒料錯，敵人正在磨拳擦掌。

> 耶穌進了神的殿，趕出殿裡一切做買賣的人，推倒兌換銀錢之人的桌子，和賣鴿子之人的凳子，對他們說：「經上記著說：我的殿必稱為禱告的殿，你們倒使它成為賊窩了。」
>
> 在殿裡有瞎子、瘸子到耶穌跟前，他救治好了他們。祭司長和文士看見耶穌所行的奇

事，又見小孩子在殿裡喊著說：「和散那歸於大衛的子孫！」就甚惱怒，對他說：「這些人所說的，你聽見了嗎？」耶穌說：「是的。經上說：『你從嬰孩和吃奶的口中完全了讚美』的話，你們沒有唸過嗎？」於是離開他們，出城到伯大尼去，在那裡住宿。

——〈馬太福音〉21章12－17節

在這次驚動眾人的登場之後，耶穌仍不改諷刺羅馬人的行徑，再次回到聖殿。當然我們得先明白聖殿的象徵，才能領悟耶穌此舉的涵義。第一，聖殿象徵古以色列的中心；等於自由女神像、國會大廈、星條旗、華盛頓紀念碑、林肯紀念館。聖殿是猶太民族的圖騰，身分的圖像。

此外，耶路撒冷聖殿當然也是宗教重鎮、聖地。當地的祭司成天都在獻祭，神殿就是血流成河的屠宰場。然而神殿的儀式功能與其象徵意義不可分割，否則便會使人產生誤解。神殿是一個象徵，因為人類透過獻祭更接近上帝，上帝也因此俯身靠近。既然世上只有一個真正的上帝，這個神殿便是宇宙的中心，世界的樞紐。

耶路撒冷聖殿也有重要的世俗功能。因為此處是主要金庫，百姓會到此地抵押典當，購買當時的旅行支票或是借貸。歷史學家認為，耶路撒冷是地中海東岸最重要的金融中心。這座神殿也是現代所謂的浪費公帑的計畫，因為希律王在耶穌抵達之前已經進行重建計畫數十載，不只為將近一千個鐵匠、木匠、石匠提供生計，規模之浩大更雇用了全城幾近半數的成年男子。耶路撒冷神殿不只是朝聖地，也是觀光景點，是古代最美的建築之一，有辦法負擔旅費的遊客，不辭千里就為了一睹風采。

耶路撒冷聖殿佔地三十五英畝，主要分為三個區域。外院歡迎外邦人與婦女，內院只開放給潔淨的猶太男子。至於最內部的中心，亦即「至聖所」，則僅供祭司長進入，而且即便是他們，每年也只有一天——贖罪日——能登堂入室。

耶穌進入的區域是外院，眾人都能見到他，當時也是他一生最暴力的一刻。他見到生意人販售獻祭用的鴿子、羊，而且還要求買家以超高匯率支付當地貨幣，耶穌立刻採取行動。他抽鞭子，推倒小販的籠子、桌子，驅趕他們離開。當時的騷動，以及隨之而來的吵鬧、紛擾可想而知，無異是擾亂公共秩序。即便官員漠視騎驢進城一事，此時也非得有所反應，否則絕對威信掃地。

這個故事也是耶穌生平常遭誤會的事件。他雖然跟當時許多猶太人一樣，都厭惡主管聖殿的懦弱賣國賊，然而他並未反對人們上殿獻祭。舉例來說，他指示受他治癒的病患到聖殿獻上傳統的感恩祭品，有些《聖經》故事的角色，也曾在聖殿祈禱或獻祭。耶穌在「登山寶訓」中說，「你在祭壇上獻禮物的時候，若想起弟兄向你懷怨……先去同弟兄和好，然後來獻禮物。」顯然這位教授律法的夫子並不質疑族人的祭拜行為，他其實是驅趕剝削窮人的換錢奸商。耶穌聲稱，「經上記著說：我的殿必稱為禱告的殿，你們倒使它成為賊窩了。」

是「彌賽亞」就不該失敗？

每逢討論這段著名章節時，課堂的氣氛就變得非常熱絡，而且經常有人提出反對意見。儘管經文寫得清楚明白，有些學生仍舊堅信，耶穌並不贊成「政教合一」。有些人認為，這段記載證明羅馬人與猶太內奸絕對有理由認定耶穌威脅政權。其他人則說，他們參加棕櫚主日的心情再也不同於以往。總之有人喜歡，有人則不認同。

進入聖殿一事，強調耶穌重寫標準的彌賽亞劇情。他言行合一地指出，他是上帝的使者，祂的「受膏者」（亦即「彌賽亞」之意），新國度已經來臨。他也表示自己會遭羞辱、殺害；然而這兩種概念根本相互矛盾。倘若救世解放者失敗遇害，顯然他就不是「彌賽亞」；否則他不會失敗，更不可能受死。結果耶穌卻徹底顛覆。沒錯，他的確帶來神聖國度的第一道曙光，然而這個新勢力卻是默默、謙遜地到來，而非藉由軍事武力。此外，耶穌也會在侮辱、失敗中死去。這種主張令人意外，也難怪只有少數人了解其中的寓意。但是我相信，耶穌就是要強迫千百年後的千千萬萬人思索何謂「失敗」。

我曾經與東正教學者爾文「葉茲」葛林堡拉比討論耶穌與失敗的意義，此人是研究、認同基督宗教的博學猶太學者。我們同組時，剛好碰上耶穌確定自己是彌賽亞聲言的敏感問題。千百年以來，這都是猶太教與基督宗教意見分歧之處。猶太人一秉傳統地指出，他們無法接受耶穌這個主張，因為他顯然並未成就該角色的任務。環顧四周，世上明明還有戰爭、不公平、恨意。因此猶太人有時便將耶穌歸類為「假基督」，猶太史上不時有這類人的出現，其中最有名的，就是後來改信伊斯蘭教的薩巴泰・薩威[2]。

落敗的彌賽亞

過去的兩個世紀以來，猶太哲人對「彌賽亞」或「彌賽亞時代」都有不同新解。有些人辯稱，唯有在我們再也不需要救世主時，世人長久等待的這位才會來臨。有些人則猜測，或許所有猶太人就是「救世民族」。施尼森[3]拉比的信徒則認為，這位生前在布魯克林皇冠高地傳教的查巴・路巴維奇[4]領袖雖然已死，但是精神長存，而且就是彌賽亞。

許多猶太人依舊堅信耶穌是假基督，但是葛林堡拉比卻認為，這個名稱不適合套在拿撒勒的拉比身上，他說，應該稱耶穌是「落敗的彌賽亞」，亦即努力實踐彌賽亞的理想卻沒成功的人。耶穌不該因此受到輕視，或背負騙子的惡名，至少應該因為曾經努力而受到敬重。

葛林堡拉比沒想到我也同意他的說法，至少我不是全盤反對。如果要成為「上帝所膏立者」，耶穌便得完成當時所敘述的彌賽亞經文，但他的確是失敗了。然而他的行為如果不合經文，我們就得換個角度思索他的「失敗」。舉例而言，倘若耶穌是為了證明，人類不該期待上帝派來的仲裁者解決我們自己製造的冷酷與愚行呢？或許這就是他的「失敗」所強調的意義。就某個角度看來，耶穌是莫大的失敗，然而他的「失敗」強迫我們，即便是在如今耽溺於「成功」的文化之下，也能重新檢驗「失敗」的真正意義。

現代沒有人想談失敗，尤其在滿是菁英的校園，學生更不願意坦率談論這個話題。整體而言，他們之所以能申請到哈佛可不是因為失敗，甚至大多是因為表現得格外出色。然而學生一旦打開話匣子就證明，顯然每個人某種程度都嘗過失敗的滋味。有些失敗——例如沒入選美式足球隊、舞台劇〈馬克白〉、合唱團等——在長大之後看來是微不足道，有些則帶來更大的痛苦，例如心儀的對象沒有熱情回應。親友之間的某些事件也會讓他們感到沮喪無力，例如死亡、重病、失業、離婚等。學生可以透過這次討論而省思自己對成功的定義，抑或只能照單全收親友的標準？終極而論，人究竟如何評價成敗？耶穌沉重地邁入耶路撒冷，隨後遭到不名譽的處決，然而我們在兩千年後卻還繼續研究他。他究竟是否失敗，還要花多久才能論斷呢？

2 Sabbatai Zwi（或拼成Zevi，一六二六～七六），生於土耳其的猶太人，一六四八年開始出現躁鬱症症狀，此後自稱是救世主，後來被逐出出生地，到處流浪，遇見「加薩的納桑」（Nathan of Gaza），後者也斷定他就是彌賽亞。救世主出現的消息，很快地像野火一樣傳遍了歐洲。此事件對歐洲的影響整整持續了一個世紀，這在猶太教中是史無前例。薩威於一六六六年抵達君士坦丁堡，為了躲避當局處決而改信伊斯蘭教，信徒也跟他改信。薩威最後死於流放生涯。

3 Manachem Mendel Schneersohn（一九〇二～九四），儘管他本人否認自己是彌賽亞，他的信徒卻在一九九〇年堅稱他就是，還說即將有大神蹟出現，結果沒有一項在他死前應驗。

4 Chabad Lubavitch，猶太教哈西德教派的一支，也是目前最活躍的猶太教徒。Chabad在希伯來文中代表智慧，Lubavitch則是發起查巴．路巴維奇運動的白俄城市，這個字在俄文的意思即是「友愛之城」。該運動發起於兩百多年前，後來傳到世界各個角落，至今已有七任領導人。

耶穌故事最有力的因素就在於，即便兩千年後再說起，專心誠意的聽眾還是立刻就得面對我們通常選擇逃避的問題。棕櫚主日的故事更有這種深刻效果，這個節日不只有芬芳的花朵，更敘述著某個不祥事件。這個節日紀念某名男子本可繼續隱身茫茫人海，卻寧可現身在大眾之前，儘管他早就預見後果。這個節日說的是成功有多短暫。或許耶穌起初受到歡迎，但是幾天後就會遭人揶揄、嘲弄，然後遇害。

有些教會會收集剩下的棕櫚葉再燒掉，當作聖灰星期三用來抹在額頭的灰土，證明我們明白自己終究難逃一死，如同《聖經》所言，「我們本是塵土，仍要歸於塵土。」這種象徵相當陰鬱，然而對這件有時被譏諷為「凱旋進城」的事件而言，卻也相當適切。

第20章

審問與二次審判

眾人就告他說：「我們見這人誘惑國民，禁止納稅給凱撒，並說自己是基督，是王。」彼拉多問耶穌說：「你是猶太人的王嗎？」耶穌回答說：「你說的是。」彼拉多對祭司長和眾人說：「我查不出這人有什麼罪來。」但他們越發極力地說：「他煽惑百姓，在猶太遍地傳道，從加利利起，直到這裡了。」

——〈路加福音〉23章2－5節

講到逮捕、審問耶穌的段落時，最期待的大概就是法律系學生了。儘管法學院的課表相當繁重，每學期班上還是會有一些法律系學生。有些人表示，他們之所以選修這堂課，是因為他們認為即使現在的法律教育再精湛，也無法提供夠多機會讓他們探索執法的道德面與宗教面，因此他們需要這方面的補充課程。經過討論時間的觀察，我就了解他們的意思了。因為平時就培養分析技巧，所以法律系學生可以主導討論，領導茫然的大學生及注重哲學思考的神學院學生；然而一旦碰上道德難題，他們便跟任何人一樣疑惑、啞口無言。所以我們愈接近耶穌受審的段落，法律系學生的精神就愈好，他們以為這又回到他們擅長的領域。

結果他們當然是以失望收場，而儘管理由不盡相同，其他學生也沒有比較好過。四部福音書所描述的耶穌受審故事不但令人困惑，而且各有出入，更絕非法庭記錄或目擊者的證詞。在審問耶穌的聽證會與訊問開始之前，門徒早已四散，所以這些故事充其量只是二手資料，而且後世編纂者還加入聖經預言、聖詩，為故事提供意義框架（frame of meaning）。

此外，即便是福音書前後不連貫的記載，也都有證據指出，「審判」時耶穌沒有起誓，沒有辯護律師，沒對證人交叉詢問，沒有證據規則，沒有正當程序。整個過程根本不是審判，而是一場鬧劇，明顯是羅馬當局與耶路撒冷權貴試圖以法律之名處決叛亂份子的手段，難怪法律系學生會大失所望。有個學生告訴我，耶穌如果採取法律機制，她一定接下此案，因為即便就當時的羅馬法典而論，她都發現至少有六個明顯違反程序的地方。

拼湊四部福音書的記載，以下可能是當時事發經過：耶穌在聖殿外院引起騷動之後，他的人生步調就此加速。他每天繼續在聖殿外院傳道，找來最親密的朋友在租來的客棧舉行逾越節的筵席。他與門徒共享麵包、葡萄汁，共同祈禱、唱歌。然後他帶著最親密的三個門徒到附近的橄欖山祈禱，準備迎接他所預見的事情，門徒卻睡著了。部隊沒多久就帶著武器、火把抵達山邊。彼得在一陣混戰中用刀砍傷一個民兵（他帶刀的事實證明，門徒仍舊不清楚耶穌任務的本質），後來耶穌終於遭人擒拿，門徒卻都四散逃匿，耶穌本人因此成了史上最不合法的私審主角。

參加最後這場戲的人物，現在都成了典型角色，包括：叛徒猶大（猶達斯），不敢認耶穌的彼得（伯多祿），金髮的悔罪妓女抹大拉的馬利亞（瑪利亞瑪達肋納），膽小政客彼拉多及其迷信的妻子，形同虛設的希律王，耶穌兩旁十字架上的強盜，悲慟的母親馬利亞，以及其他跑龍套的小角色。這些人物各自衍生許多故事、幻想，以及相當於猶太教米大示傳統的基督宗教產物。他們的故事成為繪畫、雕刻、電影，甚至最偉大音樂的題材，悲劇情節也激發無止境的急迫道德問題。題材如此之多，學期又即將結束，我因此做出應變決定——上課焦點不在耶穌受難的整個故事，而在所謂的「耶穌受審」一事。

根本就是一場鬧劇

我請學生閱讀四部福音書裡有關耶穌受難的記載，仔細聆聽巴哈的音樂，如〈聖馬太受難曲〉，希望他們至少對耶穌生平最後一週的詩意與戲劇性有些許領悟。接著我請他們專注於四部福音書所寫的審判，並且詳加比較。我提醒他們史上其他偉大審判，例如蘇格拉底或伽利略，也指出有許多原本隱而不見的事情，在審判期間都會浮上檯面。真正的審判，必須有清楚的控訴、正反方辯論與證據。

然而在羅馬控告拿撒勒的耶穌一案，上述條件幾乎都缺席。本案當然有指控，但是全都根據不實謠言：耶穌說要拆毀聖殿、不准猶太人納稅給凱撒、他要自立為王。我先前就提過，耶穌沒有為他辯護的證人，沒有律師，也沒有交叉訊問，因此這場審判——至少名義如此——無異一場鬧劇。羅馬人以恪守法律自豪，而且他們的法律由訓練有素的法理學家編纂、執行，也是羅馬霸權得以厲行的手段。羅馬法律應該公平、公正，然而他們誇示的公平顯然只針對羅馬百姓，而非殖民地居民。羅馬通常任憑殖民地執行當地原本的法律，只要羅馬君主可以收到稅賦，叛亂得以遭到鎮壓即可。不過羅馬人保留了處決的權力，除非先得到羅馬首肯，殖民地的統治者不准處死罪犯，只能由羅馬軍團執行。

釘十字架是常見的處死方法，而且羅馬人可不吝於使用這種極刑，次數頻繁而且毫不手軟。然而只有奴隸以及他們判定危及政權的外國人才會遭受此刑，因為釘十字架的懲罰太羞辱人，不適用於羅馬百姓。大體而言，羅馬政府對殖民地的內部紛爭不怎麼感興趣，放任地方首長自行處理這些無聊小罪——畢竟他們還有大事要忙。

儘管法律分責如此清楚，有時還是會有審判權歸屬的紛爭，拿撒勒的耶穌一案就在此列。儘管福音書說得不清不楚，細心的讀者依然可以看出三個法官踢皮球般互相推諉責任，這三人分別是：大祭司該亞法（蓋法），羅馬人冊封的「猶太王」希律，以及擁有直接權力的巡撫彼拉多。除此之外，讀者也能察覺這些記載如何經過修飾、改寫，就是為了找代罪羔羊、掩飾證據，總之目的就是模糊焦點。

審判故事最可怕的竄改內容，便是福音書把罪過全推到「猶太人」身上的章節。這種明顯扭曲事實的行為是發生在後世，也就是福音書化為文字的幾十年後。當時猶太教高層領袖與剛興起的基督宗教運動正在爭執不下，這種「怪罪猶太人」的陰謀因此有其論證目的。這種手段也是某種權力政治，早期基督徒藉此為羅馬人脫罪，部分理由是希望減少羅馬對他們的迫害。然而經過千百年來的觀察，我們不可小看這種荒謬描述導致基督徒滋生反猶太情結的事實。這個例子便證明，故事明目張膽地與歷史脫節有多可怕。

由於現代的資訊經常遭政客誇大、渲染，所以釐清福音書中的故事更是重要的學習經驗——儘管過程令人氣餒。況且無論後人如何抹黑，根本的殘酷事實仍舊不變：拿撒勒人耶穌被羅馬暴君與其地方傀儡處以私刑，他是廣受加利利人歡迎的革命性拉比，而且信徒人數正在不斷增加。

重演耶穌審判

某次我與法學院教授艾倫．德蕭威茲聊到，我的學生讀到耶穌受審的這段內容時都相當困惑，尤其是法律系同學。他聽得饒富興味，而且表示，他早就認為只要耶穌雇用好律師，情況肯定大不相同。德蕭威茲以辯護專長聞名，因此我問他是否願意在重演耶穌審判的戲碼中擔任辯護律師——當然是公設律師。他立刻答應，因此我便著手策劃，請當時的神學院教授艾倫．卡拉罕擔任檢方律師，他雖然也同意，卻坦承很不願意在法律領域與德蕭威茲交鋒。既然當時沒有陪審團，我便要求同學扮演彼拉多的諮詢委員會。由於羅馬地方首長是獨裁霸權，一切聽憑他自己決定，因此這場審問自然是虛構的，然而學生因此被迫衡量正反論證，想像自己身處福音書描述的交相指責實況。我本人則決定扮演彼拉多。

我應德蕭威茲的要求，送給他耶穌受審的最新研究報告。他坦承該份資料助益不大，當然也在我預料之中。檢方律師卡拉罕知道根本沒有可靠證據，然而無論可不可靠或是好是壞，福音書所記載的實際結果仍舊站在他那邊。

我則閱讀安．蘿伊的歷史傳記小說《彼拉多》以茲準備。蘿伊此書網羅彼拉多所有歷史資料，還探究了這個遭神話化、滑稽化，千百年前的羅馬小官的餘生——。官位之小，要不是彼拉多主審史上最著名的案件，早就被世人遺忘了。我藉由蘿伊的小說進入彼拉多的世界，了解後人對他為何有各種詮釋。「我們自以為了解的彼拉多，」安．蘿伊寫道：「其實混合了數十個虛構人物，每個人物都有其代表意義：個人眼中的國家，基督教世界眼中的異教徒世界，真相反面的懷疑論，面對上帝的我們。他代表人類的自由意志、在命運面前的無助、分辨善惡的掙扎，以及棘手抉擇的霸道。」

起初我自以為漸漸了解彼拉多，卻愈看愈不了解他究竟是什麼樣的角色。他是我們深惡痛絕的殘酷、頑固暴君嗎？是掌握別人生死、卻只想著羅馬當局與自己升遷的懦弱機會主義者？是百般無聊的地方長官，只當耶穌是討厭螻蟻而非人類？因為各種可能性都有，我決定彼拉多是因為被迫做出決定，所以痛恨所有猶太人害他為難。

儘管彼拉多有各種詮釋方法，我卻認為這種說法在現代最有道德寓意。因為感到厭煩、心不在焉、漠不關心，或是另有考量，決策者到底做出了多少不公平的判決？毫無作為與積極投入都有同樣的破壞力。

審判的結果

「審判」當天有許多人來旁觀，包括法學院的學生、來看好戲的教職員，以及嗅覺敏銳的當地媒體。我召開集會之後便迅速投入彼拉多一角，卻沒接受兒子穿寬袍的建議。我一開始就向「委員會」抱怨，為什麼忠心服侍皇帝多年還得待在這個鄉下地方。為什麼不是盛產香醇美酒的克里特？不是生活奢侈的埃及？我藉此難得的機會，過過多數教授努力壓抑的戲癮——雖然我們有時也會洩露本來面目。

德蕭威茲與卡拉罕也賣力演出。前者身為辯護律師，當然訴諸猶太法律（畢竟他早年是布魯克林經學院〔Yeshiva〕的學生，而且研究猶太教法典多年）。德蕭威茲首先指出，自稱是彌賽亞或人稱彌賽亞都不違反猶太教法律，接著堅稱耶穌被還押到羅馬法庭，完全是猶太法官的疏失，因此彼拉多應該拒絕審理這個職權之外的案件。

這種說法既有條理又令人信服，甚至還是狡猾的策略，故意避而不談彼拉多為何對此案件有興趣——因為這個來自北方的不定時炸彈是危險人物，自稱為「猶太王」。如果這項指控成立，彼拉多可不能視而不見。羅馬人已經冊封希律為王，這個突然崛起的拉比若自封為王，而且追隨者眾多，就會威脅羅馬政權。

檢方律師卡拉罕立刻攻擊德蕭威茲的致命弱點。他聲稱，這個耶穌的確自稱擁有羅馬人所建立、希律所統轄的王國，所以可不是猶太湯鍋中的另一個小氣泡，而是真正威脅羅馬帝國的大問題，因此——不僅關係羅馬政權，也牽涉羅馬法律及民間和平——應該立即處理。他的說辭已經很清楚明白：倘若彼拉多不執行地方首長的職責，政府上層絕對會怪罪下來。

扮演彼拉多的我開始擔憂、發火，演出自私自利的小官。我希望趕快結束這件事情，而且盡可能別影響到我的前途；但我分別詢問檢方與辯方時，雙方卻都各持己見、不肯讓步。卡拉罕大半學術生涯都在分析經文、翻譯古科普特[1]文獻，第一次當檢方律師就表現得如此傑出，而且對方還是業界好手，似乎讓他意外又開心。或許他微笑是因為自己知道真實審判的結果，因此他認定，這次上訴法庭的判決已成定局。

兩方都提出論證之後，我詢問由學生與聽眾扮演的「諮詢委員會」，我應該做何決定。我撥出幾分鐘的時間讓他們分組討論，放任他們互相爭論，原本只是嗡嗡響的聲音因此愈來愈吵雜，結果票數相當接近，判定耶穌有罪的票數只小勝幾票。

「委員會」的成員顯然也非常入戲，既然他們的職責是提供忠告給彼拉多，自然為他著想（同時也為自己打算）。他們駁斥德蕭威茲訴諸猶太法律的說法，選擇聽信卡拉罕精明而**殘酷**的現實考量。為什麼雙方票數非常接近？後來我才知道，游離票多半來自保守基督徒——他們雖然很想開釋耶穌，卻認為此舉有違《聖經》。

當年的判決無法上訴，這次也一樣，惹事生非的拿撒勒拉比必須被判釘十字架處死。

1 Coptic，約在西元一百年到四六〇年間流行，是古埃及基督徒借用古埃及文的發音，用以取代當時文字書寫而所創造的另一種語言，也是古埃及文的最後演變歷程。

第21章

囚徒的赴死之路

他們出來的時候，遇見一個古利奈人，名叫西門，就勉強他同去，好背著耶穌的十字架。到了一個地方名叫各各他（意思就是「髑髏地」）。兵丁拿苦膽調和的酒給耶穌喝；他嚐了，就不肯喝。

他們既將他釘在十字架上，就拈鬮分他的衣服，又坐在那裡看守他。在他頭以上安一個牌子，寫著他的罪狀，說：「這是猶太人的王耶穌。」

——〈馬太福音〉27章32－37節

福音書中關於耶穌從彼拉多的法庭被判有罪，前往處決之地各各他（哥耳哥達）的章節相當有限。然而二十個世紀以來，這段短短的時空卻衍生多到難以估計的傳說、軼聞、記述：耶穌絆倒跌跤；見到母親，最後一次交談；有個女子維朗妮卡用面紗幫耶穌擦汗，面紗上因此印了他的聖容……這些傳說，都已經流傳了千百年。

耶穌死後一千多年，在方濟會的大力推廣之下，這些傳說漸漸成為基督宗教世界最熟悉也最熱愛的「苦路十四站」。這種朝聖行為始於耶路撒冷，雖然早期歷史已不可考，但是在十七世紀初之前，方濟會修士——教宗讓他們負責監護聖地——每到週五下午，便引領朝聖者赤腳走過「苦路」（Via Dolorosa）。修士們唱讚美詩，並在每一站停下禱告，通常是「聖母頌」或「主禱文」。後來很快就演變為八站，每一站都象徵耶穌在這條路上發生的事情。第一站代表彼拉多的家，在「荊冕堂」拱門（Ecce Homo Arch）略作停留，再經過耶穌跌倒、遇見母親、向耶路撒冷的女子預言當地毀滅等的地方，前往傳說中囚禁耶穌的聖墓教堂，最後一站則是象徵各各他的山丘。

朝聖者非常喜歡拜苦路的活動，還會買相關的素描回家。不久後，歐洲的基督徒就在教堂裡外擺設迷你的苦路圖畫、雕塑，原先的八站也增加到十四站，每一站都有描繪當時事件的精美圖畫；十八世紀初，教宗克來孟十二世（Pope Clement XII）終於確定十四站的數字。教會鼓勵走過傳統十字架苦路的信徒，默想當年耶穌在每一站所承受的身體與心理傷痛；拜苦路的功課，在這方面相當類似耶穌會的「神操」。

拜苦路的敬禮廣為流傳之後，成為彩繪玻璃、雕塑與無數繪畫的題材，而且精湛、低俗兼而有之。即便到了近代，仍舊有幾位偉大藝術家試圖捕捉這種精神，例如馬蒂斯（Henri Matisse）、紐曼（Barnett Newman）等。然而這種題材一般都需要相當大的空間，因此觀賞者必須從這一端走到另一端，效果都不太好。唯有法國藝術家盧奧（Georges Rouault）的「求主垂憐」系列最為成功，他雖然也從苦路擷取靈感，卻不墨守成規。

體驗苦路之行

十字架苦路驚人地結合了貧瘠史料與超凡宗教想像力，某個春日，就連我本人也發現拜苦路的超自然力量。當時我已經教授耶穌的課好幾年了，非常希望自己早點得到啟示；那一天，我飛往耶路撒冷、到坦圖爾基聯學院演講，該校就位於舊城以南數哩的伯利恆路上。當時是受難週，全球各地都在紀念耶穌受難，待在耶路撒冷最能感受節日氣氛。天主教朋友邀請我在耶穌受難節一起去拜苦路。起初我因為顧慮新教徒先人的想法，有點不想去；但是想想他們可從沒在受難週時待在這個聖地，應該可以諒解，所以我才同意。

如同當年事發那天，我們在彼拉多的宅第集合。當天天氣溫和，小朵小朵的白雲拖曳過藍天，我並未打赤腳，但是一手拿了蠟燭，一手拿著小歌本。苦路，或是耶路撒冷所稱的「苦傷道」，其實是一連串的巷弄。兩邊有商店販售紀念品、沙拉三明治、陶器；我們唱歌經過小鋪時，小販幾乎看都沒看我們一眼。起初我總是掛記讀過的學術論文，因為裡頭的每一篇都指出，這條路線與當年史實出入極大。事實上第一世紀以來，耶路撒冷的街道就改變過不下數十次，因此再也沒人知道耶穌當年究竟走過哪些路，況且淤泥、垃圾或新路面也早將原本街道深埋其下。就連彼拉多宅第的位址都有許多爭議，連帶影響耶穌受審的庭院地點——或許真正的位置是在三條街之外也不一定。苦路終點是聖墓教堂，然而也沒人敢保證這就是耶穌被釘十字架之處。

面前的薰香壺煙霧裊裊，腳下的石子路粒粒分明，耳朵聽到的是讚美詩，眼睛看到的是每一站的精美畫作，所有感官都忙得不亦樂乎，讓我很快就暫時拋開學術上的懷疑。我漸漸開始領悟，苦路之行的實地體驗，正是我整學期都試圖灌輸給學生的觀念。十字架苦路正代表歷史與想像力的結合，爾後成為有力的故事，得到無數人的重視；苦路的本身，就如同我們在福音書裡所讀到的許多內容。比較古代地圖與現代朝聖者指南的差異，突然成為無關緊要的小事，我發現，很快我就希望所有學生都能和我走這一趟，因為這是我所能想見最能證明「故事可以激發想像力」的典範。

還原當年的經過

走在古城的狹隘街道上，我竟然罕見地與耶穌融為一體。但是我同時也開始沉思現代宗教學者最常遇上的問題：成文歷史與神祕故事的相爭不下。我無法完全拋開這個問題：當年的經過究竟如何？

因為證據實在太稀少，這個問題很難有答案。然而經過多年的研究之後，無窮故事底下的事實終於有了比較清楚的輪廓。

彼拉多判處耶穌死刑之後，如同當時的所有囚犯，耶穌必須被迫扛著十字架走到城牆外的刑場各各他。死囚隊伍向來吸引好奇圍觀的民眾，瑪麗皇后坐著囚車顛簸行至斷頭台時，也引來大批人潮。百姓可以嗅到即將有人要喪命的味道，況且公開示眾的事件向來引人矚目，結合兩者更是令人無可抗拒。根據《聖經》所言，夾道人群多半奚落、戲弄耶穌。幾天前拿著棕櫚葉歡迎大衛子孫的人上哪去了？

城裡一定有擁護耶穌的人，但是迫於時勢也只能保持低調。福音書雖然對這段被迫當街遊行的事件著墨不多，卻也提供耐人尋味的蛛絲馬跡。例如兵丁後來發現耶穌已經扛不動十字架，便喝令剛進城的陌生人西門（西滿）幫耶穌扛完剩下的路程。這個古利奈人可能是來過逾越節的，而且顯然與耶穌毫無關聯。

這一小段插曲，就說盡了羅馬軍團專斷、隨興的殘暴。凌虐致死的釘十字架刑罰，顯然就是恐嚇亂民的手段。死囚因為疲累、飽受風霜或窒息而死；為了讓來往路人更明白羅馬帝國的強權與影響無遠弗屆，往往任憑死刑犯的屍體留在公共場所曝曬腐爛，或遭犬鳥咬食。

羅馬人樂於採用釘十字架刑罰。歷史學家約瑟夫斯[1]寫道，在猶太人暴動反抗羅馬佔據、統治耶路撒冷之前，也就是耶穌死後的三十多年間，羅馬政府判決許多試圖逃出耶路撒冷的猶太人釘十字架，以致刑場已經沒有空間可以容納十字架，也沒有足夠的十字架好懸掛屍體。

執行釘十字架死刑時，犯人不需要揹著整個十字架到刑場，但還是必須扛著大樑，也就是「橫木」（patibulum）。死囚的雙手綁或釘在大樑上，最後才會把大樑接在垂直的柱子上。宣告罪狀的「牌子」（titulus），不是釘在柱子上就是掛在犯人胸前。耶穌的牌子寫著譏嘲的話：「這是猶太人的王，拿撒勒人耶穌。」這項罪名等同今日的叛國罪（laesae majestatis），但是耶穌的告示其實表示：「誰敢自稱為猶太王，就是這種下場。」

1 Flavius Josephus（三七～九八），猶太歷史學家，著有《古蹟》一書，撰述有關猶太人在巴勒斯坦，從西元七十年到他死前的史實，書中寫到耶穌的生、死與復活。

以儀式結合事實與寓意

歷史學家耐心挖掘羅馬軍事歷史、司法系統的細節，努力填補處決耶穌故事的空白之處。例如強迫倒楣的路人西門揹橫木，便證實當時歷史學家所言，羅馬軍隊有權利任意徵用百姓的物品與勞役。這段描述也暗示耶穌遭到鞭笞，刑具就是嵌有小塊骨頭、金屬的九尾鞭，因此才虛弱得無法單獨扛負橫木。

世俗歷史可以充當重要佐證，而且只要接觸過這種歷史的批判思考模式，就無法不受其影響，即便手持蠟燭走在苦路上也一樣。坦白說，這種了解過去的方法不但得來不易，而且相當珍貴，我們不該淡漠以對。然而世上的事物都要有其含意，否則便毫無意義。如同現代許多人，我身為「現代」的「宗教」學者所面臨的挑戰，就是兩者如何並行不悖。

最有創意的論述，莫過於約瑟夫．哈因．葉魯夏米（Yosef Hayim Yerushalmi）的經典著作《記住：猶太歷史與猶太記憶》（*Zakhor: Jewish History and Jewish Memory*）。簡而言之，他的論點就是人類身為創造意義的生物，就必須有所記憶才能繼續作為人類。然而記憶仰賴的不僅僅是準確的事件記錄，事實還必須羅織於故事之中，才能成為記憶。「預言比實際史實更直接、深入探索歷史的意義；儀式比編年史更能**主動傳播集體記憶**。」

赤裸裸的事實，就是備受爭議的拉比、拿撒勒人耶穌，從羅馬管轄猶太區的總督彼拉多口中聽到對自己的判決之後，一路走向即將行刑的山丘。此事是幾十世紀以來眾多基督徒的信仰核心，拜苦路儀式則展現此事的寓意。如果沒有當年的事實，這項習俗就成為空洞的妄想。然而要是沒有這項儀式，這件史實也會成為無用的瑣碎史料。

拜苦路不只是以儀式結合事實與寓意，也非常有彈性，可以廣納各種虛構細節或詮釋。有些可使信仰更堅貞，有些則只是施虐、受虐狂的妄想，梅爾．吉勃遜演出的電影「耶穌受難記」，便是一味著重於耶穌的肉體痛苦。透過苦路時空重現耶穌受難的遊行，有時也會認真過頭。美國西南部等地依然有苦修者（Penitentes），他們便真的將人綁上十字架，也不來假血那一套。另外一種做法則較為積極：某些拉丁美洲的神父與世俗領導者最近重塑十四站敬拜，卻規劃警察局、壓榨勞力的工廠或軍營為駐足點。因為遊行者相信，不公不義還在當地為所欲為。

苦路的藝術詮釋

最大膽的詮釋方法，便是二〇〇一年麻州當代藝術館的苦路展，地點就在北亞當市的陰暗廢棄工廠。作者是羅柏．威爾森（Robert Wilson）。作品「苦路十四站」一眼看去就非常大膽、巨大、「沉浸式的」，展場的浩瀚空間相當於一個美式足球場。如同原本的十四站，這個苦路十四站光用眼睛欣賞也無法體會其意義。該作品結合建築、雕塑、音樂、景觀設計、聲光效果，加強參觀者的參與感。

然而表面的相似處僅止於此，更深層的精神共鳴才剛開始。要進入威爾森的作品展場，觀眾必須先穿過寬敞、低矮的建築物，中間有個閃閃發光的金屬圓井，代表彼拉多判案的法庭。我們可以聽見井裡與四周傳來的模糊責難聲，卻不認得那種語言。這種效果非常陰森、可怕。

接著便是通往代表教堂中央的木板走道，兩旁各有六間震教徒[2]風格的木屋。每間屋子有扇小窗戶，一次只能容納一名參觀者窺視。這種手法，讓參觀者從一開始的龐大空間進入私密的個人體驗。每間木屋內的場景都模擬傳統苦路的每一站，但是藉由威爾森的獨創想像力，每一幕又更令人印象深刻。

在耶穌必須背負十字架的那站，我們看到一顆巨石掛在半空中，底下是紅蠟做成的手；耶穌跌倒時，我們便看到綿羊蹣跚走在碎石路上；母子相會的那一站，空中吊著一顆有水管穿透的大石頭，底下則是兩個面對面的抽象人偶；古利奈人西門被迫背負十字架的那站，我們看到做成人型的白衣服；在維朗妮卡以面紗為耶穌拭汗那站，有個穿著美麗麻衫的人手拿傳統熨斗；在耶穌第二次跌倒的那站，有顆鑄鐵石似乎浮在半空中，地板上的電視螢幕中有個男子緩慢爬過，角落則有羅馬士兵的頭盔；耶穌第三次跌倒的場景，則是有個人爬過一捆捆的樹枝，上面又漂浮著一張桌子；至於耶穌的衣服遭士兵剝下的那站，屋內並無人形，卻有個巨大管子穿過屋子後方，引進光線，屋內散置兩個骰子，令人憶起士兵如何抽籤決定分走耶穌的袍子；耶穌死於十字架上的場景，在這系列作品當中最令人心神不寧：一群沒有眼睛的紅色野狼露出獠牙，向後方的翠綠平靜山巒長嗥。

最後的表現手法不似傳統的苦路，同樣以驚人方式詮釋耶穌復活：在二十五呎高的茅草、樹苗圓錐形帳棚中，倒吊著一個抽象人偶。這個帳棚的形狀，顯然暗示教堂的後殿。

有些人可能會認為，這種詮釋十字架苦路的當代手法似乎太不尊重，甚至有褻瀆之嫌；我卻對這項作品有徹底不同的意見。威爾森的苦路接二連三令人感到敬畏、詫異，我看到四周窺視小窗戶的參觀者，表情不是專注、迷惑，就是深受震撼。為了回憶當年在耶路撒冷拜苦路的心情，我甚至走了第二趟，感到這次的經驗不但延續上次的記憶，還得到了擴充。就某種層面來看，傳統苦路引用福音書章節所達到的效果，威爾森都辦到了，而且還使得這十四站更廣博、精深；他並未偽造任何事物，苦路十字架這種有力的故事，可以吸收許多層面的詮釋與延伸，而且永遠保持新鮮感。

後來我問過一些人參觀威爾森「苦路十四站」的感想，他們的回答各異其趣，但是所有人似乎都很佩服或感動，有名婦人還差點流淚。我接觸的人當中，沒有人認為威爾森的拜苦路創作失禮或不敬。約翰．洛克威爾在《紐約時報》的藝評當中提醒讀者，威爾森的創作是應奧巴雅瑪高的官員請託，以紀念當地第四十屆演出耶穌受難劇[3]。洛克威爾還提到，威爾森的創作反映奧許維茲集中營的照片。我雖然沒注意到這類資料，卻很欣賞威爾森利用震教

2 Shaker，一七四七年源於英國之基督教派，主張共有財產，強調獨身，以舞蹈為禮敬上帝方式之一。

3 Oberammergau Passion Play，奧巴雅瑪高是德國小鎮，十七世紀黑死病橫行歐洲時，當地神父率領村民立誓，只要上帝幫助他們度過瘟疫，就每十年演出一場耶穌受難劇。因此至今還是每十年動員所有村民演出。

徒的形象與淳樸家具所達到的對稱與單純效果。換句話說，威爾森成功創作出開放的象徵性作品，所以就如同古代的朝聖者，每位參觀者都能加入自己的期待與希望。這項創作可以接受各種解讀。

我參觀之時，麻州當代藝術館與藝術家本人都正在為這系列作品尋找永久展示地點。我自私地希望，「苦路十四站」的新家能更方便大批參觀者進入；我尤其希望，將來選修耶穌課程（如我所開的課）的學生，都有機會一睹風采。我從未見過其他苦路的藝術詮釋，能比這件作品更能有效打動現代人；這件作品不但忠於傳統拜苦路的精髓，忠於史實，還巧妙又恭敬地證明，事實、故事與習俗如何攜手打造人類的體驗，也指出增添軼事是說故事的精神。然而對於耶穌本人，走過耶路撒冷舊城巷弄可不是習俗儀式。這條路通往海角，當地是廢墟也是刑場。

第22章 理智、情感與酷刑

兵丁把耶穌帶進衙門院裡，叫齊了全營的兵。他們給他穿上紫袍，又用荊棘編做冠冕給他戴上，就慶賀他說：「恭喜，猶太人的王啊！」又拿一根葦子打他的頭，吐唾沫在他臉上，屈膝拜他。戲弄完了，就給他脫了紫袍，仍穿上他自己的衣服。

——〈馬可福音〉15章16－20節

在我們思考道德議題時，倘若情緒佔有一席之地，那麼憤怒、反感、恐懼、憎恨又該扮演何種角色呢？

從柏拉圖到康德到杜威[1]，多數道德哲學家都認為，這些情緒根本不該上場，否則有害清楚思考，損及健全判斷的能力；是的，這麼說應該很正確。但是現代打的是遠距離戰爭，生活裡充斥殺生行為，電子郵件氾濫，受到媒體暴力麻醉功效所慫恿的我們，卻碰上正好相反的問題：我們不太能同情他人的痛苦，也無法想像自己的行為對別人有何影響。

從格爾尼卡到廣島的心態演變，便能清楚證明這種消音作用。格爾尼卡是西班牙北部巴斯克河畔維斯卡亞省的小鎮，德國於一九三七年四月派飛機支援獨裁者佛朗哥砲轟此地，殺害許多平民，連婦孺也不放過。此事引起全球一片討伐聲浪，尤其不滿毫無武裝的百姓遭到

1 John Dewey（一八五九～一九五二年），美國哲學家、教育家及作家。

蓄意屠殺。畢卡索在憤怒之下畫了日後名聞遐邇的油畫，名字就是「格爾尼卡」，此後這個名詞就等同不公正、殘暴，以及這場空襲所帶來的極度恐懼。

然而不過六年之後，美國政府卻積極投入戰爭，大規模屠殺德國與日本平民。這場戰役的高峰是用燃燒彈空襲德勒斯登與東京，各在兩地導致十萬人在一夜之間喪命，其中大多是平民；最後的高潮，則是以原子彈攻擊廣島與長崎。格爾尼卡砲轟當年才七歲的孩子，到了廣島浩劫那年也才十五歲。當時卻罕有美國人抱怨，也無人以藝術大作加以指責，至少之後數年都沒有。戰爭引起的怒火與義憤，如此之快就轉變為志得意滿。

如果刑求可以救人……

我們對酷刑問題的道德敏感度，如今可能也面臨類似的窘境。儘管自古以來從未消失，人們曾經一度以為酷刑是黑暗時代的遺跡，如今卻因為二十世紀的獨裁者而大剌剌地回到大眾眼前。希特勒的黨羽引進更新、更現代的手法，墨索里尼強餵敵方俘虜喝蓖麻油，史達林將囚犯關在沒有窗戶的牢房，房裡就堆著糞便，拉丁美洲軍事政府則用電擊凌虐囚犯以免留下清楚疤痕。儘管有個推動廢除酷刑的國際組織在法國簽署成立，世人在二〇〇四年還是心驚膽跳地看到美軍刑求伊拉克囚犯的照片。

酷刑顯然又成為道德考量的議題之一，因此，我很意外聽到有人說艾倫．德蕭威茲教授在新書中公開提倡刑求。畢竟他曾經參與我們的模擬演出，極力為拿撒勒的耶穌辯護，反對他遭凌辱處死。德蕭威茲怎麼說得出這種話？不會前後矛盾嗎？

後來證明，一切純屬謠傳。德蕭威茲的內容其實是，既然自古以來都有酷刑，將來顯然也不會絕跡（而且如今還自稱是根除恐怖主義的手段），那就應該嚴格限制，謹慎規劃。刑求應該公開進行，經由法律規定，否則只在牢房或暗室進行，便能規避所有責任義務。他引用定時炸彈的舊例加以申論，他說倘若執法人員逮捕某人，而對方的資訊可以預防恐怖炸彈攻擊學校或醫院，避免五千名無辜民眾喪命。如果執法人員只有兩小時打聽重要資訊、拯救眾人，但是囚犯卻不肯透露（要是這顆「定時炸彈」還是核子彈或生化武器，當然又更急迫），這時你該怎麼做？

定時炸彈的故事，是德蕭威茲在課堂上常引用的範例之一，我跟他與已故的史帝芬・傑・顧德（Stephen Jay Gould）一起教授那堂課。德蕭威茲說這些範例是「法學院的假想」，我則認為這些例子證明，故事可以用來教授道德判斷。然而我也常心生懷疑，因為這些假設往往太緊密、太離奇，也就不夠真實。

德蕭威茲本人的解釋是，既然嫌犯知道炸彈藏匿地點，幾乎世上所有警察都會訴諸肢體或心理打壓，以拯救無辜性命。沒錯，否則就枉顧道德責任。然而他又補充（其實這才是論證的精髓，許多人卻聽而不聞），為了避免刑求手法太離譜，也為了避免毫無節制地施以刑求，警方應該申請只准進行一次的「刑求授權書」，才能採取行動，而且手段必須遵照法律規定。這張授權書必須由法官核發，功用類似搜索狀。這張授權書也會規定，可以採取哪些刑求手段。許多讀者只著眼於他所說的某句話（比如他建議在囚犯指甲下插入消毒過的鋼針），卻忽略他論證的全面意義。

我在共同授課的課堂上提出不同意見，結果我很快就發現，討論這個爆炸性話題很難維持理智。我提醒同學，我們有個「聯合國反刑求公約」，而且參議院在一九九四年也批准承認，所以美國境內也有相關的明文法規。然而合法性與道德觀可不一樣，德蕭威茲的提議之目的，便是立法規定高壓訊問。

然而，每個論證都有一個同樣具說服力的反論證，即便睿智的道德思想家瑪莎・努斯鮑姆[2]也說：「任何明智又有操守的人都不會否認，有些假想狀況的確應該（對某個特定人士）採用刑求。」但是大家也知道，遭受刑求的人可能會胡說八道以求逃過凌虐。倘若定時炸彈已經啟動，等到可以驗證供詞真假的時候，一切早就為時晚矣。

此外，還有另一種「滑坡效應」的理論。倘若某些刑求藉由授權書通過法律規定，肯定會廣泛運用在其他案例或是變相行使。法國在這方面就有歷史教訓：儘管該國立法規定刑求手法是為了鎮壓阿爾及利亞叛軍，最後卻運用在整個司法體系，結果一敗塗地，讓法國不但失去阿爾及利亞，刑求手段也導致阿爾及利亞憎恨這個前殖民國數十年之久。以色列以前也准許肢體凌虐，最後也決定立法禁止，然而即便贊成禁止刑求的人也承認，有時候的確可以藉由刑求避免某些恐怖炸彈攻擊。問題關鍵就在於，社會願意犧牲多少人權來換取多大程度的安全。因為這些論證太令人困惑，我們在課堂上的這場辯論也就無法達到結論。

人權與安全的難解之題

我也認為這些爭論過於虛無，因此我認為下一堂課有必要「具體分析」刑求這兩個字。我本人研究宗教歷史、基督宗教多年，對宗教裁判所也略知一二，所以只能惋惜地表示，以道德或宗教之名刑求人犯並非罕事。圖書館仍有大量手冊，供神職人員參考如何奉命根除異端或巫術。這些參考資料列出經典刑具如拷問台、轉輪、火紅炙鐵，以及內部有鐵釘的身體形狀鐵籠「鐵處女」。研讀這些可怕的史料之後，得知嫌犯通常看到刑具就立刻認罪，其實並不特別令我感到意外或寬慰。我向學生描述這些經典刑具，甚至拿出幾張照片傳閱。

但是我也得說，刑求可不僅止於中古時代。尤其是二〇〇一年九月十一日之後開始「反恐戰」，刑求在許多地方都勢如破竹地捲土重來。美國或許可以禁止在指甲下戳針頭，其他國家恐怕就不是這麼回事，他們可能感激美國人率先立法通過刑求，但跟進的卻是另一套自行其是的做法。此外，如今美國政府似乎準備將囚犯轉往較不講究人權的國家，先讓別人下手。《華盛頓郵報》在二〇〇二年十二月二十六日報導，美國政府已經引渡似乎事先知悉恐怖攻擊的嫌犯到沙烏地阿拉伯、埃及、摩洛哥等國家。

這些國家所用的逼供手法，都由國務院公開記錄過：嫌犯例行「脫光衣服、蒙住眼睛；吊在天花板或門框上，雙腳只能勉強觸地；拳打、鞭打、金屬棍棒捶打；電擊」。倘若嫌犯

---

2 Martha Nussbaum（一九四七～），美國法學家兼倫理學家。

移交到敘利亞，根據國務院報告指出，至少已有一個先例，他就會「指甲遭到拔除，肛門被塞進異物……利用後彎的椅子讓受刑者窒息或脊椎斷裂」。以上描述當然並未道盡所有刑求方法：長期單獨囚禁，有時甚至在完全黑暗的空間；不斷暴露在強光或噪音中；剝奪睡眠；親友遭到威脅；假處決（mock execution）。而且經常傳出女性囚犯遭到輪暴的新聞，有時男性也無法倖免。

課堂上，支持刑求的主張也時強時弱，因為學生會針對問題的不同層面表示意見。我們在下課前表決德蕭威茲的提議，得票率幾乎是一比一。贊成者採用經典的實用主義邏輯，他們認為這是簡單的數學問題：折磨一人總好過犧牲上千人的性命。然而我還是不甚滿意。我重新引述先前所說的話，也就是請他國代為操刀，結果幾乎所有學生都異口同聲地表示反對。我又請問他們，如果刑求授權書的法律果真正式上路，誰願意動手將針頭插入嫌犯指甲內？結果只有幾個人舉手。對那些贊成推動法令卻不肯自己動手的學生，我請他們陳述自己行為的正當性，而且要從道德角度而不是法律角度論述，結果是一片沉默。

我接著又提出另一個問題：假設嫌犯不願意吐實，但是你抓到他的兩名子女——分別是四歲與七歲，你們願意威脅刑求兒童逼供嗎？畢竟這只是數學問題，兩名孩童暫時的痛苦與五千人的性命怎麼能相提並論？但是，班上還是沒有一個人願意傷害兒童。

這類問題很難以理性方法辯論、決定，即便我們在討論時刻意「明理」，助益也不太大。我之所以被迫有這層體驗，是因為那天下課之後，有個學生幾乎是衝到教室前方，憤怒地指著我說：「你將感情因素放進原本應是理性的討論之中。你希望訴諸學生的情感，而非我們的理智！」

這名學生顯然非常激動，而且他的控訴方式也不乏感情因素，但是我還是盡可能理智地回答。我表示他說得對，我的確蓄意加入「情感因素」，因為我認為有其必要。但是，我不接受他所說的情感與理智不該並行。倘若思考推論不帶任何情感，這場討論就沒有活力，單調乏味；反過來說，不加任何理智的情感，就只是歇斯底里或意氣用事。

這名學生顯然是激進的唯理主義者，他並不同意我的說法，態度也相當激動，因為他雙頰漲紅、聲調高亢。他堅決認定學術殿堂不該感情用事，所以我在這場辯論當中的表現並不光明磊落。我微笑地告訴他，我們必須接受別人的不同意見，便向他伸出右手。他稍微猶豫，然後迅速握手，勉強擠出一個微笑。

當我在回家途中想到這件事時，便很感激這個學生勇於提出意見。即便題目是刑求，有些課堂的學生一定只是哈欠連連，不斷看錶。這位先生卻是教授最想要的學生，他不只心裡嘀咕我有違學術殿堂的不成文基本守則，還願意當面告訴我。他也幫助我明白兩個問題：一是這場討論為何如此困難，一是我問學生是否願意親自刑求罪犯或其子女，他們何以立刻改變立場。我相信，在逼供人眼中，他們必須先認為嫌犯只是畜牲。犯人必須先成為敵人、危險嫌犯、非日爾曼人、恐怖份子、不能稱為人的動物。唯有如此，多數人（有些人可能是例外）才能蓄意對他們施加難以忍受的痛苦。

此外，這個學生自己可能也沒弄個清楚明白。他還指出現代世界，尤其是學術界的核心問題：我們所宣稱的「理智」究竟由何者控制？理智與愛、敬畏、同情心有何關係，又該有何關聯？與憤怒、厭惡呢？這些人類情感應該裝進密封罐嗎？十三世紀前，西方國家一般普遍接受的「理智的本質」的概念比現在更廣義。近代才開始從理智當中抽離「情感」因素，而且兩者分家之後，似乎也讓所有人都進退兩難。

耶穌與其周遭人物的生平，並非只是歷史而已，也充滿劇烈的情感。從喜樂到憐憫，從勇氣到懦弱，從充滿希望到毫無生機。所以耶穌的故事才能繼續激發我們的想像力，因而培養我們道德抉擇的能力。

第23章

非做不可與為所應為

他們到了一個地方，名叫「骷髏地」，就在那裡把耶穌釘在十字架上，又釘了兩個犯人：一個在左邊，一個在右邊。當下耶穌說：「父啊！赦免他們；因為他們所做的，他們不曉得。」兵丁就拈鬮分他的衣服。百姓站在那裡觀看。官府也嗤笑他，說：「他救了別人；他若是基督，神所揀選的，可以救自己吧！」

——〈路加福音〉23章33－35節

就許多重要層面而言，猶太教與基督宗教的教義非常類似。兩者都強調四海一家親，以及我們對彼此有責任。耶穌傳承舊約先知捍衛窮苦人民的行為，有時甚至有過之而無不及。然而兩個宗教也在某件事上各持己見：猶太思想強調實際行為與因果關係，基督宗教則著重意圖。有一次耶穌告訴門徒，飯前不洗手也沒那麼罪該萬死，他說：「從心裡發出來的，有惡念、兇殺、姦淫、苟合、偷盜、妄證、謗讟，這都是污穢人的；至於不洗手吃飯，那卻不污穢人。」（馬太福音15章20～22節）耶穌的意思似乎是，心而非手，才是違反道德的真正源頭。

猶太教與基督宗教的區別並不絕對。猶太教的十誡禁止「貪戀」，這可是一種心態；耶穌也譴責有信仰之人漠視耶利哥路上遭毒打的路人，因為無論心裡有多同情遭到洗劫的人，他們可沒真的駐足幫忙他。然而這兩個宗教發展至今，已經有名副其實的差異。對基督徒而言，這點顯而易見，因為美國的天主教主教數年前就曾譴責，即便只是擁有核武都違反正義戰爭[1]的道德規範。他們認為，這些武器要有嚇阻的功效，可能的敵人就得相信我們在某些狀況之下的確**意圖**使用，但是這種意圖本身就違反道德；根本前提是「惡意就會導致惡行」，所以不如及早斬草除根，免得最後衍生邪惡的行為。

然而我們逐漸發現，這兩個宗教對道德議題的看法愈來愈有重疊之處。因為有必要反省政策與可能結果，基督宗教學者開始更深入探究行為的可能後果，而非只探究行為之下的動機。此外，猶太教教徒不但大張旗鼓地重新探索神祕教派，也更鑽研內心世界，以及衝動與慾望的錯綜迷宮。

我認為兩者愈走愈近是有益也有此必要的發展，因為科技的腳步快過宗教規範的道德判斷。邪惡的念頭與行為曾經攜手並行，但以前要殺害鄰人必須揮桿或射矛，如今我們不但可以祕密殺害遠方許多人，而且還理直氣壯。

蘇珊．妮曼（Susan Neiman）在其精彩著作《現代思想之惡：另類哲學歷史》中指出，這種對事不對人的態度（impersonality）是我們最重大的道德難題。她說，這就表示我們不能再強調不良**意圖**是道德規範的關鍵，因為如今即便沒有惡意也能導致災禍；我們需要更強烈的**意識**，更要明白我們身處的巨大體制有極大的破壞力，而且我們也會在不知情的狀況下助紂為虐。這種想法令人不安，因為我們似乎得重新釐清行為與意圖的傳統爭論。「我不是有意的」再也不能當作輕易開罪的理由，「我根本不知道會造成這種結果」也不再是藉口。在這個時代，**漫不經心就等於不注重道德**。

不知道自己在做什麼

當我們在課堂上討論耶穌在十字架上的著名話語時，上述的論點就非常有說服力，當時耶穌說：「父啊！赦免他們；因為他們所做的，他們不曉得。」我早就知道，儘管並非時時都能清楚陳述自己的想法，學生對課堂上的話題還是都有強烈意見，有時課堂已經結束，我得趕去上另一堂課，他們還繼續討論或激辯。然而這次的話題另有影響——它揭發了一件事：道德世界在現代的複雜性遠超過任何時代。

剛開始上課時還雲淡風清。我先問學生，耶穌原諒折磨他致死的人，是否讓他們感到意外或不解。一如往常，學生有不同意見。有人說這在他們預料之中，因為耶穌本來就是這樣的人；有些人坦承很難理解，因為他們無法想像自己有此胸襟，也就是說，因為耶穌似乎遙不可及，所以無法成為有力的道德嚮導。

然而所有人都不了解，何謂「他們所做的，他們不曉得」。學生想知道，那些人哪有可

1 Just war，原是基督宗教傳統觀念，亦即戰爭的進行必須符合上帝的神聖旨意。從第四世紀的奧古斯丁到十三世紀的阿奎那皆認為，正義戰爭必須是處罰從事不法行為者，且必須有一個正當和正義的理由，才能進行戰爭行為。

能不知道自己正在做什麼？這句話根本說不通。此外「他們」指的是誰？是嘲笑他、毒打他的士兵，或是戲弄他的路人、判決他的官員、逃命的懦弱門徒，還是收取賄賂出賣他的人？況且如果他們早就知道自己做了什麼，耶穌就不能說「他們不曉得」，也就沒有原諒他們的理由；顯然耶穌所說的這句話，充滿各種道德問題。

有個學生問道，誰做這麼殘酷的事情還會不曉得自己正在做什麼？

「那還不簡單，」另一個學生回答：「我們往往也不明白所作所為的**每一個牽連影響**，最後總有我們無法預見的後果。或許耶穌就是這個意思。」

另一名學生則指出，耶穌所說的「他們」若是羅馬士兵，我們可不能忘記這些人只是奉命行事。羅馬人以釘十字架懲罰異端份子，或許兵丁早就習以為常，對罪犯的呻吟都能充耳不聞。《聖經》上說他們心情輕鬆，還丟骰子決定誰可以拿走耶穌的袍子，儘管當時耶穌痛苦抽動，懇求喝水。如今獄方接獲法官命令，可以注射毒物到犯人的血管，或是將他們綁在電壓高達兩萬伏特的電椅上。或許這些軍人也認為，自己不過是在執行一個例行性的任務。

至於羅馬官員與當地的通敵者，或許他們真心認為耶穌危害民間秩序，必須依循往例處理。他們可能只是克盡本分，所以一點也不覺得不安。然而多數學生還是不滿意：這些人怎麼可能不知道自己在做什麼？

最後，終於有位女生提出正面的看法：或許耶穌只想說，他們不知道自己行為的全部結果，也不甚清楚長期影響；他們只是大機器內的小齒輪，所以並不真的「曉得」。有個化學系的學生附議：「我們怎麼能期待別人為他自己作為的所有影響都負起責任呢？」他這番話又引起另一場討論，尤其是科學相關科系的學生，因為科學上的新發現將來有何用途不但難以預料，甚至於根本無法預見。

這一來，大家又開始思索，諾貝爾如果知道自己發明的炸藥有多常做成炸彈，是否會——或應該——放棄這項研究。有個看過《哥本哈根》[2]劇作的學生也呼應此說，因為他想起波耳、海森堡，以及後來的歐本海默[3]等參與發明第一顆原子彈的人所面臨的道德困境。歐本海默明白原子彈的破壞力，但是因為知道（或以為）德國正在試圖製造，便決定投入製作計畫；但是，戰後的他卻極力反對發展核武。

我非得離開之時，學生還在激烈討論；我一小時之後回來時，多數人都還留在教室裡，而且尚未獲得共識。我並不意外。這段經文促使他們探討現代爭議最大的道德問題，因為科技進步，尤其是武器精進，導致個人得以擺脫行為結果，人類因此可以肆意破壞卻毫無罪惡感。按下紅色「發射」鈕，瞄準別人所畫的千萬哩以外的目標，不同於拿標槍刺殺某人；戰

2 Copenhagen，此劇之編劇是英國作家麥克・弗雷恩（Michael Frayn），描述一九四一年海森堡與波耳夫婦在哥本哈根的著名會面，全劇只有三人。

3 這三人分別為：Niels Bohr（一八八五～一九六二），丹麥物理學家，因量子物理研究獲頒諾貝爾獎。曾參加製造原子彈，對原子彈所造成的巨大損失與傷害非常內疚。Werner Heisenberg（一九〇一～七六），德國物理學家，對量子力學有重大貢獻，也因此獲頒諾貝爾獎。J. Robert Oppenheimer（一九〇四～六七），美國原子能物理學家，核子武器之父，也是波耳的學生。

斧與熱追蹤導彈的飛行距離相當之遠。大規模屠殺成為例行公事，甚至如同漢娜·鄂蘭[4]在描述納粹領袖艾克曼（Adolf Eichmann）這個人時所用的字眼——平凡無奇。

如果猶太人為耶穌報仇……

「他們所做的，他們不曉得」的討論，讓我獲益良多。學生顯然愈來愈清楚，許多現代道德問題有其令人困惑的複雜性，但是他們依舊渴望「為所應為」。我也發現他們可以快速引用劇作、小說、傳記、電影，甚至連續劇，作為論述輔證。因此我再度確認，儘管有些人認為人類似乎逐漸失去說故事的能力，故事的力量仍然有助於道德思考，而且這種力量正在日益壯大。所以我鼓勵學生寫故事或劇本當作期末作業，而非多數教授所要求的標準報告。

收到這些創意十足的作業時，我真後悔自己沒早點想到這個點子。我所收過的最精彩作業，就來自隔年的同一段討論。有個學生寫了虛構反歷史（counterhistory）小說，內容描述加利利拉比遭處決之後，可能發生卻並未發生的事情。這篇作品證明，想像力可以連接耶穌的故事和以下我要敘述的故事。

他寫道，假設飽受驚嚇的門徒並未四散奔逃，反而重新部署——彼得先前已經揮劍保護耶穌，激動之餘的確很可能率領追隨者又殺回耶路撒冷。而且當地的猶太人已經知道前一週他們熱烈歡迎進城的族人遭到殺害，如果這些憤怒的猶太人集結同胞，不但以武力拿下耶路撒冷、攻佔整個省份（其實猶太人四十年之後才有巴爾克巴[5]起義），並且揪出非法處死耶穌的所有人，一如遭人通緝、審判的戰犯艾克曼與米洛塞維奇[6]。這些人的罪名就是泯滅人性的惡行，尤其是不只刑求拿撒勒人耶穌，還凌虐數百人甚至上千人至死。

這篇虛構反歷史小說繼續寫道，現在請想像被告如何辯駁。腐敗的耶路撒冷宗教、政治高層——羅馬暴君的無恥傀儡——一定會聲稱他們只是盡忠職守，維護多數人的福利。一人受死（或是三人、一百人、一千人），總好過羅馬政府鎮壓耶穌即將發起的暴動，而導致幾萬人喪命。「我們也不想這麼做，沒有人喜歡幹這些事情。但是**我們別無選擇**，總得有人動手，所以我們才出此下策。」

投機份子羅馬人彼拉多鋃鐺入獄後，想像中，起初他絕對會要求更換法院審理（如同米洛塞維奇）：猶太暴徒審判羅馬總督！倘若他決定面對審訊，就算證據薄弱他也一定會說謊，聲稱他只是批准猶太地方派系的要求。他會說，自己的所作所為純粹是因為他需要這些猶太人維護這個動盪之地的安定。他跟其他羅馬總督並無二致，也是利用當地權貴維持羅馬帝政與民間和平。倘若這些人不合作，他便無法徵收羅馬政府希望子民回饋的稅賦。況且大家都知道，猶太人難以駕馭，沒有當地人的協助，很快就會陷入沒有法治的無政府狀態。最

---

4 Hannah Arendt（一九〇六～七五），專研納粹極權主義的政治哲學家，猶太人，德國出生入籍美國。
5 Simon Bar Kochba，猶太貴族後裔，據稱為大衛王的子孫，約於西元一三二年起義奪回耶路撒冷，短暫自治三年。
6 Slobodan Milosevi~c（一九四一～），前南斯拉夫獨裁者，在科索沃實施「種族淨化」政策。

後彼拉多還自豪地指出，他只要向凱撒一人負責即可，他不承認這些靠不住的顛覆亂民所作的裁決。

當然，我們也不難想像戴著軍帽的百夫長，與親手釘上釘子的滿身臭汗劊子手會怎麼說。他們一定滿臉驚訝，表明自己只是執行命令，這是艾克曼的典型說法：他們從未違反新兵訓練時所教導的交戰守則。自從世上有軍隊以來，這就是一般軍人的標準藉口，這些小兵當然也不例外。

因為這篇反歷史作品實在太有意思，因此我罕見地破例請問這位學生，是否可以發給部分同學欣賞，當作討論教材。因為沒想到自己的作業會落入同學手中，他略為遲疑後才答應。我印給討論會的學生看，還加上自己要問的問題：我請他們想想，親友家人（而非羅馬軍團或納粹）如果做了某些自己都有疑慮的事情，他們會有哪些藉口。

不想做，但是別無選擇

學生的答案雖然不太有創意，卻也頗為發人省思。有的是「當時似乎無可避免」，有的是「我不知道，就是忍不住」，有的則是「別人似乎希望我這麼做」、「當時社會的大環境就是如此」……。我要求他們舉出具體實例，前一年在某知名華盛頓參議員辦公室實習的學生，立刻想起一段插曲。他說那名參議員那年正要競選連任，身為實習生，這個學生自然只能負責倒咖啡、記筆記（他鮮少見到參議員本人）。某天因為民調數字下降，競選辦公室得決定是否採取「負面競選」，亦即上電視廣告或召開記者會攻擊對手的記錄及人格，而非解釋議員自己的政見。他說當時那個決定尤其困難，因為參議員剛投入選戰就保證給選民乾淨的選舉，但是民調意外落後，該如何是好？助選幕僚請參議員決定，但是議員卻表示手下都經過他千挑萬選，他相信他們的判斷，也相信他們知道該怎麼做。

結果他們採取負面手法，參議員連任成功。然而競選落幕後，媒體採訪助選幕僚、問他們為何出此招數，他們的回答聽來卻分外耳熟。「我們也**不想**這麼做，」他們堅稱，「但是**別無選擇**。」即便最單純的學生也聽得出，言下之意就是歸咎於殘酷的命運或時勢，幕僚只能順勢而為，或者說接受命運的安排。更惡劣的可能性則是，他們只是發現這種藉口很方便，世人比較容易接受。

那名學生表示，幕僚後來又補充說：「很遺憾，但是非做不可。」這句話當然是無可奈何的意思，主詞不是做決定的助選人，而是「這個決定」本身，人為力量及責任都銷聲匿跡。更別說參議員既然已經順利連任，事後回想助選幕僚的決定應該就沒有錯。這個前實習生指出，幕僚之間也有所謂的派系之爭，競選勝利，更鞏固贊成「負面競選」這一批人的位置。正直不一定有好報，惡行也不見得有惡報，至少短期之內看不出來。

「赦免他們」本來就不容易

這段「他們不曉得，所以赦免他們」的討論雖然無法達成共識，但是探索媒介、意識、責任的問題卻非常有意義。至少學生因此明白，「大家都這樣」並不一定表示理應如此；此外，學生努力理清思緒的模樣，更讓我明白他們跟多數人一樣，都希望自己行為端正、負責任，卻只能在別人制定規則、設立標準程序的大環境中生活與工作。所以儘管本意良善，他們有時也會疑惑何謂「為所當為」，而且就算完全明白該怎麼做，也不見得就能順應良心。我提醒他們，就是因為這個理由，所以我們不該只著重於耶穌這句話裡的「不曉得」，也要謹記一開始的「赦免他們」。

我的建議既無法解決這個難題，甚至更雪上加霜。學生問：「你說赦免是什麼意思？」欺負甚至傷害我們或他人的人，難道都該得到寬宥嗎？我們可以期望遭自己傷害的人原諒我們嗎？抱歉、懺悔、悔改與原諒有何關係？

這些都是古聖先賢思索了千百年的問題，但是看到年輕一代迫切想領悟，還是很令人欣慰，我相信他們的長輩也不例外。研究耶穌的生平當然也無法避免這些問題，最早的福音書對他所說的第一段描述就是，「日期滿了，神的國近了。」下一句則是「你們當悔改，信福音！」（馬可福音1章14節）。顯然聽到耶穌這句話的人都明白他的要求，卻不見得人人願意照做。當時再不了解族人信仰的猶太人也都知道，悔改包含三個要素：真心懊悔自己犯錯，愧恨、自責對別人造成的傷害，深切期望避免重蹈覆轍。沒有這三個要件，便無法得到上帝或凡人的真正寬恕。

耶穌拉比的聽眾一定常聽到這些話，唯一不同的就是他要求眾人悔改比我們迫切：

虔誠信徒所祈求的神的國已經來了，大家要立刻洗心革面。耶穌的比喻也都有同樣的即時性——今天、此時就得悔改。儘管神的國神祕又未必盡如你意，但就要降臨在眾人之中了。

對於現代的猶太人而言，猶太新年到贖罪日之間的贖罪期，就是應上帝要求，告解、悔罪。他們會齊聚一堂，演出浩大的審判戲碼，不僅招供自己的錯誤，也代表全體人類認錯。就在生命之冊即將闔上的最後時刻，神便會宣布判決。因為上帝充滿憐憫心，所以眾人都得到寬恕，有機會以潔淨的心迎接新的一年。

耶穌離開人世的近兩千年期間，各個基督宗教教會也發展出相當複雜的悔罪、寬恕儀式。基督宗教的理解精髓，就落實於領聖餐禮（又稱為「共融」或「聖體聖事」）的古代儀式，而且最後還明文記載於《公禱書》[7]中。該段經文如下：

> 爾等若誠心悔罪，與人親愛和睦，立志自新，從今以後，遵主命令，行主聖道；爾等宜存信心，領受聖餐，使爾等得安慰，要向全能之上帝，恭敬跪下，同心祈禱。

上述這段話，最能摘要基督宗教對悔罪與寬恕的理解。首先，這個勸召儀式假設人類是自由的，而且由上帝賦予自由選擇的能力，因此可以為自己的行為負責任。的確，就某些形

---

7 Book of Common Prayer，為英國教會克藍麥大主教（Thomas Cranmer）於一五四九年所出版的崇拜禮儀書，供給所有教會使用，也要求全國教會遵守。

式而言，基督宗教眼中的原罪似乎符合這個關鍵前提。儘管明白這個似是而非的矛盾，基督宗教各派神學卻一致認同，無論歷史現況如何損傷或削弱我們的自由意志，人類還是有選擇的能力。否則要求大家悔罪，似乎就毫無意義。

能悔改，就該負責

這一點可是非同小可。耶穌召喚所有聽見他的人要悔改，無論是虔誠的、邪惡的、虛弱的、強壯的，還是有權有勢的、社會地位低下的，而且耶穌的話推翻各種宗教、心理學、社會文化等的決定論，堅決反駁各種宿命論、天命說，所以上帝、命運、前世行為、童年受虐等，都不能為個人行為脫罪。儘管大環境可以承擔部分責任，命運或心理歷史絕對不可當作個人舉止的單一理由。耶穌這句話不允許「非做不可」或是「無能為力」的藉口，就算是遭到最大傷害或鎮壓的人，也時時都要負起真正的責任，才能掙脫剝奪他們個人特質的任何因素。如果我違法犯罪，最終就只能追究自己，「我思故我在」之於基督宗教悔改論便是：我能悔改，我就該負責。

「誠心」也有重要寓意，提醒我們有所謂的「虛偽的悔改」存在。在當今宗教意義更淡薄的文化當中，這種裝腔作勢的認罪通常出現在缺乏誠意的「公開道歉」中。美國精神病學家艾倫・拉札雷（Aaron Lazare）指出，我們的公共論述之中充滿這類虛情假意的道歉，最常見的說法，就是「我很遺憾你有此感受」等類似字眼。我們不禁要懷疑，這些話是否符合聖餐禮的「誠心」標準。公開道歉往往有計畫地剔除個人因素，而且聲音還要不帶感情。「我」似乎就此消失，句子通常是「可能已經造成傷害」或是「錯誤已經造成」。去除人物主詞的語法，透露出自始至終拒絕承擔個人責任的含意。

「與人親愛和睦」表示真心悔過的人已經邁出第一步，重新融入社會，儘管背信忘義等法外之惡已經破壞社會結構。此處便看得出，古代猶太人強調實際行為的看法，已經滲透到基督徒禮儀中。光只是意圖糾正事情還不夠，「與人」是現在式，也就是說，至少在某種程度上我必須已經「與人親愛和睦」。人與鄰居和解，以及人與上帝，兩者密不可分。在贖罪日前的贖罪期，猶太人謹記的是，上帝可以原諒我們冒犯祂的罪行，但是我們得先請求世間的鄰居寬恕我們冒犯他們之處。基督徒則略為修改這種想法：既然上帝也在鄰人之間，所有罪孽，包括冒犯鄰居的過錯，都是得罪神。因為基督徒保留的是摩西五經的寓意，而非其中的儀式習俗，因此就基督徒看來，得罪神不等同得罪鄰居的說法是很難想像的。

「立志自新」以及「行主聖道」，表示悔罪者不願再犯同樣惡行的決心。但是「立志」一詞也為凡人的軟弱預留情面。制定勸召儀式的人很明白，我們即便在最真心誠意之時，也鮮少身體力行；但儘管心有餘而力不足，我們還是要心存善念。此外「自新」並非毫無道德守則，「行主聖道」不僅令人想起十誡，還有「黃金守則」[8]；許多不同形式的聖餐禮之前都會

8 Golden Rules，即〈馬太福音〉7章12節：「所以，無論何事，你們願意人怎樣待你們，你們也要怎樣待人，因為這就是律法和先知的道理。」

朗誦這兩段，就是為了強調，《聖經》原則就是悔過者即將要過的「自新」生活的道德準則。

最後，可能也是最重要的步驟，就是參加聖餐禮的勸召。這種儀式自古以來就表示重回主內，大家聚集在代表全體人類的桌子旁。信徒藉由這種方法，重新得回自己背叛的同伴情誼。這種手段表示修復種種關係，否則人類沒了這些情誼也就無法再稱為人了。

用回歸社會的方法連結悔罪與寬恕的行為，正好反應耶穌宣布神國——言歸於好的大同世界——「近了」，呼籲大家悔改。基督宗教的悔過想法相當重視這一點，唯有真心悔改，上帝旨意裡重修舊好的和平與正義世界才會到來。伏爾泰的著名觀察是「人生而自由，卻無處不受限制」，基督宗教若照樣造句，便是「人生來就該共同生活，卻無處不分化、敵對」。基督宗教的領聖餐儀式，象徵人類社會捐棄成見的終極目標。

許多基督宗教神學理論認為，「人類言歸於好」（restoratio humanii）的意義不遜於道成肉身的目的。中古世紀的被釘十字架油畫，經常在十字架底下畫上亞當的頭顱，代表人類祖先以悲劇收場之處，便是新人類誕生之處。耶穌在世上傳福音時，打破社會、文化的禁忌，不理會某些人（妓女、痲瘋病患、稅吏）不得與德高望重的虔誠信徒同桌共餐的默契。對耶穌而言，這個行為就是象徵性的言歸於好：眾人一起用餐代表人類的包容性，也預示過去先知所預言的彌賽亞筵席。這個終極盛宴，本來就該毫無限制地包含眾人。新教神學家卡爾．巴特[9]曾說，教會應該是「神對所有人類的意圖的臨時表達方式」。

悔罪與寬恕的標準

猶太教與基督宗教都避免兩種極端，但是兩者都有挫折之時。一種就是悔罪與寬恕若訂得太容易，便可能毫無意義。其實這種想法忽略了鐵錚錚的事實，亦即悔改、原宥、和解是缺一不可，而且都需要極大的努力。天主教徒有時也會誤以為，有了告解聖事就可以重複犯錯，因為告解便能脫罪。同樣地，新教徒也錯認因信稱義[10]就可以為所欲為，反正最終都會得到上帝的寬恕，這便是新教神學家潘霍華所說的「廉價恩典」。

另一種極端，則是悔罪與寬恕的標準太嚴苛，就會如同杜斯妥也夫斯基《附魔者》的主人翁史達夫羅金所認為，根本是遙不可及的境界。我雖認為先人——無論是猶太教徒或基督徒——對寬恕的定義可能太過嚴厲，然而我也擔心近代宗教過分「體貼信徒」，恐怕導致恩典廉價化。

儘管長時間討論何謂耶穌所說的原諒，並未解決這個古老的難題，但我希望學生可以了解，耶穌所宣布的神國並非只接受純潔無瑕之人。這個國度是為「罪人」所立，那些人多半

9 Karl Barth（一八八六～一九六八），著名瑞士籍基督教思想大師。天主教教宗若望二十三世稱讚他為「二十世紀最偉大的新教思想家」。他的著作等身，其中最著名的是《教會教義學》（共有十四鉅冊）。

10 Justification by grace，一旦罪人為自己懊悔，倚靠基督和基督的救贖，這人便得稱為義，主要依據是保羅在〈羅馬書〉中所言。

盡力為所當為，雖然經常失敗，卻得到上帝或他人的寬恕，原諒別人也原諒自己，然後再重新來過。

第24章

沒有上帝的世界？

從正午到申初，遍地都黑暗了。約在申初，耶穌大聲喊著說：「以利！以利！拉馬撒巴各大尼？」就是說：「我的神！我的神！為什麼離棄我？」

——〈馬太福音〉27章45－46節

在我教授「耶穌與道德生活」課程的二十年內，有眾多學生來自嚴肅、往往也非常虔誠的基督教家庭。他們常質疑我對《聖經》的詮釋，但是我也鼓勵他們大聲說出自己的信仰。有些人所受的教育是耶穌生前每一刻都感覺上帝就在身邊，他從未覺得神遺棄他。這些學生看到前面引述的句子便相當不自在。因為耶穌似乎表示，在自己最需要神的時刻，上帝卻棄他而不顧。

這是耶穌最人性化的一刻。聖十字若望[1]等聖人堅稱，感到被上帝遺棄的痛苦經驗，有時也是真正屬靈生活的一部分，而倘若此事屬實，那一刻便是耶穌最屬靈的一刻，也最有猶太教與基督宗教的精神。他在此引述〈詩篇〉第二十二章，猶太人自古至今經常吟誦此篇，幫助他們通過最艱困的考驗。

1 John of the Cross（一五四二～九一），基督徒默想或神祕派主要教導人之一，同時也是赤腳聖衣會（Discalced Carmelite）的創始者。曾因革新運動被聖衣會會士拘囚，最著名的作品是《靈魂的黑夜》。

這段故事非常真實。幾十世紀以來，猶太人就從這裡學到在面對悲劇時求助於經文。他陷入人生最低潮，承擔人類最悲慘的命運。他不僅遭到朋友背叛、公眾淩辱、可怕的身體痛苦、抗暴失敗、遭人戲弄、面臨死亡，還感到連上帝也在他最需要祂的時候撒手不管。多數人，包括最虔誠的信徒，有時都會懷疑自己被上帝遺忘或忽略，如果能明白耶穌也曾有同樣感受，便更能鞏固、恢復他們的信心。

這種想法雖然有幫助，但是一旦碰到不尋常的逆境時，卻不足以支撐人們長時間奮鬥。所以我們必須明白，這些話語有更廣闊的含意，呈現的猶太教特質也不僅僅只在一段詩篇當中。這段經文的焦點，猶太教與基督宗教故事在許多層面都相互輝映。或許就是因為這樣，後來在德國福洛森堡集中營遇害的德國神學家潘霍華才堅稱，耶穌在十字架上吶喊遭到遺棄不只是基督教義的精髓，也是整本《聖經》的核心。就是因為這段與猶太教相呼應的經文，他的主張才更清楚鮮明。潘霍華似乎不熟悉猶太教神祕派系卡巴拉（Kabala），否則他一定會欣賞卡巴拉的上帝「隱退」（zimzum）理論——上帝退出世界，萬物才有呼吸空間與真正的自由。

舉足輕重的美籍猶太正教拉比爾文．葛林堡雖然不是卡巴拉教信徒，卻也有類似看法：「『奧許維茲集中營事件發生時，上帝在哪裡？』答案是：上帝就在現場——挨餓、害怕、遭人淩辱、吸入毒氣、活生生給燒死。唯有忍耐無窮痛苦，才能共同承擔。」葛林堡拉比的意思是，上帝如果沒在最殘暴罪行上演之時撲身摧毀焚屍爐，反而與受害者共處一室，我們便不該期待祂將來會解決我們自己一手造成的惡果。這至少是遭到「遺棄」的一種解釋。

打從一開始就反對納粹到底的潘霍華於一九四三年遭到逮捕，因為蓋世太保開始懷疑他密謀造反（事實的確如此）。他起初被囚禁在柏林的泰格爾軍營，然而暗殺希特勒的計畫於一九四四年七月二十日洩底之後，蓋世太保懷疑他也有份（事實的確如此），便將他轉到納粹在柏林阿布雷西王子街的監獄，最後才轉往福洛森堡，就在美軍解放集中營前數小時才遭處絞刑。

我們的確遭到遺棄

我向來崇敬潘霍華與其思想，因此拿到神學博士學位後，便到柏林暫住一年，而且結識了幾位潘霍華的同僚。後來我也見到他始終沒機會迎娶的未婚妻瑪利亞・范・威梅爾威勒，他們原本計畫戰後結婚，可惜他生前都沒機會看到戰爭結束。

潘霍華被關在泰格爾監獄裡時，閱讀之餘多半在寫信給父母、未婚妻，或摯友貝特格[2]，某個友善的獄卒再幫忙偷寄出去。我相信潘霍華絕未料到，其他人也會瀏覽這些信件。戰爭結束幾年後，貝特格認為潘霍華信中觀點大膽、發人深思，應該與更多人分享。他整理、出版這些信函，先是印成《為神入獄》，後來才改名為《獄中書簡》，而且很快就成為二十世紀的

2 Eberhard Bethge（一九〇九～二〇〇〇），潘霍華的學生、朋友兼遺囑執行人，曾為潘氏作傳。

屬靈經典名著之一。

潘霍華的獄中書信之所以影響深遠，便是因為字裡行間幾乎毫無感傷或陰沉氣息；儘管他知道自己即將受死，失去他最珍重的一切，包括不久後原可擁有的婚姻生活，這些手札還是與聖方濟寫給太陽弟兄、月亮姊妹的頌歌一樣，都是基督宗教文學中最令人振奮、最讚揚生命的文獻。就連潘霍華在行刑前所寫下的名詩，語調都歡欣鼓舞。

潘霍華堅決反對基督宗教任何訴諸人類弱點或絕望的教義，他在某封信中告訴貝特格，他鄙視有人認為「唯有在人類生活邊緣，亦即死亡、罪孽、痛苦中才能體驗到上帝」的想法。一個關在牢裡、即將面對死刑的犯人，竟然有此主張！他繼續在信裡說：「我想論述的上帝並非處於邊緣，而是置身中心，不是無能為力而是堅強；因此不是在人死後、犯罪時才能見到，而是在人生前、榮耀時同在。」

但是，從耶穌在苦惱、臨死前的話語，潘霍華怎麼得出這種看法呢？就是因為猶太教故事的共鳴，我們才能更清楚了解緣由。潘霍華相信，上帝沒有像從天而降的希臘神祇那樣帶耶穌離開十字架，便是清楚告訴人類，我們的確遭到遺棄，必須自己想辦法解決問題，否則只能自食惡果。即便可以拯救人類脫離可怕怨恨與貪婪所造成的後果，上帝也不會犧牲我們的自由。潘霍華在另一封信中告訴貝特格：

（上帝）在世上軟弱無能，而這正是唯一與我們同在、幫助我們的方法……與我們同在的上帝就是離棄我們的上帝（〈馬可福音〉15章34節）。這位讓我們在世上生活，不需以其為假設的神，就是我們永遠得面對的上帝。

——一九四四年七月十六日之信函

截至目前為止，他的看法都與卡巴拉的教義相呼應。潘霍華接著補上一句非常不合基督宗教精神的轉折。「在上帝面前或身邊，」他寫道，「我們的生活都沒有上帝。上帝默許自己被推到世界邊緣的十字架上。」

這種神學理論非常激進，但是我已經從潘霍華的作品和他英勇赴義的事件裡獲益良多，因此我決定邀請班上學生一起閱讀某些信函。但是，他們看過之後卻提出令我意外的問題。

潘霍華在先前傳教、寫作時便已經堅持，在世俗社會內才能找到上帝，而非社會外。入獄期間他更加深這種信念，並且逐漸認識、推崇許多完全不「虔誠」的勇者，有些是共產黨員，有些是世俗學者，或者只是激怒蓋世太保的老百姓。這些人有的輕視宗教，有的根本無動於衷，然而潘霍華卻發現，即便碰上同盟國空襲或是面臨死刑，他們都未求救於「宗教的撫慰」。

月復一月與這些獄友共同生活，潘霍華發現自己也有了改變。他開始認為這些人是來自未來的先驅，亦即非宗教或後宗教的人，而且事實上歷史也可能將宗教拋諸腦後。他不禁納悶，在那種時代該如何傳播耶穌的福音？他告訴貝特格，或許宗教是基督信仰的「外衣」，而且也該是褪除之時了。但是他又自問，我們是否能在「及齡的世界」（world come of age）建構出「非宗教詮釋方式之下的基督信仰」？可惜的是，潘霍華沒有機會回答自己的問題。

宗教從未式微

在課堂上討論潘霍華的題材時，我看得出學生很痛苦掙扎。他們欽佩他的勇氣及讚頌他口中的 hilaritas，亦即「生活在世上的喜樂」。學生認為他的故事很動人，信中有好些段落都非常發人省思，但是他所說的「非宗教詮釋方式之下的基督信仰」究竟是什麼意思？基督信仰本身不就是一種宗教嗎？許多人不是聲稱，這是最好，而且至高無上的唯一真正宗教？好吧，無論如何，這總是一種宗教。如果基督信仰不是宗教，那還剩下什麼呢？

藉由這次討論我才徹底明白，我的學生，尤其是愈年輕的人，已經超過潘霍華或我的世界觀。他們的年代根本不是後宗教，而是宗教在二十世紀下半葉突然捲土重來的時代，潘霍華根本料想不到。但這種學者口中的「神聖的復返」（return of the sacred），並非全部都受到歡迎。這股風潮包含以宗教為名的恐怖主義、某些地方的上教會人次增加、水晶球、靈媒，以及各種模糊不清的新世紀信仰、伊斯蘭教復興、佛教傳至西方，還有基督教、猶太教神學研究的振興。如今全美的學生積極選修宗教課程，而且熱切研讀相關領域經典作品。宗教或許根本從未式微，只是現在又開始「風行」。

潘霍華認為，人類歷史已經走過神話的「古拙時期」（archaic age）、宗教體制的「超自然時期」（metaphysical age），當時正進入他引用康德所說的「及齡的世界」。他並不認為現代更美好或更注重道德，只是不贊成以「神的假設」（God hypothesis）解釋世界。他提出警告，如果上帝的存在只是填補人類智識不及之處，那麼世上很快就會沒有祂的容身之地。後來他又讓步表示，或許還會有些人多多少少保持宗教信仰，但是數目絕對是少之又少的弱勢族群。基督信仰必須學會向「第三種人」（The Third Man）佈道，這類人已經將神話與形而上學拋諸腦後，再也不是以往所定義的「虔誠之人」，此時便需要「非宗教詮釋方式之下的福音」。

「遺棄」世界的上帝還活著

我向學生解釋，潘霍華用這種嶄新的方法詮釋耶穌教義，並不是為了向別人證明基督信仰的真理，然而他們似乎還是很疑惑。對潘霍華而言，這是一種個人的探尋；他從未遭遇所謂的信仰危機，而且他的信仰在坐牢期間還更鞏固、更成熟。然而他愈來愈明白，自己是「後宗教」者。他在信中慷慨激昂地提到，他試圖融合自己生活的兩面，因為他逐漸相信，沒有所謂的屬靈領域與世俗生活的二分法。他認為，「遺棄」世界的上帝還活著、還存在，而且就是因為耶穌給孤伶伶丟在十字架上，更證明上帝的存在。

世人受歧視、排擠，遭到忽略、漠視與戲弄，上帝則與他們一起努力。因此後宗教基督徒的使命不是爭取超自然的救贖，而是喜樂地參與「神在世上的苦難」，努力尋求唯有上帝才能完成的新宇宙。潘霍華雖然不自知，但是他所說的這些話，卻使得他成為二十年後解放神學運動的主要啟蒙人物。

我與學生討論「我的神！我的神！為什麼離棄我？」時，並沒有得到結論。我只能承認，在二十世紀末、二十一世紀初——充滿各式各樣有好有壞的宗教運動——的文化環境下，他們的確很難了解何謂「非宗教詮釋方式之下的基督信仰」。潘霍華的文化預測可能有誤或不夠成熟，然而他說上帝存在於看來「無神」的世俗世界的描述，至今仍舊相當有說服力，因此我不認為潘霍華的思想已經過時。沒錯，我們可能永遠無法到達徹底非宗教或無宗教的時代，然而瀰漫現代的表面化宗教觀如果繼續坐大，認真的基督徒與猶太教徒便會繼續堅持，真正的上帝不存在於這種世界。猶太卡巴拉教徒與基督宗教神祕學派都認為，比起現在流行的脆弱的自以為是思想，無神論還更高明。

此外，信徒與非信徒之間的差異其實也不如許多人想像中的巨大或真實。即便——或者應該說尤其是——當代最虔誠的人也會碰上靈魂的黑夜，他們不可能隨時隨地都能屏除世俗或非宗教的念頭。如今愈來愈多不信上帝的人開始反省自己的懷疑論，在某種程度上，我們所有人都是兩者的綜合體。

潘霍華說，耶穌痛苦大叫「我的神！我的神！為什麼離棄我？」就是《聖經》最重要的一句話，也是耶穌一生最堅定的一刻。大體而言，我同意潘霍華的說法。倘若基督信仰指出，上帝在這個加利利人身上共同承擔人類最可怕的痛苦、最深刻的悲傷——包括死亡，那麼神也必須感受到遭神所遺棄。神必須以祂自己的方式體驗到，自己也已經喪失信心。這句話當然有其矛盾之處：上帝怎麼會覺得被自己遺棄？儘管我們無法徹底明白，卻無損這種觀念的強大力量，因為這只是加深上帝與耶穌同在的奧妙，說明上帝如何繼續承擔人類的痛苦與悲傷。將近兩千年以來的所有教律、神學理論都無法解釋這種事情的可能性，往後也不可能有任何學說有此能耐。

潘霍華的獄友曾經向他表示，自己的人生目標就是成為聖人。他卻回答說，他不認為當聖人有何吸引力，他只想「成為人」——擁有十足人性的人。潘霍華的神學理念，當然並非個個都正確；畢竟他跟所有人一樣，也只是時代下的產物。但是對我而言，他仍舊是二十一世紀的基督徒典範。或許泰格爾軍營十九號牢房內的囚犯並非聖人，卻是我所知道最接近十足人性的一位，而且他的話對我們而言，依然有其重要性。

第25章

死而復活的故事

七日的頭一日，黎明的時候，那些婦女帶著所預備的香料來到墳墓前，看見石頭已經從墳墓滾開了，她們就進去，只是不見主耶穌的身體。正在猜疑之間，忽然有兩個人站在旁邊，衣服放光。婦女們驚怕，將臉伏地。那兩個人就對她們說：「為什麼在死人中找活人呢？他不在這裡，已經復活了。當紀念他還在加利利的時候怎樣告訴你們，說：『人子必須被交在罪人手裡，釘在十字架上，第三日復活。』」她們就想起耶穌的話來，便從墳墓那裡回去，把這一切的事告訴十一個使徒和其餘的人。

那告訴使徒的就是抹大拉的馬利亞和約亞拿，並雅各的母親馬利亞，還有與她們在一起的婦女。她們這些話，使徒以為是胡言，就不相信。

——〈路加福音〉24章1－11節

當我還是小鎮上的少年時，每個復活節週日都令我印象深刻，卻不是牧師與教會長老想要的那種印象。全鎮的會眾只有這一天才會在日出前的黑夜集合，等著參加普世教會朝陽禮拜——應該說，所有教派都會來，只有羅馬天主教除外。因為多年後的一九六〇年代早期，第二次梵蒂岡大公會議後對新教徒的態度才轉趨緩和。

我還記得起床時還沒天亮、雙腳碰到冰冷地板打顫的感覺，我穿上衣服，躡手躡腳走出家門，前往鎮民集合的公園，有些人還帶著手電筒。我還暗自竊喜，因為我們終於有一天比天主教朋友更早起床。他們每週日都得早起參加七點的彌撒，所以老是提醒我們這些晚起床的人他們有多英勇，而我們又是多安逸。

我們在大型露天公園聚會，那裡也是舉行國慶日遊行與年度消防義工義賣會的地點。當地在獨立戰爭期間曾經發生不重要的小戰役，因此有一端的旗杆旁還有兩座生鏽的鐵砲台。我到達時，已經有不同教會的合唱團開始唱歌，不只為了暖場，可能也是為了保暖。東方已出現幾抹灰白，但是天色仍舊很暗。禮拜開始的時間都經過計算，好在中場時就能看到日出，除非下毛毛雨或烏雲密佈，通常都很準確。似乎沒有人認為儀式摻雜了日出崇拜與人子復活的擬異教徒習俗。我懷疑就連牧師都可能不知道我很大才明白的事實：基督宗教的復活節來自異教徒的女神名字艾絲忒（Oester），這位女神與東方——也就是日出之處——有關。

復活節的朝陽禮拜並不輕鬆，時間長過一般的禮拜儀式，部分原因是市鎮上每個牧師都得發言，不是帶大家唸禱文、祈禱就是致歡迎詞。幸好他們每年只輪流講道一次，否則我們可能要待到日落。也因為每年佈道的牧師都不一樣，我發現他們詮釋復活節故事的方式有些許微妙差異，或許我就是因此才終生沉溺於神學與比較宗教。朝陽禮拜還有一點令人頗為疲累，因為只有年長體弱者才會自己帶椅子出席，其他人都只能站立，因此早在大家唸感恩祈禱、唱詩班唱出最後一個「阿門」前，我已經準備好參加下一個活動：一年一度的復活節朝陽禮拜聯合煎餅早餐。

早餐盛宴一定在較大教會的地下室舉行，大盤子上裝著一堆堆熱騰騰、棕白相間的煎餅，上面還有大量楓糖、奶油，旁邊的桌子擺著香脆的培根和裝在紙杯中的柳丁汁，成人則用馬克杯啜飲閃亮銀色桶子裡的香濃咖啡。餐會氣氛向來愉快，至少就青少年而言，節慶氣氛不僅與紀念事件有關，也來自食物、全教會的友好情誼。儘管分隔我們的細微神學差異看起來似乎無關緊要，我們還是鮮少有機會與其他教派的孩子一起參加教會活動。回家之後，不上教堂的父母才正穿著睡袍下樓早餐，我心情很愉快，而且還有點洋洋得意。我不記得當時是否曾經深思剛聽到的經文（本章開頭引用的段落）或是佈道內容是否正確，我根本想都不會多想。

復活故事是真的嗎？

但就如同所有青少年一般，這種情形也在我青春期有所改變，因為當時周遭開始有人陸續過世。想到自己終有一死往往讓我心情低落，到法蘭克伯父公司打工，更加深我對死亡的意識；他是鎮上唯一經辦喪事的人，希望別人稱呼他「殯葬業者」。我跟其他員工去接剛過世的死者到太平間，看過他在白色桌子上為死者抹上甲醛液，幫忙抬棺到墓園。有些死者年紀很大，有些很年輕，有些健壯，有些削瘦。但是在我看來，他們都有個共同點：看起來非常像死人。然而無論是哪個牧師，葬禮時一定會談到死而復生，而且他們說的可不只是耶穌。他們說的是任何人，也就是所謂的「普遍復活」（general resurrection）。

我開始疑惑，不久後就自問孩提時代從未想過的問題：《聖經》上所說的，詩歌與牧師所宣稱的事情，都是真的嗎？如果最後有所謂的普遍復活，那麼多死者又會怎麼樣？只要教會中有人過世，偶爾就會有人說他們已經上天堂，或是「到主的懷抱」。既然將來就會有普遍復活，上天堂之說根本說不過去。後來認識的人告訴我沒有所謂的死後的生命，死了就是死了，讓我更困惑。我偶爾會向別人提出這些自相矛盾的說法，卻從未得到滿意的答案，讓我再也不提。

上大學時，我還是沒解決這個疑惑。大二哲學課的報告，我以柏拉圖靈魂不死的想法寫了一篇報告，教授給我A-；我喜歡參加各種教會，因此聽過生、死與復活的各種詮釋。大三那年開始讀杜斯妥也夫斯基的作品，看到他不只終生思索這些問題，而且還認為這是人類所能思考或論述的最重要問題，讓我感到很開心。大學畢業進入神學院之前，我已經明白三件事情：一、無論耶穌復活的實情如何，這件事並非基督教次要問題，而是核心精髓；二、我並不明白此事的含意，也不清楚自己的想法；三、我發現自己可能永遠無法回答這些問題，必須終生抱著這些疑惑，然而有許多哲人也跟我一樣，其中多數人還是模範基督徒。

所以頭幾年教授「耶穌與道德生活」時，我迴避復活故事應該也不足為奇吧？有關耶穌的故事中，這是最有影響力，也最令人感到挫敗的一個。千百年來，許多基督徒——可能還佔大部分——卻堅稱，如果沒有這個故事，其他故事就無足輕重。然而，這個非比尋常的故事提到天使、空墓穴中的裹屍布、鬼魂、羅馬人處決的死刑犯與沮喪門徒的神祕會面，一切都違反我們的常識。我們究竟該有何感想？

起初我避重就輕。我講課講到耶穌被釘十字架就打住，接下來的課，便討論幾十世紀以來的後人如何詮釋耶穌生平的道德意義。我忽略死而復活的故事，有一部分緣故也是因為我認為在哈佛必修課討論此事有點奇怪，或許也不太妥當，尤其在場還有許多其他宗教信仰的學生。而且不像耶穌生平的其他事件，這個故事介於歷史與象徵性之間，我知道討論起來絕非易事。但是，後來我還是改變了心意。

跳過如此重要的耶穌故事，我在一兩年後便開始良心不安。即便最嚴厲的現代《聖經》學者也同意，顯然在耶穌被釘十字架之後，四散的傷心追隨者一定經歷過某件事情，才會深信耶穌並未因為死亡而永離人間，否則很難想像他們為何又團結起來，堅持繼續他的危險志業；畢竟，處死他的殘忍派系仍舊是掌權者。英國《新約》學者賴特[1]指出，有六個類似耶穌運動的活動，而且都發生在相近的年代，卻都在領導人過世或下台之後落幕；這些運動也都未宣稱他們的領袖仍舊未死。

此外，耶穌的追隨者也常說，他們甘願冒著如同耶穌遭捕受死的風險，就因為他們認為，就某種層面而言他還活在眾人當中。關於他們遇見死而復生的耶穌的故事，就出現於學者所稱的「復活後顯現」的段落中。由於這些經歷徘徊在經驗主義史實的危險邊緣，所以很難以日常詞彙敘述。任何真正神祕的經驗都無法以普通語言形容，因為普通語言只用來描繪

1 N. T. Wright（一九四八～），出身牛津，先後任教於牛津、劍橋的神學院，同時也是「聖經文獻學會」（Society of Biblical Literature，SBL）「歷史耶穌」（Historical Jesus）組的主席。

平凡事件。神祕體驗總是「打破語言藩籬」，所以神祕學才會經常訴諸於符號、歌曲或沉默。

沉默以對不是好辦法

但是我「訴諸沉默」的方法不但無法滿足學生，最後也讓我自己感到不滿意。學生很快就篤定地告訴我，跟我一路從馬槽讀到墓園的故事，可不許我輕易跳過獨特又難以應付的高潮。基督徒學生當然反對，因為他們自然希望聽到我如何詮釋耶穌復活，況且除了耶誕節之外，復活節大概是最多信眾上教會的節慶。意外的是，連那些沒有宗教信仰或來自其他宗教的學生也抗議。許多人欣賞耶穌是因為他勇於挑戰現況，是大膽的道德典範、靈性智慧的良師。然而不只福音書這個結局令他們困惑，基督宗教重視這件事情的態度也讓他們不解。從未有人宣稱佛陀、孔子、蘇格拉底、穆罕默德死而復生，為何只有耶穌雀屏中選？我發現，也許自己得打破沉默了。

我當然也曉得，基督徒恐怕也不比其他人更能確信復活故事。許多定期上教會的人都不知道該對復活節聽到的《聖經》經文作何感想，因為情節猶如史帝芬·金的恐怖小說、抑或好萊塢驚悚片劇本，比如「魔鬼終結者」系列的主角，儘管挨子彈、被火燒、炸成碎片，總有辦法不斷死裡逃生。有個學生說他定期上教堂，然而每次聽到別人朗誦復活節故事的經文，總是不禁想到吸血鬼電影的畫面，亦即蒼白的「殭屍」推開棺木出來覓食新鮮血液——他知道不該從耶穌復活聯想到吸血鬼，然而他就是情不自禁。

我很慶幸他告訴我，因為此事再度提醒我，儘管今天的世界觀與聖經故事剛開始流傳的時代大不相同，仍舊有許多惱人的相似性，或者該說至少第一眼看來都相當雷同。如同第一世紀的先人，二十一世紀的我們仍舊震懾於死亡或感到恐懼，而且死者還有活動也讓我們焦慮與好奇。打從開始流傳以來，耶穌復活的故事向來就是「流言蜚語」，但是難以說明的理由卻因為時代不同而有所改變。

現代年輕人不同於他們二十世紀的祖父母，至少不同於較為「世俗化」的長者。他們不再篤信第一次世界大戰前的科學萬能主張，那一代因為對科學寄予厚望，大多認為耶穌復活的故事根本不合邏輯。如今的青年卻不再只相信這種封閉宇宙的看法，不認為科學掌握所有問題的答案。儘管其他層面的事實可能衝擊、甚至戳破熟悉的真相，他們也欣然接受，有時還來者不拒。他們看的電影充滿人與機器的混合體、時空漩渦、分解機器和無敵金鋼，然而他們並未因此就更明白耶穌復活的故事，有時我甚至擔心還更有可能誤解。耶穌可不是第一世紀的善良終結者。

除了這些令人望而生畏的障礙之外，我知道自己避而不談復活故事還有另外一個原因：課堂——至少就我教授的學校而言——並不適合討論這些見證，課堂上應該出現的是「解釋」。我不僅不知道該如何解釋這個故事，甚至不確定「加以解釋」的意義。然而我終於了解，經過最後的分析，自己的藉口都沒有充分根據。跳過這個故事不僅對學生不公平（雖然表面看來似乎光明正大），就做學問而言也太馬虎，還有點懶惰、懦弱。我發現至少得描述時下對復活故事的詮釋，建議學生自己在這些解釋當中作決定。我有預感，這種做法無法仍然滿足他們，結果證明我的確沒料錯。然而至少我已經走出緘默，展開某種程度的討論。

為了準備踏出這一步，我在四部福音書中仔細撿選耶穌復活的段落，以及某些相關評論。我知道死而復生的想法並不是基督徒發明的，早在希伯來經文中就有記載。所以我也在希伯來經文中尋找有關上帝支持「毫無緣由的苦難」、上帝賜與新生命的恩典，有時甚至澤被死者的段落。我也閱讀猶太教徒的注釋，而且猶太聖賢與拉比再次惠我良多。

復活故事的背景與前提

因為我先前都沒在課堂上講解這一段，所以已經有好一陣子沒細讀關鍵經文，重讀之後卻有好幾個意外發現。

第一，我馬上就發現《舊約》裡死者復活的故事**不見得與永生有關**。這些故事說的是「神的公義」，只是表達來自於道德本能——而非超自然衝動——的人類希望。這些故事的出發點並不是渴求死後的生活，而是希望真正公正的上帝可以解救被無情權貴傷害的人。先知以賽亞在宣告這種希望時，說得格外動人。他翹首盼望「地上的居民學習公義」的一天，因為「他們從不學習公義」，所以「惡人被消滅」（以賽亞書26章9～10節）。他繼續論述，儘管如今公義之人受苦死亡，「死人要復活，屍首要興起，睡在塵埃的啊，要醒起歌唱」（以賽亞書26章19節）。先知以西結的抒情話語也有同樣的感想，他提到，有個山谷堆滿死於羅馬帝國刀劍下的死者枯骨，神吹氣息到這些骸骨上，這些骸骨便互相連結，又站了起來：

> 耶和華的手降在我身上，耶和華藉他的骨帶我出去，將我放在平原中；這平原遍滿骸骨。他使我從骸骨的四圍經過，誰知在平原的骸骨甚多，而且極其乾枯。他對我說：「人子啊，這些骸骨能復活嗎？」我說：「主耶和華啊，你是知道的。」他又對我說：「你向這些骸骨發預言說：枯乾的骸骨啊，要聽耶和華的話。」主耶和華對這些骸骨如此說：「我必使氣息進入你們裡面，你們就要活了。我必給你們加上筋，使你們長肉，又將皮遮蔽你們，使氣息進入你們裡面，你們就要活了。」
>
> ——〈以西結書〉37章1－6節

新教神學家莫特曼[2]犀利地指出，就以色列人而言，死而復活並不「代表永生或快樂」，而是「相信上帝公義在歷史最後一定得以伸張的神學象徵……並非期盼永生，而是渴望公義」。顯然上帝使拿撒勒正直的拉比死而復生，是延續猶太人的古老故事。如同其他有關耶穌的故事，倘若我們將他獨立於猶太族人的長篇故事之外，就可能會嚴重誤解他。

知道這個前提之後再研讀耶穌復活的故事，有一點就非常明顯：這個故事不僅說到耶

2 Jurgen Moltmann（一九二六～），德國神學家，曾因為二次大戰參軍被關入戰俘營，著有《希望神學》等。

穌，也提到上帝。死而復生並非耶穌自己、而是上帝的作為，因為嚴格說來，這段故事並未說耶穌使自己復活，多數都說：「神卻叫他從死裡復活。」如同以賽亞、以西結所言，上帝才是這齣戲裡的主角。所以我自然想起猶太人每年在逾越節盛宴上所重述的〈出埃及記〉。我參加這些活動時發現，摩西與哥哥亞倫一起帶猶太人脫離埃及奴役，逾越節的儀式卻鮮少提到摩西，這點便反映出拉比的智慧。他們避免以摩西當作主角，因為他們要確保人們明白，上帝才是真正的解放者。拉比的真知灼見再度暗示我們，不僅僅要記得耶穌之前的以色列人背景，也不能忘掉在他之後的猶太人歷史。我們稍後便會發現，耶穌的故事不只是延續老故事，還加入新涵義。

復活故事的意義

〈出埃及記〉藉由歌曲、故事流傳三千五百年之久，也是人類歷史最重要的事件之一。上帝解放以色列人脫離奴隸生活，不但大挫法老暴君的銳氣，也開創先例好讓未來的獨裁者永遠不得安心。自古至今，這個故事顯然都發揮功效。原本的〈出埃及記〉是讓猶太人牢記上帝賦予他們自由的權利，這份信心漸漸落實在基督宗教及全球各種文化當中。〈出埃及記〉觸發人類歷史某個無法扭轉的思想，人們要求富蘭克林為嶄新的美利堅合眾國設計國璽時，他請人描繪埃及軍隊在紅海大敗（後來該圖案並未獲選）。非裔美籍人完全認同〈出埃及記〉的故事，尚未自由時就高唱「容我的百姓去」[3]，在民權運動中又唱「我們一定會勝利」，因為「上帝與我們同在」。〈出埃及記〉是解放神學的關鍵主題，所以我們也能理解，為何第一批基督徒——全是猶太人——以其為復活故事的歷史典範。

也因為如此，基督徒十幾世紀以來都說復活節是「第二次出埃及」。上帝使耶穌復活，不只翻轉人類必死的宿命，也鄭重打擊殺害耶穌等無辜平民的暴政。這場勝利尚未完成，就如同以色列人逃離埃及並未徹底終結暴政與苦役。如今猶太人與基督徒都能自信地預料，上帝終於徹底打敗所有扭曲、損毀生命的事物，局面出現轉機，決定性的戰役已經獲勝。

猶太人在逾越節吃苦菜、未發酵的麵包，以牢記族人擺脫俘虜生活。耶穌告訴門徒要吃麵包、喝葡萄酒，「為的是紀念我」。記憶是這兩種習俗的基本要件，因為兩個儀式都紀念非常有顛覆性的事件；我們紀念某位神學家口中的「顛覆性」記憶，讓這種記憶即便在最糟的困境中也能成為希望的基石。簡而言之，早期基督徒相信，出埃及時出面的上帝就是賦予人類自由的神，後來讓耶穌死裡復活，再次擴大、加深解放力量的規模。所以耶穌復活就如同〈出埃及記〉，都是關於主的故事。

當然，復活節故事也和耶穌很有關係。這些令人納悶的古老故事聲明，上帝可不是隨便使人復活。祂這次起死回生的人是個無辜者，這人與當時社會所排擠的人站在同一陣線，教導人們要愛自己身邊的鄰人，勇敢抵抗貪婪的權貴，因此遭到扭曲的法制體系刑求、殺害，

3 〈出埃及記〉9章1節。

就如同在他之前與之後的許多人。再者，此人遇害是**因為**他的身分、他的作為，以及他的話語，也就是說他是因其生活方式而受死。另外一點也有重大意義：根據復活節故事，上帝所拯救之人，是在受刑前一晚還慶祝逾越節、教導猶太律法的拉比。

耶穌死去的方式非常重要。在《聖經》當中，他不只被描述為「死者」，還是「被釘十字架的人」。兩者之間有所差別。讓死者復活似乎只是打擊死亡，喚醒被釘十字架的人卻同時重挫了創造這種可怕刑罰的體制，以及至今仍舊導致上百萬人痛苦與高死亡率的死亡體系（**death system**）——亦即拉丁美洲神學家蘇布瑞諾[4]所稱的「十字架的世界」。復活故事不只是生命終究戰勝死亡，也是上帝的救恩成功打擊殘酷、貪婪、暴行。

我們需要以上這三個探照燈來闡明耶穌復活的故事。對照《聖經》背景與拉比前景閱讀本故事是成功的第一步，而且看到這兩個故事啟發了史上爭取自由的運動，更讓這兩個聖經故事不斷現代化。綜合而論，這三個鏡頭有助我們了解，《新約》作者用他們唯一的語言究竟要說什麼。

沒有結局的故事

如我所料，學生並不滿意。他們與教會職員都提出許多無法解答的問題：沒錯，這是個強而有力的故事，而且延續了發人深思的聖經背景；沒錯，自古至今有許多民運都以此為靈感；然而此事**真的發生過**嗎？倘若真有「某件事情」重新團結驚慌失措的門徒，促使他們繼續完成這名拿撒勒拉比的志業，到底又是什麼事情呢？為什麼只有他們察覺，其他人都毫無所感？難道是因為他們太想相信，就將一些幻覺、傳說、謠言當成真有其事？

這些問題都發自內心，然而我唯一可以提供的誠摯答案，便是我只能帶他們走到此處，無法再前進。「復活後顯現」的經文缺乏一致性，而且前後不符。最古老的福音書〈馬可福音〉的結尾，指出三名女子抵達放置耶穌骸骨的墳墓，這三名女子是抹大拉的馬利亞、耶穌的母親馬利亞，以及撒羅米（撒羅默）。她們打算在耶穌屍首上抹香膏，這是當時的服喪儀式。但是，當她們還在納悶如何推開充當墓門的大石頭時，卻看到石門早就滾開。她們困惑地走進去，看到一個身穿白袍的少年人坐在裡面。三名婦女不知道該說什麼，少年（此處並未說他是「天使」，只說是「少年」）說：

> 不要驚恐！你們尋找那釘十字架的拿撒勒人耶穌，他已經復活了，不在這裡。請看安放他的地方。你們可以去告訴他的門徒和彼得，說：「他在你們以先往加利利去。在那裡你們要見他，正如他從前所告訴你們的。」她們就出來，從墳墓那裡逃跑，又發抖又驚奇，什麼也不告訴人，因為她們害怕。
>
> ——〈馬可福音〉16章6－8節

4 Jon Sobrino（一九三九～），西班牙耶穌會修士，後來定居於薩爾瓦多，因為同情該國遭壓迫的貧民，差點因此遇害，著有《血的見證：薩爾瓦多耶穌會殉道者》，以上及之後的引言都出自他的 *Christ the Liberator*。

這段描述就此結束：「她們害怕。」沒了。最久遠也最可靠的〈馬可福音〉版本只寫到此處，但是如今多數《新約》收錄的版本卻還有其他經文，有些是寫於福音書較晚期的手稿中。然而學術界同意，接下來的經文是後人添加，因為後來的基督徒難以忍受這種神祕、懸疑，甚至是惱人的「非結局」。驚恐的婦女們拔腿就跑，怕到不敢告訴任何人？耶穌的故事怎麼可以用這種方式收場？現在怎麼辦？接下來的發展呢？

〈馬可福音〉並未回答上述問題。三名女子只知道要再見到耶穌，就得回到加利利；耶穌曾在那塊貧瘠土地上傳道、醫治病患、談論神國即將取代凱撒霸權而成為爭議性人物。他在加利利時，多半與社會所摒棄者、遭人驅逐者同進同出，如今婦女可以在那裡找到他。

到底有沒有人「見到」？

至於為何有些人可以「看見」復活的耶穌，有些人看不到，這個復活故事的簡明版本也提供了驚人的暗示。這個故事包含哲學家所說的認識論（epistemological）觀點，有助於解釋為何有些人認為「耶穌復活」只是牽強的迷信，有些人卻認為此事是他們生活的永恆頂點，有些人則是界於這兩類人之間。耶穌傳道時經常提到，神的國來到「不是眼所能見的」[5]，同樣地，耶穌復活的故事是上帝繼續證明貧困百姓的無辜，因此本來就無法看見，就連毫無預設立場的研究者也無法覺得可信。所以儘管業餘研究者、學者執意檢查復活故事的少數史源，報告成果仍舊無法說服所有人，而且總是令人不滿意。這些研究人員永遠無法證明或駁斥此事，因為就其定義而言，耶穌復活根本不符合他們所採用的任何研究方法。

為了要「見到」他，三名婦女得知自己必須前往他繼續從事以往工作的地方，卻沒有接著告訴我們，她們究竟有沒有「見到」，只說要「找到」耶穌——證明上帝存在的使者——唯有前往他現在所在之處的加利利，亦即他最初發起大膽運動的地點。蘇布瑞諾曾經寫道，要「看見上帝，就得前往上帝所在之處」。

其他福音書則指出門徒遇見耶穌，但是也前後矛盾。有時他已經現身，門徒起初卻不認得他。比如在通往以馬忤斯（厄瑪烏）路上的故事中，兩個沮喪的門徒遇上某個陌生人，對方似乎不知道耶穌已死或是追隨者對他的期望。直到他們一起落席吃飯，他們才認出這個人就是耶穌[6]。另一段故事則說，儘管門窗緊閉，耶穌還是有辦法進入屋內。還有一段則指出耶穌坐在海邊，與門徒一起吃炭火烤的魚。聖保羅堅稱自己從未見過耶穌本人，然而他在前往大馬士革途中仆倒在地時，卻清楚聽見他向自己說話。有些門徒「看見」耶穌，有些只聞其聲不見其人。有些人，如多馬（多默），則親身觸碰到他。所有人類感官都接受徵召、擴大到極限之外，以傳達超越正常人類感官的訊息。

這些零散的記載描述的顯然不是**復活的**死屍，也不是鬼魂。這些段落在有限的人類語言當中，敘述出門徒相信是真實而且獨特的事件。這些文字顯然並未激發我們，讓我們自以為

5 〈路加福音〉17章20節。
6 〈路加福音〉24章13–31節。

可以描述得更真確，或是具體清晰說出當時的信徒迫切想要表達的「某件事情」。因此我只能讓學生失望，無法告訴他們「究竟發生什麼事情」。我只能看著他們如同千百年來的前人一般，苦思這些難以定義的記載。

然而，還是有兩個因素結合了這些故事。其一，堅信耶穌還活著的信心，而且並非**親身聽過**空墓穴或死而復活才**承認**這些故事。聖保羅就是一例，他的書信起始時間幾乎緊接著耶穌被釘十字架之後，卻似乎從未聽過空墓穴的事。此外，相信耶穌還活著的信心來自體驗，所以本來不知何去何從的信徒才會相信耶穌仍舊與他們同在。先有體驗，才有故事。後來兩者互相交纏，因此往後的世代認為兩者密不可分。故事觸發了體驗，體驗又成為故事素材。

其二，在這些邂逅當中，耶穌都有同樣的訊息：**希望他們承接他的志業**，繼續宣告、證明神國即將到來的事實——儘管隱而不現，救恩時代已經到了臨盆陣痛時期。他向門徒保證，他會繼續陪伴他們敘述他所說的故事，以及關於他的故事。體驗結合使命，邂逅促成動力，所以儘管他們明白這個世界將如何對待佈道的無名小卒，仍然能繼續在世上宣揚福音。

某些神學家認為，門徒全心全意延續耶穌的工作，就是復活故事中所指的「某件事情」。「耶穌基督復活」，表示耶穌就活在追隨者的生命與行為當中。如同某些學者所言，「耶穌的理想（cause）得以繼續」。門徒以前後不一的敘述描繪自己如何邂逅這位被釘十字架的朋友，費盡心思就是為了要傳達這個旨意。

這種說法似乎有些道理，如今也有許多人同意，這等於把事情推回了原點。耶穌不只宣告自己的「理想」、神國即將到來，還親自示範——例如與罪人共餐、擁抱痲瘋病患。有時耶穌甚至成為這個理想的一環，例如騎驢進耶路撒冷。他不只是這個大業的公關，還是創始者。門徒當然也記得這點，他們不僅相信自己得承接「耶穌的理想」，也認為耶穌的奮鬥與計畫必須後繼有人；這些門徒也都以此為自己的志業，拒絕將人抽離計畫。他們也堅信，耶穌本人還在他們當中——儘管方式不同於他死前，因此大業可以延續不輟。

為了喚起大家的希望

耶穌與任務之間，以及人與計畫之間都有密不可分的關係，所以才衍生各種試圖解釋的說法，卻沒有一個令人完全滿意。這些詮釋都繞著某些問題打轉，例如「歷史上的耶穌」與「教會宣稱的基督」的關係，或是耶穌作為典型（prototype 或 archetype）與啟發後世的「基督精神」之間的聯繫。提及耶穌與其「目標」的關聯，我們便會想到，對於許多自認為提倡神國的人來說，動力不僅來自耶穌的福音，也來自某些耶穌自身的體驗。

然而上述因素仍舊難以令人相信耶穌死而復活。其實我認為，這裡所說的「相信」有致人誤解之嫌。復活故事較為適切的展望，應該是信心、希望、信任。要真如基督宗教所說，所有復活故事的往事、未來都正確無誤，我們還有很長的路要走。不只我們對上帝、耶穌的看法需要大幅修正，所有歷史真相都得有所變動。如果上帝證實耶穌無罪，只是封閉的因果羅網中的僅此一次例外，後人大可只視為反常，意義也不會如此重大；畢竟再莫名其妙的事情都發生過。要看透復活故事底下的文化語言，看穿內在的真相，便不能只是接受此事為單一特例。就是因為希望這是普遍的事實真相，有志之士才能以此為終生志業而奮鬥。因此這個故事的目的是喚起大家的希望，而非篤信之情，這個希望不是來自於衡量可能性，而是來自個人在面臨絕望深淵的時刻，會如何看待「最重要的事物」——有些人稱之為「上帝」。

這種看法甚至比得到禪宗的開悟更前衛，整個世界的面貌也會有所不同。以前看來毫無希望的事情有了大幅改變，以往看來已成定論的失敗只是暫時的挫折；以前眼中無法解決的障礙，現在出現了各種可能性。如同金恩博士所言，除非擁有「宇宙聯盟」（cosmic allies），否則無法繼續對抗似乎無可解決的劣勢。要培養對耶穌復活的信心，就是要在不公平、痛苦、死亡之中，期望上帝的國在最後終得勝利，儘管我們現在可能無法想像。儘管立基點不同，這是猶太教與基督教教徒可以分享的共同希望。

其他人當然也可以分享這種希望。〈出埃及記〉是猶太人的故事，卻由基督徒運用在耶穌復活的故事中，兩者主題都是上帝最終的勝利。在打擊暴力、怨恨的世界中，沒道理說其他宗教或無信仰的人不能懷抱這種希望。〈出埃及記〉的故事提醒讀者，上帝——終極的真相——與所有珍愛這種希望的人同一陣線，而非只偏袒古代以色列人。耶穌復活故事則表示，所有受到不平等對待的人，最終上帝都會為他們平反，並非只有遭羅馬人處決的人才能得此恩典。如果這兩個故事無法包容所有人類的希望，那麼我們所有的只是一位部落神祇，不上教會或會堂的人當然不會接受。

重要的是我們擁有這個故事

開始講解耶穌復活的故事之後，我告訴學生我並不期望他們根據我的理由而接受或反駁。但是我也警告他們，除非他們親身投入基督徒所說的神國（你想怎麼稱呼都可以）的到來，否則一切都毫無意義；而神國就是在世上建立猶太人稱為「上帝救贖」之處，然而這些努力奮鬥卻往往遭到打擊、重挫，或是令人氣餒。我說，他們不需要福音書所說「復活後顯現」的經驗（但是我也不排除這種可能性），卻得提高警覺，注意自己生活中的類似事件。有一次我在薩爾瓦多看到當代的聖母哀子圖，畫中的年輕婦女對著地上滿是彈孔的年輕人啜泣，而彈孔中則長出細枝嫩葉：死亡孕育新生命。第一批基督徒藉由耶穌復活故事所要傳達的訊息，如今需要嶄新與前衛的隱喻來呼應。當時他們用盡所有最有影響力的語彙，我們也應該要照做。

我承認，很難在一所舒適大學的教室中沉思耶穌復活的故事，或是決定是否親身實踐生命戰勝死亡、救恩戰勝不公的生活；而且這所大學還必須保持客觀、仔細審慎的評論。我說，我自己對復活故事的希望並不來自加以了解，因為我的確一點也不明白，而是以更深奧的精神為基礎。我表示，當我因為參與人權抗議活動而被關在南方監獄時最篤定這一點，而且我還與和我共同被捕的年輕黑人高唱「我們一定會勝利」。你想遇見上帝，就得到上帝所在之處。

這當然是我個人的詮釋，我明白還有其他可能說法，也不會反駁其中任何一個。其實「詮釋」根本不是重點，因為任何理論或解釋都無法套用在每一個「某件事情」之上。但是我們擁有這個**故事**，只要這個故事傳達、喚醒的體驗能夠改變我們的生活，各種理論都不會有多重要。

不管是在教室或任何地方，說耶穌復活的故事都很危險。雖然我起初不願意討論，耶穌死而復活的各個殘破、神祕敘述卻自成一個無法忽略的故事，但這個故事始於逾越節經文，意有所指又無法解釋的「某件事情」以及所建構的世界面貌，都是不可或缺的透鏡。然而，聆聽者若不能因此發現其他故事無法適切表達的基礎真相，這個故事便失去意義。

我很慶幸自己終於冒險打破沉默，開始討論。講解之時，敘述到早期基督徒如何對別人說自己或親友的經驗，我甚至還能感受他們的困惑與惱怒。我跟他們一樣，也有很多事情無法解釋，學生也不會輕易放過我。其中他們最不肯鬆手的問題就是：究竟那具屍體怎麼了？

第26章 宇宙的笑聲

若有人對你們說：「看哪，基督在曠野裡」，你們不要出去！或說：「看哪，基督在內屋中」，你們不要信！閃電從東邊發出，直照到西邊。人子降臨也要這樣。屍首在哪裡，鷹也必聚在那裡。

——〈馬太福音〉24章26－28節

年復一年，耶穌屍首的下落始終令我的學生著迷。我大概知道原因。儘管他們課業繁重，還是找得出時間看小說，也常在課堂上提到以宗教為題材的虛構作品。

幾乎每年都會有一本羽量級「宗教」暢銷書，情節也都差不多。主角（有時是還俗的神父）有著陰暗過去，原因可能是威士忌、對某個女子的懷念，或是玄學的疑慮。他在耶路撒冷附近發現某個可能是耶穌的物品，如墳墓、骨灰罈，甚至骨骸。風聲走漏，教廷當局自主教以下都試圖撲滅這些駭人的新發現，因為他們知道世人一旦知情，遊戲就玩完了。然後故事蜿蜒進入可預測的陰謀、心懷不軌的高層神職人員、無恥的騙局、不正當的性關係、狡猾的掩飾手法……這類粗製濫造的作品總無法寫出令人滿意的結局，但是這點無關緊要。讀者看上的是煽動人心的假設，包括我的學生在內。他們經常拿著劃滿記號的聖地驚悚小說，問我：「如果……的話？」

最早期的基督徒顯然也疑惑過耶穌的屍首在何方。有些人以現代所說的「耶穌升天」當作解釋，也就是所謂的「垂直解決方案」：死而復生的耶穌離開門徒，到天上與上帝同在，所以沒有屍體。平時注意歷史驗證學者的研究，這時便有幫助了。其實〈路加福音〉與〈使徒行傳〉（宗徒大事錄）都多次遭到編輯、添補，所以完整的《新約》版本需要將近一整頁的附註，才能列出所有可能版本。有些版本指出，耶穌離開時曾說「願你們平安」，有些則沒有。有些說他給門徒看手腳上的傷口，好讓他們明白並非看到鬼魂。有些說「他就離開他們上天」，或是「被帶到天上去」。這些編輯修改，表示究竟耶穌的屍首在他死而復生之後下落何方，在最早的門徒當中也是極受爭議的問題。

很多人希望耶穌升天就能解決問題，但是顯然行不通。有些翻譯本用到「上去」的字眼，但是多半是較舊的版本，新版本則以較有考證的手稿證據為基礎。當初他們無法達成共識的問題，如今我們也只能面對。

垂直解決方案措辭的致命弱點，在於這個方法建構於空間的暗喻上。有些中古世紀的油畫描繪門徒目瞪口呆地看著上方，只見到一雙腳消失在雲霧中。我每次放這張幻燈片時，總會引來學生的哄堂大笑；有個學生說，這讓他想到太空梭發射。某個世代的巧妙象徵，在其他時代可能會招致嘲弄，所以我們顯然得找新暗喻來表達早期追隨者的意圖。但是，他們到底想說什麼呢？

一切才剛開始

就最簡單的層面看來，他們可能想表示自己堅信死而復活的耶穌不是重生的屍體，也不是心靈體的鬼魂，而是另一種嶄新而獨特的存在。他們相信，不管耶穌是以什麼方式與他們同在，絕對就在他們身邊。對聖保羅等早期基督徒而言，死而復活故事的最重要意義，就是**一切才剛開始**。這是第一幕，接著就是整個宇宙無窮盡的重新創造與再生，因此復活故事中的屍體不能說不重要。

在〈路加福音〉編纂前，聖保羅就反對當時的基要主義者，他寫道：「血肉之體不能承受神的國。」[1]但是他也反對另一派（純粹就精神層面解釋的人）的說法；聖保羅認為，無論是耶穌基督或所有萬物，死而復活也牽涉到「靈性的身體」[2]。

神學家田立克[3]幫忙解釋，這句奇特的話聽起來可能很矛盾，其實很重要，因為包含「雙重否定」。正因為這句話用了兩個互相矛盾的字眼——身體與靈性——表示我們進入了詩意與想像的範疇。另外一點也很重要：這句話也提醒我們，在廣大的互賴網中，軀殼的原子也與最小的微生物、最大的漩渦狀星雲密不可分。

1〈哥林多前書〉15章50節。
2〈哥林多前書〉15章44節。
3 Paul Tillich（一八八六～一九六五），德裔美籍新教神學家、新正統神學家、新保羅主義者，並且經常被認為是存在主義神學家，甚至被視為美國的存在主義者的代表人物。以下所言出於他的《系統神學》。

耶穌死而復生之後還有血肉之軀，正宣示「新造的人」的時代揭幕，對早期基督徒而言，這個名詞可不是「無中不能生有」（ex nihilo），而且這個時代將改變**現有**的世界。「靈性的身體」有其詩意，但是復活不同於完全屬靈的永生，也不同於用另一種軀殼延續平凡肉體的輪迴再世；人類軀殼陷於歷史與自然之中，「靈性的身體」的詩意象徵則指出，無論上帝創造的新世界是什麼模樣，都不會抵銷我們現在所生活的世界。基督宗教精神不是渺茫的希望即將成真，而是「降臨在地上的國」。

這一點，不啻是對生態困境投下的一道曙光。人類與動植物全都在「地球號」太空船上受難，而且連太空船、航行的宇宙之海都跟著遭殃。我們都一樣，也擁有相同的命運。任何最終的歷史實踐（fulfillment of history）都不可能只著重於人類史，更遑論只集中於我們個人的歷史。我們必須盼望這種真相在人類出現的幾十億年前便存在，而且即便是木星外圍最遙遠的衛星都適用。「不要以為你在這天下有什麼了不起，」耶和華在風中對約伯說：「我立大地根基時，晨星一同歌唱時，你在哪裡呢？」現代意譯可能改成：「漩渦狀星雲開始冷卻，三角龍遨遊地表時，你在哪裡呢？」我們人類的氣焰，這才可能會稍微收斂一點。

基督宗教的未來觀始於耶穌復活的故事，這種看法將蚯蚓與黑洞都納入其中。史上曾經有段時期，我們不接受宇宙土壤、岩石環繞人類的說法。但是生態保護運動興起之後，強調每個分子都互相依賴，這種說法便不再那麼標新立異。即便耶穌在最後晚餐拿著麵包說：「這是我的身體。」聽起來都更有道理。他與我們的身體都是宇宙不可分割的一部分，所以有遠見的耶穌會古生物學家德日進[4]才會說，地球猶如祭壇，壇上不斷慶祝著生命彌撒。

但是我已經學會，說到耶穌或復活故事與生態有關聯時一定要謹慎小心。關懷地球是時下學生最普遍的生活目標之一，而且他們到處尋找攻擊手段。我希望傾全力幫助他們，但是我有時也擔心他們欣喜發現人類與土壤、海草都是一體之後，反而會向大地之母提出太多要求。他們不但將大地看成我們的母親，也視其為拯救者，這個角色可不適合地球。我深怕某些學生將地球神化成吉亞女神，一旦挖土機與電鋸輕率加以破壞，他們便會出現思慮欠周的過度反應。神聖化已經取代褻瀆，然而如果我們神化大地之母，便無法了解她與人類都是能力、壽命有限。如同我們所有人，大地遲早也會毀滅，終究會隨著太陽爆炸而燒成灰燼。

「再臨」與「顯現」

地球不是上帝，而是上帝所創。我們的希望不該放在她身上，反而應該為她懷抱希望。如同聖保羅所言（他並不拘泥於文字表相），除了人類之外，地球、宇宙萬物都一同「嘆息、勞苦」，一切上帝所造之物也都在期待解放，等著脫離敗壞、奴役、人類的凌辱（羅馬書8章18～24節）。

這段經文的確廣納萬物，然而我們又何苦屈就較小的格局？歸根究柢，基督宗教的末

4 Pierre Teilhard de Chardin（一八八一～一九五五），法國哲學家、神學家、古生物學家、耶穌會神父，是中國舊石器時代考古學的開拓者。

世學就是堅信，創造宇宙的「無可命名的那位」（Unnamable One）仍舊在我們當中，祂解放以色列人脫離埃及奴役，在復活節當天為所有遭欺壓的受害者平反，並且承諾解放宇宙脫離敗壞。這種看法的確非常廣泛，或許還有點離了譜，然而這就是基督徒的希望。必要之時，我們也可以拋棄這種看法（有許多哲人都已經這麼做），但是我們就是不能隨意削整成好處理的平庸規模。

如果說早期基督徒對耶穌如何離開的看法紊亂又眾說紛紜，那麼，我們對於未來發展的看法恐怕有過之而無不及。〈約翰福音〉指出，萬物的新生始於耶穌，如今仍舊延續下去，似乎沒有其他力量可以干預。其他福音書的作者，則希望在有生之年看到耶穌重返人間。我們在第十七章討論過末日與世界浩劫的各種看法，然而流傳至今，甚至已成為教會歷史教條的信念卻指出，耶穌「將在榮耀中再臨」。對多數人而言，充其量只能說是不合邏輯的想法。他們心中升起一連串的信條，例如「耶穌復臨」、「耶穌再來」、「基督再臨」、「榮耀再臨」、「審判日」。四部福音書並不同意上述任何說法，有些神學家也堅稱，基督再來的看法彷彿認為耶穌曾經離開過世間，這種觀念根本誤導世人，甚至可能只是誤譯的結果。

關鍵的希臘文是 parousia，這個字有許多意義，包括「返回」、「來臨」、「在場」或「出現」。莫特曼在《上帝的來臨》中提到：「將 parousia 翻譯成『再來』或『復臨』都不對，因為這就預設神暫時缺席。」他說，基督徒的訊息就是上帝來了，而且從未離開；這種說法有強力證據：保羅在寫給提摩太（弟茂德）的書信中，便用 parousia 一字描述耶穌在世間的生活。在〈提摩太前書〉第六章中，parousia 譯成「顯現」而非「來臨」。耶穌本人在〈馬太福音〉最末段告訴門徒：「我就常與你們同在，直到世界的末了。」

只可惜，基督徒常說的耶穌復臨觀念已經造成重大傷害，創造力過剩的預言家或硬要套上末日時間表的作家，都沒錯過好好利用的機會。「顯現」似乎是較恰當的措辭，因為意味著他向來都在人間，只是哪天可能以嶄新又更完滿的方式出現。

我還沒準備完全拋棄「再臨」的想法，但也只能向學生坦白自己的疑問。因為遭到流放與再臨的主題對聖經信仰有莫大影響，所以我還不願意就此丟於腦後，而且許多人也有同感。我們感到上帝在人間，也常覺得上帝似乎不在。真能就此希望未來上帝就常與我們同在嗎？此時猶太聖哲的智慧又派上用場，因為千百年來對壓迫與驅逐的省思，有些拉比得到驚人的深奧看法——他們認為上帝也遭到流放，上帝本人分擔了世人的混亂與疏離。除了上帝遭到放逐的想法，拉比也說舍吉拿（shekinah），亦即神的靈，在我們遭到流放時也忠貞地陪在我們身邊。然而就猶太教看來，流放或返回、缺席或在場都並非短暫的一時之事，而是人類經歷無可避免的一面，永遠都不會消失。

基督宗教神學可以在這方面與猶太思想合作，以尋求更大的助力。下一週、明年或下個千禧年才來臨的非永恆復臨，難免會引起各種魯莽的臆測，《末日迷蹤》系列就是一例。但是反過來說，猶太教的舍吉拿觀念，就相當於基督教所說的「隱藏的上帝」（the deus absconditus）一直在我們身邊，只是用上帝自己選擇的方法，而非我們覺得方便的途徑。與其說 parousia 是缺席的神「再來」，不如說是始終與我們同在的上帝顯現，只是我們往往認不出來，就如同耶穌在以馬忤斯途中碰到門徒，門徒卻在路程結束、共餐時才發現。我們感受到上帝「再來」，其實他始終與我們同在，尤其就在不勝任、不適應無聊的晉升競爭的人當中——我們可能最沒料到會發現祂的地方。

神話與歷史的相交點

我們在十七章已經討論過，基督復臨的看法永遠令人聯想到時空的末了、「所知世界」的終結。這就是即將踏入成年期的年輕人所熱中的「大問題」。每年都有許多學生想以此為報告題目，他們也通常會帶來最新的理論，例如不斷擴張的宇宙可能縮回原來針頭般大小，或是浩瀚的黑洞最後會把萬物吞入真空中。我通常不願意鼓勵他們在這方面無的放矢，畢竟這是道德判斷課，而非宇宙論。然而我有時也會軟化，任由他們發揮，目的也只是為了看看他們有何結論。

然而他們的直覺也不是全都不對，他們思索末世學，而且誠如某人睿智地評論，這種理論並非研究末日。人類被迫在這個狹隘世俗的時空框架內思索，雖然我們察覺宇宙似乎不僅止於此，末世學便是以著重於時間的終結來超越人類的狹隘框架。小時候我上教會總是活潑地唱：「上帝的角聲響起，時間就消失無蹤。」但是當時我也很納悶：「時間就消失無蹤」是什麼意思？有時我想這句話想得太入迷，本來往往無休無止的講道時間就飛逝而過。時間果真消失了，至少是暫時。

如今我仍舊沉思這個句子。沒錯，我們在這裡已經走到神學討論的極限，故事已經轉化為詩句。我們不可能理解沒有了過去、現在、未來的時間，所以我才會相信，基督教對終極命運細節的看法，在眼界上必須活潑，在細部方面則要保持謙遜。

關於耶穌復活、升天、再來的基督教語彙，如今正要經歷危機時代。我認為這些古早慣用說法所指的基本涵義都正確，只是呈現出的意象已經過時，以致令人混淆不清。我們急需新語言，卻不能隨便捏造。該來的時候自然會從意識與無意識的交界處冒出來，反正向來如此；而且這也正是想像力與世俗的交錯之處，神話與歷史的相交點。

隨著學期接近尾聲，我希望學生不但能理解標準信條，也能明白我們需要嶄新的說法。我該如何達成目標呢？無論講得多動聽流暢，以講課方式指出我們需要新用語似乎太矛盾，所以我們才需要藝術家、作曲家，尤其是詩人。我也希望學生體會到，「道德生活」的範疇遠大於道德判斷。

我不斷嘗試不同方法，有一陣子我放映韓德爾「哈利路亞大合唱」的樂譜幻燈片，播放「摩門合唱團」所唱的版本，邀請學生隨意站起來合唱。多數人都起立加入，有幾年更是幾百人大合唱，撼動演講廳的牆壁。後來有位副教務長含蓄地建議，在學術課堂進行這個活動似乎有欠妥當，因此後來我請學生坐著聽莫札特的「安魂曲」。往後我還試過詩，尤其是偉大桂冠詩人論述一切——包括學期或世界——如何結束的作品。我朗誦佛洛斯特的詩，他以自己對慾望的認識，認為世界會在一場大火中結束[5]。我也介紹艾略特的詩作，他說末日之時沒有轟然巨響，只有幾聲嗚咽[6]。

然而但丁卻超越所有詩人，他的《神曲》最後逐漸從地獄往上升，穿過煉獄到達天堂之門。我們沒有理由不能將這篇作品當作他個人對人類歷史過程的幻想。儘管但丁在前幾篇詩作中就已證實自己生動的文采無人能及，寫到上帝的段落時，似乎也無法描述具體意象，因此他轉彈另一種調子。他接近天堂最後一重天時，聽到從未聽過的聲音，他駐足聆聽。但丁這麼描寫：「**Me sembiana un riso del universo**」，亦即聽起來「如同宇宙的笑聲」。

在我停止教授這堂課前的那幾年，我很喜歡在學期最後一堂課用義大利文與英文先後朗讀這幾行。這部作品將所有的主題合而為一，而且如同所有聖經故事，《神曲》的結局也令人意外。這部作品是集結想像力的大作，歌誦文字無法捕捉的希望，我認為這是結束學期的最佳方法。整個宇宙開懷大笑？太陽系、銀河、地球周遭的眾多星雲都笑彎了腰？這種笑聲可以彌補人類歷史全程的啜泣與痛哭？在這麼多死亡、挫敗之後，上帝終於可以哈哈大笑？這會不會太奢望了？或許吧，但是我們又何必委屈自己呢？

5 Robert Frost（一八七四～一九六三）的《火與冰》。
6 T.S. Eliot（一八八八～一九六五）的《空心人》（*The Hollow Men*）。

後記

他始終沒有離開

每次我講完「耶穌與道德生活」的最後一堂課、改完最後一張考卷、讀完最後一頁報告時，就會經歷教授相當於「產後憂鬱症」的心情。我想念學生，想念有來有往的唇槍舌戰，想念不斷冒出來的道德問題，想念自己的預期每次都遭到反駁的沮喪心情。不過，通常幾個星期之後我的情緒就能平復，很快便開始思考明年的教學計畫。因為關於耶穌的作品層出不窮，加上論述嶄新道德難題的文章源源不絕，所以有許多功課要做，也有許多新話題可以討論。後來我經常與以前的學生、校友碰面，談的當然就是他們關於這堂課的回憶。有些人會提出批評指教，我都盡量納入考量。

將近二十年後，我終於決定從這堂課「退休」，卻得應付另一種有點接近哀悼，或是葡萄牙人稱為「薩烏達德」[1]那種苦樂參半的悲傷。有幾次我還走進二十年來每週講課兩次的大教室，但是我早該知道，這種懷舊之旅無法安撫我的苦悶。後來我終於決定採用更有建設性的方法：評估選修這堂課如何影響學生的道德判斷，或者到底有沒有影響。我在這堂課打

1 saudade，普遍滲透於葡萄牙和巴西抒情詩歌中，憂鬱、深沉而孤獨，對自然幾乎是神祕崇敬的情調。幾世紀以來，里斯本人一直在討論某種憂鬱的症狀，據說這種憂鬱為伊比利半島這塊狹長地帶所特有。

過幾百次的分數，如今，該是為自己這堂課評分的時候了。

我用的方法非常不科學——只要碰到以前選修這堂課的學生，我就連珠炮似地丟出一連串的問題。我想起必修課程的「道德判斷課」的目標，以及我自己認定的道德生活的必要條件。由於道德抉擇鮮少令人一眼就看出，通常包裹著其他外衣，偽裝成經濟、醫療、政治問題，這堂課是否能夠幫助學生認出自己正面臨道德抉擇呢？

多數學生的答案都是肯定。我們談過家庭關係、政治、遺傳學、金錢、性向、階級、不同世代之間的矛盾、醫療程序、種族、生態、刑求、暴力與非暴力、死亡與瀕臨死亡、領導風格等幾十種主題。事實上，有些學生告訴我，課程涵蓋的問題太多而時間太少，因此他們很慶幸可以藉由報告，徹底探索其中的某一個問題。儘管如此，針對幫助學生明辨道德問題，我認為我這堂課可以拿高分。

未完成的學分

那麼，這堂課是否幫助學生決定「做該做的事情」呢？這個問題就比較棘手。根據耶穌自己說的和關於他的故事，我們在某些問題上可說是達成共識，但是許多討論的結果仍是各持己見，顯然不同的學生對「該做的事情」就有不同的定義。或許這堂課幫助他們去除了一部分魯莽行為，然而這個世界還是充滿無數難以估量的因素，學生必須學會接受事實，了解再怎麼深思熟慮的決定也可能出錯。克倫威爾[2]在一六五〇年致蘇格蘭聖公會的信函中寫道：「我求你們，看在慈悲基督的份上，想想你們是不是錯了。」三百年後的漢德[3]法官則說，他希望上述話語可以刻在「每個教堂、學校、法院，以及容我說一句，每個美國立法機構的正門上」。

大家都知道，儘管克倫威爾承認自己可能有錯，他仍舊毫不猶豫地採取行動，而且許多決定似乎匆促又殘酷。他對愛爾蘭人的殘暴，直到今天都無法被愛爾蘭後裔所忘懷。儘管如此，只要這堂課幫助學生認識到，其他人做出和自己不一樣的決定時也可能很真誠，就得到了重要的成果。

學生往往告訴我，他們剛開始上課時經常不知道該如何討論道德抉擇，連他們最關心的問題都說不好，參加過討論會之後卻有兩種收穫：他們學會如何更有條理地表達自己的信仰，也促使自己重新反省最堅定的信念，看看自己「是不是錯了」。他們的意見，讓我想起最初開這堂課的疑慮。當時同事告訴我，審慎討論與探索可以鍛鍊學生的道德判斷能力，他們果然說得對，至少有一部分沒說錯。即便只有一丁點，或是只對認真上課的學生有意義，這堂課還是提高了道德討論的層次。

此外我也更相信，我決定以人們遭遇的真實問題為基礎，尤其是學生自己的經歷，而非

2 Oliver Cromwell（一五九九～一六五八），英國政治家。在英國內戰期間支持國會，領導民眾擊敗保皇派，廢除君主制而建立共和制度。之後他更進一步解散國會，自任護國公。這封信是他在鄧巴戰役討伐蘇格蘭前所寄，蘇格蘭聖公會不同意，克倫威爾便舉兵。

3 Learned Hand（一八七二～一九六一），被譽為美國史上最偉大的法官之一。

假設性的案例，這堂課才不至於淪為室內遊戲似的空談。學生知道這些問題都不是「紙上談兵」，而是真實事件。在這方面，我認為這堂課縱使沒拿到最高分，分數也不低。

但是道德勇氣的「大問題」呢？他們認清道德抉擇，也釐清頭緒、相信哪個決定才正確，之後就有勇氣實踐嗎？他們會拿出不屈不撓的精神，忍受決定「吾往矣」的後果？即便反對聲浪與嘲弄聲不斷，仍舊維持同樣立場嗎？

雖說並非不可能，但是要學生回答這問題還是很困難。這一點顯然是這堂課的重要目標，然而真正有結果恐怕要相當久遠之後才能看出來。倘若他們畢業十五、二十年之後，碰到困難的道德抉擇，看清楚，做出正確決定……卻又受到誘惑，挑軟柿子吃呢？這些決定或許不會有任何人知道，因為再也沒有同學會在偏遠的儲備軍官訓練團大樓質疑他們，沒有教授會在報告邊緣打上問號。我試圖傳達的訊息之一，便是繼續與別人討論道德抉擇有多重要，然而他們有時可能不願意。當然，他們有時也無法通過勇氣的考驗。別人或許最終會發現他們的軟弱，但是他們必須更常面對自己的良心譴責。他們會怎麼做呢？

大學教務處所提供的評分考量：「未完成學分」，在此就派得上用場。以往，只有某些事前提出合理原因、可以晚交作業或晚考試的學生，才會得到這種評分，而且未完成學分還是必須在下個學期結束前修完。但是在這裡，我們都得忍受永久無法完成的未完成學分，不只學生如此，這堂課本身也一樣。

耶穌對你而言是？

「耶穌如果今天回來，他會怎麼想？又會怎麼做？」的問題，孕育出排山倒海的理論、小說，以及閒談八卦。有些非常無聊，多數不太有幫助；大部分問題則都無法命中目標，因為提問者並未做好準備。此外也因為多數人不記得耶穌曾是拉比，他在處理問題時，典型方法是提出更多問題或說故事，而非交出確切的答案。

然而，最基本的問題——他會怎麼做？——並不如某些批評家所想的輕浮。但是要回答這個問題，卻得跨出極大的一步，超越多數聖經研究與道德理論的範疇。我們必須邁進耶穌從未遭遇的領域，跨出想像的一大步。有人說人類的想像力已死或是瀕臨死亡，我並不贊同，因為有太多證據可以反駁。或許想像力的確變弱了，卻可以培養、加強。只要提供豐富的故事，便又可以重新激發想像力，面對此生必須處理的道德問題。

評估「耶穌」課程是否對學生有影響的數年之後，我又碰到更棘手的問題：我自己又受到多少影響？這個問題很困難，因為自我有記憶以來，耶穌這號人物對我來說便非常重要，我與他的關係向來（以下的字眼可是經過我謹慎思量）友好。小時候我常想像耶穌是留著鬍子的老者，表情總是蹙眉不悅。但是我從未想像過聖靈，馬利亞對我而言也只是耶穌的母親。我最愛的福音歌曲一直是「至好朋友就是耶穌」，形容耶穌的名詞當中，我喜歡朋友更勝「救世主」、「主」。我知道這些稱號也很重要，但是「朋友」是我的首選。

研究、教書多年以來，我讀過許多視耶穌為朋友的評論。有人認為這種說法太親暱、油腔滑調或幼稚。心理學家也提出警告，長大之後，最好別再以為自己還有隱形朋友或「神奇幫手」的幼兒習慣。某些神學家反對稱呼耶穌為「朋友」，因為這有損他的莊嚴與神聖超然性。然而這些說法都打不倒我。我們只能藉人類語言與情誼經驗以表達自己，我們也必須仰賴這些比喻來討論耶穌：從愛人到國王，從「山谷中的百合花」到「明亮的晨星」。在所有名稱當中，我依然認為「朋友」說得最貼切，不只可以表達我與耶穌的關係，也最能點出耶穌訊息本身的精髓。

而且吾道不孤。儘管「朋友」一詞受到專家批評，同樣也有學者為其辯護。儘管我們犯錯，朋友仍舊友愛我們、接受我們，享受我們的陪伴，扶持我們走過最困難的時刻。二十世紀最著名的新教神學家卡爾．巴特曾說，他的多部神學著述可以用一句話總結，就是「神幫助我們」。影響我最大的神學家潘霍華，則描述耶穌是「幫助別人的人」。我認為他們兩個都說得對。耶穌所要傳達的全部信息，不外乎：上帝就像我們的摯友，自願與人類「同在」度過難關，尤其樂意陪伴毫無朋友之人。

無論就個人或學術上而言，我教授這堂課所必須面對的最大挑戰，便是耶穌對不同的人便有不同的意義。當代學者柏利坎[4]與夏綠蒂．艾倫[5]巧妙地將許多「畫面」加以分類，這些畫面出現於千百年的歷史中，有些迅速消褪，有些仍延續至今。史蒂芬．普羅特勞[6]最近則寫出，美國歷史自古至今耶穌形象的演化。現在還有誰記得，這名拿撒勒人曾被視為某個縮減過（由傑佛遜總統操刀[7]）的神論之典範，或是幾近瘋狂的末日預言家（由阿諾飾演）？布魯斯・巴頓[8]筆下的耶穌是才華洋溢的超級銷售員，即將崛起的商業鉅子。有位作家甚至認為，根本從頭到尾都沒有耶穌這號人物，這只是第一世紀某群遊牧民族採食的某種有迷幻效果的雜草名字。

我還記得，學生與我看到此人有如此多之身分時都很困惑。有些身分無關緊要，有些有損尊嚴。究竟有沒有極限呢？在這麼多紛亂的身分當中，我們該如何認定呢？

耶穌來到哈佛不只一次

這些年來我發現，這種神學論的分歧有兩個特點。

第一，儘管詮釋耶穌的方法不斷增加，有些就是無法久留。希特勒手下的哲學家曾經想把耶穌描繪成反閃族的人，然而如此怪異的觀點，只有最狂熱的納粹份子能接受。卡斯楚的

---

4 Jaroslav Pelikan（一九二三～），美國教義史學家，著有《基督教傳統：大公傳統的形成》等。

5 Charlotte Allen，美國宗教學者。

6 Stephen Prothero，執教於波士頓大學的宗教學者，這裡所指的是二〇〇三年出版的《美國耶穌：上帝之子如何成為國家偶像》。

7 十九世紀初，當時的美國總統傑佛遜，刪除《聖經》中大部分有關耶穌的段落，後來出版了傑佛遜版本的《聖經》，書中的耶穌，成為終其一生在加利利傳播寓言與格言的智者。

8 Bruce Barton（一八八六～一九六七），公推為二十世紀最偉大的廣告人，同時是美國暢銷作家、推銷員。

追隨者則曾經以海報描繪耶穌拿著自動步槍，卻只得到少數人的認可，如今海報只成了收藏品。我因此相信，耶穌或許有其彈性，但是也有限度。結果我們只能不斷回溯《聖經》，尋訪那些他所敘述的故事和關於他的傳說。而且耶穌似乎總能擺脫所有扭曲的描述。

第二點則是，如此豐富多樣的詮釋並非近年才有，眾人所談論的耶穌向來有許多版本。關於耶穌究竟是何人，基督徒從未得到一致的定論，然而這也是基督信仰最健全的一點：基督宗教向來不只有一種意義。我很慶幸我們有四部福音書，雖然作者對他的描寫各有出入，但還是看得出書中所描述的耶穌是同一人。這些描述之所以不同，不只是因為針對的讀者有異，而是馬可（馬爾谷）對耶穌的了解在某些方面不同於馬太，路加的某些看法又異於約翰。如果我們只有一部福音書，損失可就慘重了，我們會覺得受到限制和威迫。創造力與改變的可能性遭到妨礙，有損我們了解耶穌的能力，也無法傳達耶穌的訊息——亦即歡迎意見交流與想像空間。

此外，無論是真是假，教會曾經宣稱可以獨享詮釋耶穌的權利，如今卻不再如此，我認為這點也非常有意義。耶穌並不屬於任何教派，向來如此。倘若他現在「屬於世人」，這才合理。穆斯林、佛教徒、女性主義者、人道主義者想爭取他也毫無不妥——只要他們明白，自己的詮釋不是唯一說法。

我也不太擔心有人說耶穌是引起幻覺的植物、精力充沛的企業大亨，甚或善良的精神病患者，我相信耶穌絕對能甩掉這些荒謬的裹屍布，嚇壞裝備最精良的墓園步兵。天使在復活節對前往墳墓的三名婦女說的話，如今聽來仍舊很適切：「為什麼在死人中找活人呢？」

寫作、思索、教授關於耶穌的事件幾十年，我仍舊真心認為耶穌是個朋友，他卻愈來愈神祕，難以尋覓。他經常令我大感意外，我偶爾會瞥見他：可能是冬天午後在校園散步時；與大二學生、博士班候選人、教職員聊天時；與女傭或工友一起喝咖啡配甜甜圈時；幫助籌組收容所的學生在教堂地下室鋪床迎接凜冽夜晚時。有時我甚至認為，他是晃進收容所、渾身打冷顫的街友。

其實我何必驚訝？他自古至今都沒變過：仍舊佈道、閒聊，與各種階級的百姓共同吃吃喝喝。現在就跟當初一樣，耶穌面臨人們的熱情歡迎、猶豫、懷疑或拒絕。他仍舊有可能冒犯宗教或政治階層，惹上麻煩。然而他溫和地呼籲人們以不同角度看待生命，甚至以不同態度過生活。

耶穌的確來過哈佛，而且不只一次。我相信，早在我教導「耶穌與道德生活」之前，他就已經在場，即便我闔上書本，終止教授這門課，他也並沒有離開。他仍舊在哈佛，仍舊神祕，仍舊難以尋覓。但是這個拉比不屈不撓，他就是不肯放棄。

國家圖書館出版品預行編目資料

耶穌在哈佛的26堂課：面對道德難題如何思辨、如何選擇 / 哈維・考克斯(Harvey Cox)著；林師祺譯. -- 初版. -- 臺北市：啟示出版：家庭傳媒城邦分公司發行, 2006[民95]
面；　公分. -- (Talent系列；11)

譯自：When Jesus Came to Harvard: Making Moral Choices Today

ISBN 986-7470-24-9 (平裝)

1.基督學　2.基督徒

242.2　　95010409

Talent系列011

耶穌在哈佛的26堂課：面對道德難題如何思辨、如何選擇

作　　者／哈維・考克斯 Harvey Cox
譯　　者／林師祺
總 編 輯／彭之琬
責任編輯／周品淳

版　　權／吳亭儀
行銷業務／何學文、莊晏青
總 經 理／彭之琬
發 行 人／何飛鵬
法律顧問／元禾法律事務所 王子文律師
出　　版／啟示出版
115 台北市南港區昆陽街 16 號 4 樓
電話：(02) 25007008　傳真：(02)25007579
E-mail:bwp.service@cite.com.tw
發　　行／英屬蓋曼群島商家庭傳媒股份有限公司 城邦分公司
115 台北市南港區昆陽街 16 號 8 樓
書虫客服服務專線：02-25007718；25007719
服務時間：週一至週五上午 09:30-12:00；下午 13:30-17:00
24 小時傳真專線：02-25001990；25001991
劃撥帳號：19863813；戶名：書虫股份有限公司
戶名：英屬蓋曼群島商家庭傳媒股份有限公司城邦分公司
訂購服務／書虫股份有限公司客服專線：（02）2500-7718；2500-7719
服務時間：週一至週五上午 09:30-12:00；下午 13:30-17:00
24 時傳真專線：（02）2500-1990；2500-1991
劃撥帳號：19863813 戶名：書虫股份有限公司
讀者服務信箱：service@readingclub.com.tw
城邦讀書花園：www.cite.com.tw
香港發行所／城邦（香港）出版集團有限公司
香港九龍土瓜灣土瓜灣道 86 號順聯工業大廈 6 樓 A 室；
E-mail：hkcite@biznetvigator.com
電話：(852) 25086231　傳真：(852) 25789337
馬新發行所／城邦（馬新）出版集團 Cite (M) Sdn. Bhd.
41, Jalan Radin Anum, Bandar Baru Sri Petaling, 57000 Kuala Lumpur, Malaysia.
Tel: (603) 90563833　Fax: (603) 90576622　Email: services@cite.my

封面設計／陳文德
排　　版／極翔企業有限公司
印　　刷／韋懋實業有限公司

■ 2006 年 6 月 19 日初版
■ 2024 年 8 月 6 日二版 7.5 刷
定價 430 元

Printed in Taiwan

城邦讀書花園
www.cite.com.tw

 ISBN 986-7470-24-9